O DESENVOLVIMENTO ESPIRITUAL

*A Descoberta dos Mundos Invisíveis
e as Antigas Escolas de Mistérios*

White Eagle

O DESENVOLVIMENTO ESPIRITUAL

*A Descoberta dos Mundos Invisíveis
e as Antigas Escolas de Mistérios*

Tradução
OCTAVIO MENDES CAJADO

EDITORA PENSAMENTO
São Paulo

Títulos dos originais:

Spiritual Unfoldment 1
How to Discover the Invisible Worlds and Find the Source of Healing
Copyright © The White Eagle Publishing Trust 1961.

* * *

Spiritual Unfoldment 2
The Ministry of Angels and the Invisible World of Nature
Copyright © The White Eagle Publishing Trust 1969.

* * *

Spiritual Unfoldment 3
The Way to the Inner Mysteries
Copyright © The White Eagle Publishing Trust 1987.

* * *

Spiritual Unfoldment 4
The Path to the Light
Copyright © The White Eagle Publishing Trust 1988.

The White Eagle Publishing Trust
New Lands — Brewells Lane — Liss
Hampshire — England GU33 7HY

Edição	Ano
1-2-3-4-5-6-7-8-9	97-98-99-00

Direitos de tradução para a língua portuguesa
adquiridos com exclusividade pela
EDITORA PENSAMENTO LTDA.
Rua Dr. Mário Vicente, 374 – 04270-000 – São Paulo, SP – Fone: 272-1399
E-MAIL: pensamento@snet.com.br
http://www.pensamento-cultrix.com.br
que se reserva a propriedade literária desta tradução.

Impressão e acabamento: Paulus Gráfica

Sumário

PARTE 1

Introdução, 9
1. Uma Simples Abordagem, 11
   Os que sabem e os que não sabem. Qual é a sua motivação?
   A mente sã em corpo são. A postura. A respiração.
2. A Aura Humana, 20
3. A Comunicação entre Dois Mundos, 23
   Os planos astrais. A comunicação psíquica.
4. A Sabedoria Proveniente do Outro Lado do Véu, 28
   As antecâmaras do saber. A natureza da prova. O seu guia e professor.
   O anjo da guarda.
5. As Faculdades Espirituais, 34
   Vocês escolheram esse tipo de vida. A clarividência. A clariaudiência.
   A paz espiritual. A sagrada comunhão.
6. A Vida no Mundo Espiritual, 41
   A essência da vida é o espírito. O amor pessoal e o divino.
   Nossa atitude para com a vida.
7. A Mente do Coração e a Lembrança da Reencarnação, 48
   A roda do renascimento. O eu maior. Por que não podemos lembrar-nos?
8. O Carma, 55
   A Mãe divina. O objetivo do carma. A transmutação do carma.
9. A Cura a Partir do Espírito, 61
   O poder do pensamento. Os anjos da cura.

PARTE 2

1. Passagem para Lugares Encantados, 69
2. A Fraternidade entre Homens e Anjos, 75
3. O Trabalho das Hierarquias Angélicas, 79
4. Anjos da Luz e das Trevas, 83
5. Acompanhados pelos Anjos, 86
6. O Reino das Fadas, 92
7. Os Contos de Fadas, 99
8. Em Harmonia com a Vida, 106

PARTE 3

1. As Antigas Escolas de Mistérios, 115
2. "Quando Você Tiver Colocado os Pés no Caminho...", 119
3. O "Eu" e o "Não-Eu", 122
4. Corpo, Alma e Espírito, 125
5. O Poder do Pensamento no Serviço, 128
6. Mais a Respeito do Poder do Pensamento, 132
7. A Visão Clara, 136
8. Renunciem ao Eu Inferior, 139
9. Aprendam a Usar os Sentidos Interiores, 142
10. O Caminho da Meditação é o Caminho do Serviço, 146
11. Transformem o Metal Vil em Ouro, 149
12. O Caminho para os Mistérios Interiores, 153
13. O Poder Transformador, 156

PARTE 4

1. O Caminho nº 1, 163
2. O Caminho nº 2, 167
3. O Caminho nº 3, 171
4. O Caminho nº 4, 177
5. O Caminho nº 5, 181
6. O Segundo Advento, 187
7. O Homem — Humano e Divino, 192
8. O Caminho de um Irmão, 197
9. Advertências do Irmão Bondoso, 201
   Tolerância, humildade, amor. O real e o irreal. A transmutação do carma.
   A simplicidade. Elevo os olhos. EU SOU o caminho. Sejam fiéis a si mesmos.
   Libertação da escuridão. A fé.

PARTE 1

A DESCOBERTA DOS MUNDOS INVISÍVEIS E AS ANTIGAS ESCOLAS DE MISTÉRIOS

Introdução
(1961)

A maior parte da minha vida foi dedicada, por meio do estudo e da prática, à técnica de levantar o véu que há entre a existência do homem no plano físico e a outra vida, mais perfeita, nas esferas espirituais INVISÍVEIS que envolvem a Terra. Acredita-se, de um modo geral, que só depois da morte é permitido ao homem conhecer alguma coisa desses mundos mais altos e mais belos que nos rodeiam; e que, depois de haver passado adiante, o homem é proibido de comunicar-se com seus amigos na Terra.

Neste livro, White Eagle nos mostra como podemos descobrir por experiência própria, enquanto ainda estamos na Terra, as belezas dessa vida mais perfeita; e como se pode construir uma ponte etérica entre os homens encarnados e desencarnados para a alegria e o bem-estar de ambos.

Ele ensina que a verdadeira clarividência é uma experiência espiritual profunda. Embora se admita a existência de certo tipo de "vidência" psíquica espontânea, que parece ocorrer tanto nos animais quanto no homem, há uma vasta diferença entre essa "vidência" espontânea e a verdadeira visão espiritual, ou clarividência. Aquela pode ser ilusória, esta é o resultado do conhecimento e do desenvolvimento das faculdades espirituais latentes em todas as almas. Seguindo a orientação de White Eagle, verificamos que existem inúmeros níveis de percepção ou consciência de outro estado de vida. Essa percepção pode ir desde a mera impressão de alguma influência passageira ou forma indistinta, luzes ou nuvens de cor, até a visão clara de formas luminosas e vibrantes de seres altamente evoluídos, e de formosas paisagens, templos e cultos, escolas e faculdades de música e arte, que fazem parte do ambiente normal de uma comunidade nessa vida mais elevada, que se vive além da morte.

Mais além, ainda se encontram os planos mentais mais altos e os reinos celestiais que não se descrevem em linguagem terrena. Para que o homem seja capaz de ver essas glórias e reter uma lembrança tão clara que deixe mais tarde uma impressão no cérebro físico, é necessário que ele se empenhe de maneira firme e persistente na prática da técnica do desabrochar espiritual e uma busca constante da vida espiritual. Tais mensagens deixam claro que por "vida espiritual" se subentende uma vida elevada a Deus, sadia, limpa, disciplinada e bem equilibrada. Na verdade, o homem da Terra que busca a iluminação espiritual precisa manifestar Deus da melhor maneira possível; cumpre-lhe adorar a Deus com todo o coração, toda a alma e toda a mente e, pelo amor a Deus e ao seu semelhante, promover um espírito de bondade e cooperação na comunidade em geral; White Eagle procura nos mostrar que o desenvolvimento do poder de levantar com confiança os véus escuros que existem entre o estado físico da vida e os mundos do espírito depende não só da aquisição de conhecimento, mas também do grau de cristianismo simples desenvolvido no interior da alma.

A devoção à vida espiritual e a constante diligência por dominar a técnica do "aprofundamento", para encontrar o coração da verdade, e encontrar a vida eterna, trazem sua devida recompensa; o homem se vê dotado de dons do espírito que o tornam livre para estabelecer contato com o mundo espiritual interior à vontade, e convencê-lo, além de toda sombra de dúvida, da imortalidade da alma.

Durante quase meio século tenho sido ajudada a desenvolver dons espirituais que me permitiram lançar uma ponte sobre o abismo existente entre os dois estados de vida, e trazer de volta o conhecimento dos mundos mais elevados. White Eagle, meu Guia e Professor espiritual há mais de trinta anos, tem comunicado, por meu intermédio, o conhecimento de como essas faculdades mais elevadas do homem podem ser desenvolvidas de maneira segura e usadas em benefício da humanidade, aumentando, assim, a felicidade e a harmonia da vida mortal.

Algumas dessas comunicações foram selecionadas e publicadas durante a última guerra, em quatro volumes, sob o título de *O desenvolvimento espiritual*, uma série que se revelou tão popular que várias edições se esgotaram. Faz alguns anos que os livros estão esgotados; durante esse tempo, contudo, foram feitos muitos pedidos de reedição. Dentre eles, não menos importante provém o pedido do próprio White Eagle, que expressou a esperança ardente de que a sua mensagem, proveniente das esferas espirituais da vida, se tornasse acessível a quantos estejam buscando o conhecimento e o entendimento de como fazer contato com a vida dos mundos invisíveis, e dele obter conforto e ajuda.

Revisto e reorganizado, este volume de *O desenvolvimento espiritual* contém a maior parte do conteúdo dos livros Um e Dois da edição original, mas omite a seção sobre o reino da natureza, que se planeja incorporar a um livro posterior. Contém igualmente muita coisa nova, notadamente os capítulos sobre a Cura e a Aura humana. A maioria das mensagens aqui apresentadas foi transmitida, por meu intermédio, por White Eagle nos primeiros dias do nosso trabalho conjunto em forma de palestras a estudantes; a matéria nova, porém, parte da qual nunca se publicou, foi tirada de seus ensinamentos mais recentes.

Em nome de White Eagle ofereço-lhes este livro, com a esperança de que vocês encontrem em suas páginas muita coisa que os consolem e inspirem. Escrevo com toda a sinceridade e desejos de sucesso.

GRACE COOKE

CAPÍTULO 1

Uma Simples Abordagem

Quando comungamos com o espírito, abrimos nosso coração para o amor. Sabemos que o amor é o caminho do desabrochar espiritual; e, portanto, pedimos a Deus, nosso Pai e Mãe que possamos tornar-nos amor; e, tornando-nos mais amorosos, nos tornamos mais sábios e, portanto, mais fortes no poder de Deus. Possa a Trindade Santa do amor, da sabedoria e do poder manifestar-se no nosso coração e na nossa vida. Amém.

O propósito fundamental da vida do homem é poder encontrar a verdade, que lhe será desvelada pelo seu próprio eu interior. À medida que procuramos a verdade, que jaz enterrada bem fundo, as barreiras erguidas pelo eu exterior irão desaparecer e nós nos tornaremos livres, livres para comungar com os que amamos no além; livres para entrar em contato com os raios cósmicos da força da vida e da cura; livres para usá-los a serviço do homem, nosso irmão; livres para ficar *en rapport* com os seres que servem à humanidade desde o espírito.

O caminho que escala a vertente da montanha até chegar ao cume celeste é longo e escarpado; e enquanto o homem não alcançar um vislumbre da glória que o aguarda, estará trabalhando com afinco nos planos do materialismo. Sofrerá dor, doença, isolamento, limitação; continuará sendo herdeiro do medo, do ressentimento, da ansiedade, e conflitos e guerras o afligirão. Nenhum homem, porém, precisará libertar-se da carne para compreender a felicidade e o seu verdadeiro ser. De fato, a menos que o homem aprenda a buscar o espírito enquanto ainda estiver na Terra, ele não encontrará a liberdade e a alegria completas pelos simples fato de ter-se descartado do corpo físico.

Um futuro glorioso espera cada alma, mas isso supõe um trabalho árduo — muito embora até um trabalho árduo possa ser muito interessante. Se você, por exemplo, ama a música e anseia por expressar-se através dela, torna-se uma alegria exercitar-se, adquirir o domínio do seu instrumento. Se estiver plenamente interessado em alguma coisa que vale a pena, pouco se lhe darão a necessidade de esforçar-se ou o custo da consecução. Assim deveria acontecer com esse trabalho feito na sua alma.

Trabalhar a alma nem sempre exige que se dedique longos períodos à meditação. O caminho da meditação não precisa ser necessariamente o seu; mas, depois de haver optado pelo seu caminho, siga-o com firmeza. Não vá atrás de "trilhos de esquilos"; não fique correndo de um lado para outro imaginando que alguém descobriu um caminho melhor do que o seu e que vale a pena experimentar o dele. Assim como as crianças, quando colhem flores, saltam de um canteiro a outro, para o caso de haver outra criança encontrado flores melhores do que elas, assim as crianças da Terra se precipitam de um lado para outro no encalço das verdades do espírito.

Não é esse o caminho. Pois tempo virá em que sua voz mais íntima, dirigindo-se a você, dirá: "Este é o *meu* caminho; aqui encontrarei a paz. Percorrerei esse caminho, aconteça o que acontecer." Tendo tomado a sua decisão, você precisa persistir nela. Isso nem sempre lhe parecerá fácil; mas se persistir, tiver paciência e, sobretudo, se nunca perder a fé, o seu caminho o levará infalivelmente à meta.

Ao seguir o caminho espiritual, você terá de aprender a diferenciar as induções da mente terrena das da mente superior, divina, a diferenciar o real do irreal e transitório. A mente terrena mora dentro de todos nós e nos leva a duvidar da realidade da verdade espiritual. Repetidas vezes, enquanto progride no desabrochar espiritual, você descobrirá, com certeza, que a dúvida o desafiará — a dúvida com as vestes do bom senso, da honestidade escrupulosa que prefere a verdade pura e simples à ilusão. Essa mente terrena que duvida tentará discutir com você, insinuando que nada do que a sua visão espiritual lhe revela pode ser provada e não passa de fantasia da imaginação.

Essa mente do corpo tem o seu lugar e pode ser um guia seguro, dentro das suas limitações, depois que se tiver submetido à mente divina. A verdade que a mente terrena denominaria "pura tolice" pode ser aceita e entesourada pela mente espiritual. Para o sentido superior da alma — a inteligência do homem que difere do intelecto — ela se apresenta como gema rara de verdade. Por isso precisamos aprender a ter discernimento e, tendo dado a César as coisas deste mundo que realmente pertencem a César, procurar descobrir a pérola da verdade.

Os que sabem e os que não sabem

Um sábio professor disse que só existem duas espécies de pessoas no mundo: *As que sabem e as que não sabem*; as que têm consciência da presença de Deus em toda parte, em todos os momentos, como bem-estar e inspiração contínuos; que sabem que podem obter orientação e iluminação dos mundos superiores de sabedoria e beleza; e as que, nada sabendo a respeito dessas coisas, as ignoram ou escarnecem, e vivem, conseqüentemente, como se estivessem presas num cárcere escuro. Os que, dentre vocês, sabem ou, pelo menos, estão começando a saber, conquistaram sua consciência espiritual por intermédio de um esforço, uma experiência e um sofrimento pacientes. Entretanto, vocês precisam estar vigilantes, e trabalhar por conservar esse conhecimento, pois conquanto haja um anseio muito grande que faz crescer a luz do espírito, há também a mente terrena, que os induzirá a duvidar, condenar e até destruir a luz crescente em seu coração. O homem precisa lutar muito e por muito tempo até que a luz interior se torne tão poderosa e forte que as dúvidas nunca mais possam perturbá-lo.

As dúvidas e perguntas que o perturbam são como a voz da serpente no Jardim do Éden, que induziu Adão e Eva a comer os frutos da materialidade e a ignorar o seu Deus.

Não estamos todos nós procurando "prestar atenção" à voz do espírito, até quando somos continuamente atacados pelo clamor do mundo exterior? Não deixem que os confundam as pessoas que lhes dizem não haver nenhum mundo espiritual, nem existir a possibilidade de se curar enfermos por meios espirituais. Os que assim falam são habitantes das trevas e não sabem disso. Como está dito na Bíblia, "Os mortos nada sabem". Mandem-lhes a luz do amor e verão que, mais tarde, eles também aprenderão. Não queiram impingir-lhes, à força, suas próprias opiniões, porque as discussões raramente levam a algum lugar ou convencem quem quer que seja. Essas pessoas têm boas intenções mas, no caminho que *vocês* escolheram, precisam permanecer leais à voz do espírito.

Qual é a sua motivação?

O desenvolvimento espiritual nunca deveria ser procurado por motivos puramente egoístas, nem por amor à sensação, nem por curiosidade, mas apenas porque compreendemos que ele pode fazer-nos sadios de corpo e radiantes de espírito e, por conseguinte, com mais condições de ajudar nossos semelhantes. O propósito básico por trás do treinamento espiritual de qualquer espécie há de ser abnegado e altruístico. É necessário ter paciência e também compreender que vocês talvez nunca sejam chamados a realizar o seu trabalho diante do público, a impressionar os outros ou a lograr reconhecimento ou recompensa. Na verdade, a maioria de vocês trabalha em silêncio atrás do palco; até uma vida ligada a assuntos domésticos pode ser criativa. Certifiquem-se de que todos estão colocados, na vida terrena, na posição exata em que são mais necessários e onde terão oportunidades de fazer o bem. O homem e a mulher desconhecidos podem contribuir mais para o avanço da raça humana do que aqueles cujo nome está na boca de todo mundo. O propósito integral do desabrochar espiritual é fazer que o homem individual se exercite tanto que se torne um centro poderoso do qual se irradia o amor de Deus. Depois disso, ele já não deseja as coisas maravilhosas que o "eu" pode fazer. Apenas deseja que, através dele, um amor maior possa ser insuflado na vida.

A mente sã em corpo são

Um ponto que eu enfatizaria no desabrochar espiritual e na preparação do agente de cura, é a necessidade de abrir uma mente sã e um corpo sadio para os que pretendem ser canais de luz. Toda e qualquer prática que exaura o corpo, que leve a mente a percorrer caminhos insalubres, precisa ser posta de lado. O desenvolvimento espiritual correto ajudará a promover a saúde e, por sua vez, a mente sadia favorecerá o desabrochar das qualidades e faculdades espirituais.

Lembre-se de que estamos todos, ao mesmo tempo, sintonizando e irradiando em todas as estações; e ao mesmo tempo que somos capazes de reagir às influências e impressões dos planos invisíveis da vida, também reagimos às influências e vibrações mundanas postas em movimento pelos pensamentos e pela vida dos outros. Deixamo-nos freqüentemente ser ofuscados ou obcecados pelo medo, pela raiva, pelo ódio e por todos os tipos de paixões, como também por males físicos. Nem sempre compreendemos porque nos sentimos de um jeito ou de outro e, embora tentemos de todos os modos, não conseguimos derrubar nosso adversário desconhecido. Em verdade nos vemos num estado mórbido.

Estaremos sendo muito diretos? Mas vocês estão procurando o desenvolvimento espiritual; vocês desejam fazer desabrochar seus dons espirituais, portanto precisam aprender a usar o seu instrumento. Como já dissemos, antes de poder tocar um instrumento musical, vocês têm, primeiro, de dominar a técnica; precisam aprender a arte das palavras se quiserem usar a pena, e dominar formas e cores se quiserem pintar quadros. Assim também precisarão estar preparados para pagar o preço do desenvolvimento espiritual e submeter-se ao treinamento que esse desenvolvimento exigirá de vocês. Isso supõe uma limpeza contínua da sua perspectiva mental até que ela manifeste um certo grau, pelo menos, de saúde e integridade, ou santidade. Meus queridos, como esperam ter um corpo sadio se a mente não é? Vocês retrucarão que conhecem muitas pessoas perfeitamente saudáveis cuja mente parece estar longe de ser sadia. Mas isso é apenas uma questão de tempo; a saúde não durará muito se a mente carecer de tranqüilidade e harmonia.

Portanto, pensem sempre de maneira saudável, construtiva e otimista. Não nos referimos a um otimismo tolo, mas a um otimismo feliz e confiante, sabendo que, por trás de toda a confusão aparente da vida terrena, há um propósito divino em ação, que desenvolve as qualidades espirituais dos homens. Se a sua mente fosse exercitada de modo mais saudável, nunca teria sido arrastada a um vórtice de depressão e medo: Vocês seriam positivos nos pensamentos, sabendo que tudo trabalha em conjunto para o bem, e que, aconteça o que acontecer, o bem sempre acaba prevalecendo.

Vocês ficam, muitas vezes, desconcertados e perturbados porque muitas coisas lhes prendem a atenção, e vocês têm uma atividade mental frenética. Vocês fazem o mesmo trabalho mental uma centena de vezes quando, na realidade, só precisam fazê-lo uma vez. Vocês dizem a si mesmos repetidamente: "Preciso fazer isso e aquilo", mas "isso e aquilo" nunca são feitos. Disciplinem-se, portanto, para enfrentar o trabalho do momento *quando ele aparece*, e para fazê-lo com tranqüilidade. Vocês percebem a importância dessa calma aceitação do que lhes vem pela frente, realizando as tarefas no momento certo e concluindo-as? O melhor mesmo é tirar da cabeça qualquer dever ou problema e esperar que chegue a oportunidade de lidar com ele; mas percam o hábito de preocupar-se vezes sem conta com qualquer ninharia. Na maioria das pessoas a mente se parece com uma sacola de trapos em desordem. Não é fácil receber impressões do mundo superior em meio a esse monte de bugigangas. Se o cérebro estiver abarrotado, repelirá os raios da luz espiritual, que poderiam penetrá-lo. É possível que eles persistam até que, em algum momento de calma, esses raios conseguem atingi-lo. Mas se a mente estiver atulhada, como pode o homem receber impressões dos mundos superiores, ou perceber a presença do anjo que está ao seu lado? Mantenha-se no comando, sejam vocês os senhores. É para isso que todos nós estamos trabalhando: para chegar à maestria.

O Mestre nunca se perturba nem se apressa. Não encontramos nenhuma desordem ao seu redor. Tendo-se tornado *senhor de si*, ele detém naturalmente o controle do mundo que o rodeia e, por isso, nunca padece de má saúde, nunca tem uma dor de cabeça, nem um resfriado, nem qualquer indisposição dessa natureza. Vocês dirão que não deveríamos esperar que algum de vocês chegasse a esse estado. Não, meus queridos, nenhum de vocês é Mestre, mas esse é o ideal pelo qual vocês se empenham.

Há muito tempo, quando os homens ingressavam nos mosteiros para devotar sua vida a Deus, considerava-se um pecado o fato de se ficar doente. Em outra vida, de que nos lembramos muito bem, nossos irmãos chefes peles-vermelhas não conheciam as doenças e não deixavam o corpo terreno por motivo de moléstia, mas só quando a sua encarnação chegava ao fim e soava para eles o momento de viver um período de paz e absorção na vida do além. Nesse instante, o espírito se retirava do corpo para um mundo superior, a fim de restaurar-se após o trabalho. Como diz o ensinamento do Antigo Mistério: "Saímos do trabalho na Terra para restaurar-nos nos céus e, restaurados, voltamos novamente ao trabalho na Terra."

Olhem para a frente, para um tempo em que vocês se tornarão inteiros e saudáveis; é o desejo do Pai que as coisas sejam assim, e não há razão para que isso não seja alcançado no curso de sua vida atual.

Quando as pessoas vêm a nós à procura de orientação, nem sempre podemos explicar-lhes os princípios que governam a saúde e o bem-estar do homem. Tentamos, portanto, indicar-lhes uma linha de pensamento à qual sentimos que essas almas responderão mais prontamente. Não julgamos sensato despejar verdades sobre o nosso irmão, de modo que ele leve muito tempo para se recobrar do choque e, por isso, costumamos falar-lhe com delicadeza, dando-lhe o alimento do espírito que, a nosso ver, ele será capaz de digerir *naquele momento*. Em seguida, passamos a vigiá-lo. Se o discípulo se revelar sincero e se esforçar por seguir regras simples, aos poucos lhe serão reveladas mais verdades. Existem modos mais brandos de ajudar os outros, e a verdade que convém a um não convém a todos. Existem, todavia, regras básicas para alcançar o bem-estar físico e realizar o treinamento espiritual. Ei-las:

Uma regra diz respeito ao que vocês devem comer. Vocês sabem que o homem tem corpos mais sutis além do corpo físico, e sua alimentação fornece alimento aos diferentes tipos de átomos que compõem os corpos físico e etérico. Se ingerir alimentos mais grosseiros, ele estará estimulando os átomos mais grosseiros. Ao passo que, se as suas preferências o inclinarem a ingerir alimentos nutridos pelo sol, como, por exemplo, frutas, cereais maduros, nozes e vegetais, alimentará e nutrirá os aspectos mais elevados do seu ser e, desse modo, favorecerá o seu desabrochar espiritual. A ingestão de comidas mais grosseiras só lhe tornará o treinamento mais árduo e demorado — mais nada.

Do nascimento à idade madura e à morte, o corpo vai ficando congestionado pelo acúmulo de substâncias venenosas.

Os gêneros alimentícios que a civilização tem produzido, quando assimilados pelo corpo, tende a congestioná-lo. A água que vocês bebem tem o mesmo efeito. Os alimentos não saudáveis tendem a engrossar o sangue e a causar, na idade madura e na velhice, muita morosidade. O seu objetivo, se estiverem no caminho espiritual, será purificar os átomos físicos; e se quiserem veículos puros terão de comer comida pura.

É melhor não comer carne, porque, não raro, os animais são abatidos em situações de medo, e o sangue, a carne vermelha, transmitirão a vocês medo e vibrações grosseiras. Vocês ficariam horrorizados se alguém lhes sugerisse que deviam ·comer o irmão que está ao seu lado. Isso lhes pareceria chocante, não é mesmo? Houve um tempo em que raças degeneradas o faziam, mas isso para vocês, é uma depravação do gosto. Dentro em pouco, a ingestão da carne de qualquer criatura viva será considerada um gosto degenerado, independentemente da crueldade infligida. A crueldade é um tema importantíssimo, e quem está no caminho espiritual dela se desvia de *qualquer* forma. Existem muitas outras crueldades além da dispensada a nossos irmãos animais. Lamentamos dizer que a humanidade não compreende a extensão das crueldades que inflige não somente a animais, mas também a membros da sua própria espécie.

Chegamos agora à polêmica questão do fumo. Nunca dizemos: "Faça isso ou faça aquilo." Só dizemos o que sabemos. A escolha depende de vocês. Na verdade, é melhor não fumar, melhor para todo o seu ser. Em primeiro lugar, o fato de poder vencer o hábito de fumar contribuirá para o seu autodomínio. O fumo tende a obstruir tanto o corpo físico quanto o etérico e, posto que reconheçamos a existência de pessoas no caminho espiritual que fumam e assim mesmo fazem progressos, elas só avançam até certo ponto. O fumo é um veneno, assim como o chá e o café. Se vocês têm que tomar chá, optem pela variedade chamada China ou pelo de ervas ou pelo chá-mate. Não obstante, não gostamos do fanatismo. Aconselhamos o caminho do meio, o discernimento, o equilíbrio, a sabedoria. Mas com toda a probabilidade, depois que os seus pés estiverem palmilhando o caminho espiritual, quanto mais vocês souberem, tanto menos serão governados pelos apetites da carne.

Ao mesmo tempo, não é a escolha do alimento o que mais importa, mas a natureza dos seus pensamentos e a sua visão geral da vida. Lembrem-se de que todos os seus corpos, o físico, o mental, o astral e o espiritual, são o templo do Espírito Santo, o do Deus interior. Vocês devem, portanto, tentar continuamente sintonizar-se de modo que passem a viver na vibração de Deus, sempre por Ele.

A postura

A postura e a posição corretas do seu corpo físico poderão ajudá-los. Por exemplo, se vocês procurarem permanecer eretos, como devem ficar todos os verdadeiros Maçons, com os pés juntos no ângulo correto, com o peso repousando adequadamente sobre a base dos dedos dos pés, poupando os calcanhares, a coluna naturalmente se endireitará e ficará ereta, propiciando a polarização de todos os corpos. Mas se, quando sentados, vocês afundarem na cadeira, com a coluna muito curvada, ainda que a posição lhes pareça mais confortável (para nós seria impossível), a coluna se enfraquece e as vértebras ficam tão frouxas devido a esse modo desleixado de se sentar que, por mais que se corrijam os problemas da coluna, estes tendem a reaparecer.

Pelo esforço constante isso acaba se transformando em hábito, de modo que vocês passarão a ficar em pé e a caminhar eretos, fazendo com que o peso do corpo recaia sobre a parte dianteira dos pés, o que dará a vocês uma sensação de leveza e felicidade. Para chegar a isso, mantenham uma boa postura e procurem caminhar com elegância. Já observaram um índio pele-vermelha andando? Com eles vocês poderiam aprender muito sobre postura e movimento.

Com o tempo, também acharão mais confortável aprender a sentar-se direito, apoiados na coluna e não no espaldar da cadeira. Já tentaram se sentar assim e chegaram à conclusão de que isso provoca dores nas costas? Pode ser, porque suas costas se enfraqueceram por não terem sido usadas apropriadamente, mas Deus deu força à sua coluna para apoiar as costas de modo fácil e confortável. Tentem fazer isso e vejam quanta diferença faz para a sua perspectiva mental o fato de se manterem eretos. Essa posição parece inundá-los de luz, e é exatamente isso o que acontece, pois nessa postura, a luz espiritual entra pelo topo da cabeça e desce pela coluna, sem nenhum obstáculo, até a base. Seus pés, livres e flexíveis como devem ser, tiram magnetismo da própria terra, pois os pés são dois importantes centros psíquicos, assim como o são as mãos. Esse magnetismo, que circula através da aura, ajuda a dar-lhes a força e a vitalidade que vocês anseiam.

Toda vez que se sentarem, tendo em vista o desabrochar espiritual, a cabeça e a coluna devem ficar eretas, as mãos frouxamente entrelaçadas, o corpo descontraído, a mente em paz. Isso propiciará uma atitude positiva, que os protegerá contra as forças negativas.

A respiração

Muitas pessoas morrem prematuramente porque têm o corpo cheio de veneno por ingerirem os alimentos errados ou respirarem ar impuro durante longos períodos e não o exalarem adequadamente.

Os exercícios da ioga têm sido amiúde repudiados; diz-se que o corpo ocidental precisa seguir a sua própria forma particular de desenvolvimento, e o método oriental não se ajusta ao Ocidente. Mas nós lhes daremos um auxílio que se ajusta ao corpo ocidental. Não se trata de uma ioga oriental, mas de um exercício que se revelará bom e apropriado para o aluno do Ocidente.

Algumas pessoas lhes recomendarão que evitem todos os exercícios respiratórios, mas, se vocês seguirem o nosso plano, só se beneficiarão com isso. Entretanto, deverão fazer exatamente o que dizemos e não fazer experiências por conta própria. Não é bom, nas primeiras fases, tentar respirar muito profundamente ou reter o ar por um tempo muito longo, fazendo o coração palpitar e a cabeça girar. Não é bom provocar uma sensação de tensão no corpo. Todo exercício de respiração deve ser harmonioso, produzindo, não mal-estar, mas uma sensação de paz e bem-estar. No treinamento espiritual procurem sempre a harmonia, mantendo-se eretos e com os cotovelos fora da mesa (metaforicamente falando). Façam isso, física, mental e espiritualmente.

Poucas pessoas, se é que há alguma, *expiram* esvaziando totalmente os pulmões. A grande maioria respira apenas com a parte superior dos pulmões, retendo nas partes inferiores um acúmulo de ar viciado e venenoso. Esse é um mau hábito que pode continuar por toda a vida. Aprenda a respirar profundamente e a expirar todo o ar dos pulmões, mas isso não se tornará um hábito se vocês não praticarem bastante. Vocês precisam aprender a respirar devagar, tranqüila e harmoniosamente, aspirando o ar aos poucos, cada vez mais fundo, até encher e esvaziar a parte inferior dos pulmões, expandindo plenamente as costelas ao inspirar.

Aqui está um exercício para vocês: depois de desobstruir as narinas fiquem de pé, se possível diante de uma janela aberta. Ao inalar, inspirem Deus, sintam que Deus está entrando em vocês. Em seguida, ao expirar, enviem sua bênção a toda a vida. Essa respiração interior fará a luz do sol espiritual inundá-los e iluminá-los, inscrevendo-se num chakra, ou centro psíquico, situado ao nível das sobrancelhas. A partir desse centro vocês podem dirigir mentalmente a luz para o centro do coração, a fim de levar a luz do sol espiritual ao átomo seminal — do qual falaremos mais adiante — que repousa no coração humano. Façam esse exercício todos os dias, se possível, pelo tempo que quiserem, *mas sem esforço*. Enquanto estiverem se exercitando para ficar de pé, para se sentar e caminhar de maneira correta e aprumada, estarão também acentuando a postura espiritual correta — olhos brilhantes, ou fixos diretamente na luz do sol, de modo que não possam ver outra coisa senão a glória do sol, a glória do Cristo. E não verão a confusão das mentes terrenas, à sua volta, mas tão-só a luz fulgurante de Cristo. Com a coluna ereta e a postura correta, respirem na luz para a qual estão olhando — aspirem e absorvam; a seguir, emitam o ar naturalmente aos que sofrem na Terra.

Como vêem, o processo torna-se suave, natural e sereno depois que vocês se mantêm afinados e em harmonia com ele.

Uma última palavra: já lhes dissemos muitas vezes que usem muita água, tanto dentro quanto fora. O! tivéssemos nós o poder de proporcionar a todos um regato de águas claras e cristalinas, impregnadas de sol, das quais vocês pudessem beber e nas quais pudessem banhar-se todos os dias! É óbvio que isso não é possível quando quase todos moram em cidades abarrotadas de gente; bem nos lembramos, porém, do quanto nos deliciávamos nos regatos cristalinos de nossas terras de outrora. O banho frio é uma alternativa meio severa, e gostaríamos de recomendar-lhes outra vez que nunca façam nada que choque desnecessariamente o organismo. Trabalhem sempre pela harmonia e não queiram saber de extremos. Banhos muito quentes também são prejudiciais; sugerimos, portanto, que reduzam a temperatura dos banhos e se esfreguem vigorosamente depois. Comprazam-se nisso, mas sem se cansar.

Para beber, prefiram água fervida ou filtrada, se possível, porque a água da cidade, não raro, vem carregada de impurezas e minerais que fazem mal à saúde, deixando no corpo resíduos nocivos. Antes dos exercícios respiratórios, todas as manhãs, bebam um golezinho de água e, enquanto bebem, dêem um significado ao que estão fazendo. Pensem: *"Bebo este gole de água; dessa maneira, estou assimi-*

lando no meu ser a Sabedoria Divina." Bebam outro gole e pensem: *"Estou assimilando o Amor Divino!"* Bebam um terceiro gole e pensem: *"Estou assimilando o Poder Divino!"* Assim, com cada gole, poderão enfocar um aspecto da Divindade e, fazendo isso, estarão limpando continuamente o corpo físico e os corpos mais sutis. Em seguida, façam esta oração:

"Sopre em mim, Sopro de Deus... para que eu, por minha vez, viva para abençoar todos os homens, todas as criaturas vivas, toda a vida..."

Depois respirem
nessa Respiração de Deus!

CAPÍTULO 2

A Aura Humana

Falaremos agora da aura humana, lembrando-nos de que somente através da aura os que são espíritos conseguem comunicar-se com vocês.

Usam-se muitos termos diferentes para indicar os vários corpos sutis do homem, e os termos que empregamos talvez sejam diferentes daqueles com os quais vocês se acostumaram em outras escolas de pensamentos. Tentaremos, no entanto, tornar o assunto tão simples quanto possível.

Enquanto não tiverem um conhecimento abrangente é muito possível que interpretem mal a aura. O clarividente cuja visão está apenas começando a ficar mais clara, por exemplo, verá uma aura de poucos centímetros, azulada, que emana do corpo físico, e dirá que está vendo toda a aura. Entretanto, tudo o que vê é a força vital que penetra o corpo físico, usada como meio entre a vida espiritual e a terrena. Essa aura particular, o corpo etérico ou vital, está intimamente ligada ao sistema nervoso, e reúne a maior parte do que, mais tarde, se manifesta como má saúde do corpo físico. Ela resiste bravamente aos venenos produzidos pela mente inferior do homem, pelo hábito de pensar, comer e viver mal.

Ligada ao corpo físico há uma determinada forma que se denomina corpo elemental. Esse corpo não é mau; tem o seu lugar na evolução, não só do homem, mas também das formas inferiores de vida. As pessoas têm-nos perguntado por que, estando o homem num corpo físico, a influência do mal parece tão mais forte que a atração pelo bem, que a aspiração a ele. Vocês encontrarão a resposta nesse corpo elemental ou corpo do desejo. O ser humano precisa aprender, no decurso da sua evolução, que o eu superior (só parcialmente em evidência na maioria das pessoas) precisa conquistar pleno domínio sobre o corpo elemental. O lar do ego humano está no corpo celestial, a mais alta e pura aura do homem. O comando do ego é transmitido à consciência do homem por meio da intuição; vocês a chamam de consciência. Mas o corpo elemental também ajuda o homem na sua evolução, como uma espécie de lastro que o mantém atado à Terra. Vocês todos sentem essa atração, que não se deve considerar um mal, pois força o crescimento espiritual ou a consciência de Deus, para cujo desabrochar todos voltamos à Terra.

Já falamos do corpo vital, que não é de fato uma aura, mas uma emanação do físico. Ele se vai com a morte do corpo físico, exceto por uma pequena parte que é içada até a aura mais alta, a que daremos o nome de aura celestial. A razão disso é que, através do seu contato com a Terra, ela aprendeu certas lições, retidas para serem usadas em estados futuros da vida, não necessariamente no mundo espiritual, mas em futuras encarnações.

O corpo seguinte é o astral. O corpo astral é o que os clarividentes geralmente vêem e que, ao descrever como aura, dizem ser composta de certas cores. Além do corpo astral, ou aura, está o corpo mental e, além da aura mental, está o corpo celestial, chamado, em certas escolas, de corpo "causal".

A aura do corpo astral se compõe de matéria grosseira ou de matéria mais sutil, conforme a qualidade da consciência humana. Se o corpo elemental for muito forte e tiver grande poder, a aura astral será grosseira e, conseqüentemente, as cores serão mais grosseiras do que belas. Quando a alma reconhece a realidade da vida espiritual e o propósito da sua encarnação, o corpo astral é mais sutil e suas cores mais belas. Para manter uma aura bela é preciso manter firmemente as aspirações espirituais e o gosto delicado e apurado.

A aura muda rapidamente. As cores reluzem, por vezes claras e brilhantes e, por vezes, enfraquecem e se tornam opacas. Assim a aura pode ser descrita como se fosse azul num momento e vermelha, ou amarela, ou de qualquer outra cor em outro, e isso deixa as pessoas confusas. As cores da aura astral mudam e variam enquanto a alma não se firma e, sabendo o que deseja, imprime na aura uma vibração permanente e constante de devoção, amor ou aspiração espiritual. Vêem-se, então, cores áureas, duradouras, até nas auras mais elevadas. Vale dizer, as auras mental e celestial superiores absorverão os eflúvios das inferiores. O corpo celestial é o corpo permanente nos céus, o "templo" de que falam as antigas escolas de Mistério. Nas escolas maçônicas, a construção do templo simboliza a construção do corpo celestial.

A extensão da aura varia. A aura de uma pessoa não desenvolvida poderá ser de cinco, seis, sete ou até doze polegadas. Terá antes a aparência de um nevoeiro. Depois que a alma desenvolve a consciência superior, a aura, mais firme, já não flutua nem é levada de um lado para outro. Entre as pessoas que nada sabem a respeito da vida espiritual, a aura é muito indeterminada e se compõe sobretudo de vermelhos e marrons escuros, e de um forte marrom-alaranjado. Os instintos mais baixos que emanam do desejo elemental são impressos na aura com as cores marrom e preto.

O corpo astral da pessoa comum, como dissemos, pode ir desde as pesadas cores escuras, nevoentas e indefinidas, até uma aura muito bonita, bem formada, oval, feita de cores definidas e harmoniosas.

Estendendo-se também além da aura astral vê-se uma forma semelhante, ovóide, mas de matéria mais sutil e mais etérica, a aura do corpo mental. Ela também se modifica rapidamente de acordo com os pensamentos. Além dela e permeando-a está a aura do corpo celestial, de bela forma e de cores cuja descrição é quase impossível, por ser o seu equivalente terreno pouco conhecido. É para esse corpo, ou aura celestial, que o ego do homem finalmente se retira, depois de haver passado pelas exigências da Terra, do corpo astral, incluindo a Terra do Verão, e da vida mental. Todas essas condições de vida só podem ser contatadas por intermédio das auras correspondentes.

Não nos interpretem mal; as auras das pessoas comuns, boas, amáveis e prestativas são agradáveis de ver, mas não muito permanentes nem muito fortes. As cores mais escuras situam-se na base da aura e as mais belas acima do plexo solar.

Num ego altamente evoluído, a aura se estende por vários metros e, no caso de um adepto ou mestre, até por um quilômetro ou mais! Assim, quando um ego amável, evoluído, junta-se à nossa presença, embora não possamos ver o espírito, quase todos nós podemos sentir ou até inalar o aroma da sua aura. A aura tem um perfume que, em se tratando de um mestre ou adepto, é totalmente inconfundível. A aura de qualquer ego altamente evoluído trará consigo sua própria harmonia. Se vocês estiverem meditando, e um grande ego se aproximar, vocês lhe ouvirão a chegada, anunciada por acordes musicais. É possível que alguns de vocês já tenham passado por isso.

Já nos perguntaram o que vê exatamente o clarividente que descreve o corpo de um adepto. Pode ser a projeção de um pensamento do adepto ou pode ser uma projeção do seu corpo astral. No caso de um jovem aluno que toma consciência de uma presença benéfica e abençoada, cuja essência ficou na aura, trata-se de uma projeção do pensamento. Mas quando há um trabalho definido para ser feito, e a conversação cessa, será uma projeção do corpo astral.

Enquanto estão na Terra, vocês estão modelando suas auras, contribuindo com seus desejos para o corpo astral e, através do astral, para o corpo mental e o celestial. Vocês estão construindo esse corpo celestial com suas ações, com seus pensamentos e desejos. Estão fazendo mais: estão criando substância a partir dos éteres mais elevados, os quais, no devido tempo, voltarão a manifestar-se no plano terrestre, quando vocês reencarnarem.

Como vêem, a despeito de pequena queixas, vocês mesmos criaram o corpo físico que hoje possuem.

Quando vive no estado superior, na condição celestial da qual o homem desce para reencarnar, ele compreende que precisa de certo material. O seu templo não o satisfaz. Ele sabe que a única maneira de encontrar material melhor e em maior quantidade é voltar a uma vida de forma para, assim, obtê-lo. Todo o material não usado no corpo celestial se afasta e se consome; conserva-se apenas o que é útil. A isso podemos dar o nome de átomo permanente ou átomo seminal, incumbido de prover a criação dos veículos que habitaremos em nossa próxima encarnação. Por aí vocês vêem o quanto é essencial seguir a orientação do espírito e não deixar que o corpo elemental nos domine!

A oração é um instrumento poderosíssimo para se usar com sinceridade e humildade. Orem por uma única coisa, a saber, o amor de Deus; orem por um aumento da luz de Deus, e não por vocês, mas para que os outros possam ser beneficiados e abençoados por essa luz. Essa é a melhor maneira de rezar. Peçam a Deus pelo bem do irmão, e entreguem tudo a Ele. "Não do meu jeito, Senhor, mas do Teu jeito. À Tua guarda amorosa confio todos aqueles a quem amo. Tua vontade seja feita na Terra como tem sido feita no Teu mundo celestial!"

CAPÍTULO 3

A Comunicação entre Dois Mundos

Vamos ajudá-los a elevar sua consciência às esferas em que reinam a harmonia, a verdade e o amor. Todo o propósito do desabrochar desses poderes interiores, que todos os homens têm em menor ou maior grau, consiste em deixá-los conscientes do espírito e aptos a receber impressões de harmonia e verdade do mundo espiritual e dos espíritos.

A verdade é uma lei espiritual, uma realidade que reflete a lei de Deus. Mas precisamos preparar-nos física, mental e espiritualmente para refletir a verdade que existe no mundo espiritual.

Ouvimos muita coisa a respeito de questões psíquicas e das provas de uma vida após a morte, obtidas através da evidência psíquica. Dá-se grande ênfase ao ponto de vista *científico*, subentendendo por aí que o ponto de vista espiritual não é científico. Vamos corrigir essa idéia e deixar claro que não há nada não-científico na lei espiritual. As leis espirituais são sempre verdadeiras, enquanto os pronunciamentos da ciência mudam quase todos os anos, de modo que o que se considera verdadeiro hoje será repudiado e esquecido amanhã. Em se tratando da lei espiritual, a única mudança que se registra é o seu contínuo crescer e desabrochar. A verdade se revela mais e mais ao homem à medida que cresce a consciência do seu eu interior, mas a lei permanece constante.

A ciência espiritual é a verdadeira ciência, tanto na Terra quanto nos mundos superiores. Quando o homem toma consciência dessas leis cósmicas e espirituais, ele as pratica e as *vive*; ele passa a ser realmente um homem de ciência.

Portanto, em primeiro lugar, compreendemos que o desabrochar espiritual das faculdades interiores do homem é um processo completamente científico. Se vocês não tomarem conhecimento das leis de Deus, o resultado será o caos em algum aspecto do seu ser. Mas se estudarem as leis de Deus e viverem de acordo com elas, se obedecerem ao impulso interior do espírito e percorrerem com firmeza, passo a passo, o caminho que se lhes estende à frente, descobrirão uma profunda fonte de sabedoria dentro do seu coração; e farão que sua aura se expanda até poder tocar, ao mesmo tempo, as alturas e as profundezas da vida.

Observem que nós dissemos as "profundezas". A consciência e a percepção do homem precisam se estender para os *dois lados*, até alcançar as duas extremidades da escala. A consciência e a aura de vocês têm de expandir-se até abraçar a altitude, a profundidade e a amplitude da vida e, nesse processo de expansão, vocês adquirirão grande tolerância, grande amor à vida e aos seus semelhantes, e profunda calma e tranqüilidade de espírito. Deixarão de sentir-se chocados ou repelidos pelo quer que seja; aceitarão e compreenderão que a humanidade, em todas as suas fases, está em processo de evolução ou de regresso a Deus, de Quem proveio tudo.

É por meio do desenvolvimento das faculdades interiores que vocês adquirirão força e equilíbrio interiores, e isso lhes purificará, fortalecerá e restaurará a saúde do corpo. É científico dizer que o influxo de luz divina, por intermédio do chakra do coração e de sua circulação por todos os corpos, físico, etérico, astral, mental e celestial, embeleza e fortalece todos eles.

O homem ou a mulher espiritual não são fracos. Afastem a idéia de que, para ser espiritual, a pessoa há de ser sensível e retraída. É verdade que certos médiuns são como flores frágeis impelidas de um lado para outro por qualquer vento mais forte, mas isso se deve a uma sensibilidade desequilibrada, que deixa de prover a saúde do corpo ou de dar perspectiva, em vez de favorecer o desenvolvimento espiritual. Disponham-se a palmilhar o caminho mais seguro da verdadeira constituição do caráter; e, aprendendo a expressar um amor maior pelos seus semelhantes, expandam a aura de um modo científico e espiritual. Se a ciência física concordar em ser guiada pela ciência espiritual, como acontecerá um dia, alguns segredos guardados da Antiga Sabedoria serão restituídos à humanidade.

À proporção que a consciência espiritual da humanidade crescer, o véu entre a Terra e o mundo astral se atenuará cada vez mais, e a estreita proximidade dos dois se tornará mais aparente. Experiências como a viagem astral se tornarão possíveis, e até comuns, para o homem ainda encarnado, exemplificando a irrealidade da morte. À medida que vocês crescerem em espírito, crescerá no coração de vocês uma certeza mais forte do que qualquer convicção obtida por meio do estudo de evidências, até isso se tornar parte do seu ser. Aqueles que chamamos de mortos nunca morreram! Vocês saberão, sem nenhuma dúvida, que os seus mortos estão com vocês, mas essa convicção não terá por base provas ou evidências da mente exterior, mas uma consciência interior da qual nada poderá afastá-los.

Os planos astrais

Quando ocorre a aceleração das faculdades psíquicos inatas, podem surgir dificuldades e confusão, muitas vezes em conseqüência da falta de experiência das pessoas, pois o vínculo com o astral pode não chegar além do que chamamos "o plano da ilusão", ou o plano que cerca imediatamente a Terra. Não obstante, o contato psíquico com esse reino ensina muitas lições valiosas, se bem que às vezes dolorosas. Uma das mais importantes é a do *discernimento*, o poder de separar o verdadeiro do falso.

Não pensem que os planos astrais estão muito afastados da Terra; na verdade, eles estão tão próximos que muitas escolas de ocultismo encaram a vida astral mais ou menos como uma extensão da vida do homem na Terra, vidas que não diferem uma da outra em espécie, mas em grau. Dessa maneira se verá que a influência dos que vivem nos mundos astrais se estende aos que vivem na Terra, e que os próprios pensamentos e sentimentos do homem, por seu turno, influenciam e afetam as pessoas no mundo astral. Os habitantes das esferas astrais mais grosseiras e degradadas podem afetar homens de gosto semelhante na Terra e, assim, obter em segunda mão a experiência de uma sensação outrora experimentada na Terra. Muitas pessoas nos planos astrais inferiores anseiam por voltar à vida física para satisfazer seus desejos pelo contato com a Terra, mas, com sua sabedoria e seu amor, vocês podem ajudá-las e, ajudando-as, podem, por sua vez, ajudar e proteger os que, na Terra, seriam degradados por essas pessoas.

Quando ao morrer a alma deixa o corpo físico, na maioria dos casos, atravessa rapidamente os planos astrais próximos. Durante essa jornada, a alma é atacada por todo tipo de lembranças. Essa situação não é real nem dura muito. Mas se o interesse da alma esteve centrado sobretudo nas coisas materiais durante a vida terrena, a pessoa continuará agarrada à ilusão da matéria depois da morte do corpo e, por conseguinte, levará mais tempo para atingir os mundos superiores da verdade e da realidade.

Virá uma fase em seu desenvolvimento em que vocês entrarão em contato, com certeza, com esse mundo de ilusão, e essa será uma experiência sutil e perturbadora, mas, afinal de contas, valiosa. Vocês receberão mensagens que lhes parecerão dignas de confiança e, no entanto, acabarão ficando desiludidos e decepcionados. Não se deixem esmorecer por essas experiências. Elas estão todas no curso de treinamento, e é melhor sofrer uma decepção do que fugir à experiência. Trata-se de um estado de consciência pela qual toda alma precisa passar.

Todos vocês têm a capacidade de receber impressões e comunicações verdadeiras de seres de outros mundos; todos são médiuns no sentido de serem receptivos ao espírito, mas a qualidade da mensagem recebida dependerá da qualidade da consciência da sua própria alma. Por meio desse contato com o mundo da ilusão vocês conquistarão o poder de reconhecer a verdade, de discernir o verdadeiro do falso. A vida terrena está cheia de decepções, e as coisas e pessoas nem sempre são o que parecem ser. Uma parte importante do seu desabrochar espiritual é o desenvolvimento de um senso verdadeiro de discernimento.

As mensagens que parecem inverídicas não são, necessariamente, carregadas de intenções malévolas. Elas podem ser enviadas de propósito a vocês a fim de ajudá-los a ganhar equilíbrio e força. Não pensem nelas como se fossem um mal, mas aprendam a aceitá-las com prudência e discrição. Se o seu professor lhes estiver mandando mensagens, estará interessado, primeiro e principalmente, em todo o plano da evolução espiritual. O amor puro que ele lhes dedica transcende as limitações pessoais; seu único pensamento e ideal não se destinam a um só indivíduo, mas ao bem de todos. As mensagens que os lisonjeiam ou prometem muita coisa de natureza pessoal ou egoísta podem ter sido mandadas para pô-los à prova.

No desenvolvimento espiritual podem surgir afirmações ou paradoxos aparentemente conflitantes. Mas ponderem com cuidado sobre tudo o que se diz. Se as afirmações parecem contraditórias, façam um esforço para conciliá-las. A verdade tem sempre mais de um aspecto e muitos caminhos levam a Deus. Portanto, não sejam dogmáticos; não condenem nada nem ninguém, e procurem encarar a verdade de maneira ordenada, sistemática e paciente.

A comunicação psíquica

Gostaríamos que vocês compreendessem que a comunicação espiritualista foi o primeiro passo necessário na preparação da mente e na compreensão dos homens para receber a verdade superior. O espiritualista, pela experiência, descobriu-se capaz de estabelecer contato com muitas condições e variedades de almas nos lugares que circundam a Terra; nem todas foram úteis, e algumas até pelo contrário. Mas para obter uma comunicação mais perfeita, é preciso lutar pela abnegação e pelo fortalecimento e aperfeiçoamento do caráter. Nenhuma alma sombria dos planos da ilusão pode penetrar na sua aura, a não ser que haja algum ponto de contato, algum lugar escuro que a atraia; é então que se verifica a confusão ou o dano. Voltamos a dizer que nenhuma alma perturbada ou aflita pode entrar na sua aura ou feri-los de algum modo depois que vocês resolverem, com todo o seu ser, excluí-la, pois, nesse caso, a entrada estará selada e vocês se tornarão os donos da sua própria casa. Ninguém poderá feri-los jamais, a menos que alguma fraqueza, alguma tolice ou alguma vaidade que existe em vocês atraia a experiência.

Em certas circunstâncias é correto tentar lançar uma ponte sobre o abismo que existe entre a alma recém-desencarnada e a alma aflita. É como se alguém que nos é caro conseguisse mandar-nos mensagens de confiança, contando que chegou com segurança, goza de boa saúde e está feliz no seu novo país. Há casos também em que a alma recém-chegada deseja ardentemente reparar algum mal, ou vê a pessoa aflita, que ficou para trás, precisando de ajuda e de consolo.

Por essas e outras razões igualmente válidas, é correto buscar comunicação por meio de um médium; mas depois que a comunicação tiver sido feita, e a paz e o consolo tiverem sido concedidos às almas de ambos os lados do véu, é necessário compreender que tanto a pessoa aflita quanto a pessoa amada em espírito têm um trabalho essencial para fazer, uma vida própria para viver e responsabilidades pessoais para assumir. Não descarreguem no mundo espiritual suas preocupações e responsabilidades, pedindo orientação em assuntos sobre os quais vocês, sem dúvida, devem decidir e com os quais têm de lidar. Sejam corajosos e aceitem a vida novamente de bom grado, pois assim chegarão cada vez mais perto do ser amado em espírito.

Alguns espíritos voltam encarregados de uma missão especial de ajudar pessoas na Terra. Entre eles figuram os guias e auxiliares, que passam longos anos estabelecendo comunicação entre as duas esferas de existência. O serviço deles, sacrificial e valioso ao mesmo tempo, deve ser prezado, e as horas dadas a essa forma de comunicação devem ser consideradas sagradas.

Nem todos os que passam para o outro mundo voltam para comunicar-se com as pessoas na Terra. Não se sintam, pois, muito angustiados se não lhes chegarem notícias, durante certo período, de algum ente muito amado. Saibam que eles se foram para preparar um lugar, e que a vida exterior de vocês e a deles (que agora se tornou uma vida *interior*) precisam ficar separadas até que vocês tenham aprendido a liberar o seu próprio eu interior de modo que ele possa alcançá-los.

Todo o nosso propósito consiste em ajudar cada um de vocês a desenvolver as qualidades da alma, de maneira que uma comunhão doce e serena entre os que habitam o mundo espiritual e vocês seja não somente possível, mas também natural e correta.

No espírito não pode haver separação. Somente o *eu* se separa, e grande parte da dor da perda se deve a ele. Sejam impiedosos quando se analisarem; verifiquem quanto do seu amargo ressentimento pela sua perda e conseqüente solidão se deve às instigações do egoísmo e da autopiedade. Descartem-se delas quando procurarem a comunhão, pois elas poderão feri-los e ferir o ser que vocês amam.

Por que vocês se julgam ou se sentem separados e solitários quando todas as coisas se encaminham para a unidade? Cada vida é uma gota de água num oceano, uma gota que pode se juntar ao oceano ou permanecer separada dele, mas que será sempre água e, portanto, parte do todo. Assim também (para mudar a analogia) cada espírito humano é um Deus em embrião; e a humanidade como um todo é um concurso de minúsculas células de Deus, todas ligadas a Deus em reconciliação. Cada uma delas conserva o poder de isolar-se ou de separar-se de seus semelhantes, mas não de Deus.

O eu mais íntimo do homem diz respeito a essência de Deus. O homem é formado à imagem de Deus e à Sua semelhança. Quando compreende plenamente essa verdade transcendente, tudo o que é baixo e mundano se dissipa. O homem já não pensa nem sente em termos do "aqui" e "ali", senão do *em toda a parte*, onde nada pode separá-los de Deus, onde ninguém vive só para o eu, e as lágrimas, a tristeza e a morte perderam seu domínio sobre o homem.

O eu pessoal é ao mesmo tempo, o abrigo e o cativeiro de vocês, e quando todos os seus pensamentos e sentimentos estiverem concentrados em torno do eu pessoal, os eus verdadeiros estarão encerrados dentro dele como prisioneiros. Abaixo do eu exterior está a individualidade, o homem verdadeiro, a partir do qual elos e fios de interesse, simpatia e amor se estendem para todas as outras almas, para todas as outras criaturas vivas, para a vida visível e a invisível, para o mundo dos anjos, para Cristo, para Deus. Isso tem de ser assim, porque nenhum outro curso está aberto para o eu interior, que precisa partilhar-se com tudo o que vive, e cujo único laço ou limitação são os limites do próprio universo.

Somos feitos à Sua imagem; todo o universo pertence a Deus; e o homem também é bom, é Deus.

CAPÍTULO 4

A Sabedoria Proveniente
do Outro Lado do Véu

Vocês todos desejam ser usados como instrumento pela influências superiores, pelos guias e professores da vida espiritual; e conquanto alguns já saibam a respeito do seu guia, talvez ainda não entendam como podem ser usados pelos Irmãos Superiores. É possível que vocês não compreendam que o seu próprio guia trabalha sob a orientação dos Irmãos Superiores e que, enquanto se utilizam de vocês, os Irmãos Superiores são também capazes de assisti-los em seu desenvolvimento espiritual.

Quando vocês desejam abnegadamente servir de instrumento para inspirar, curar, guiar e abençoar a humanidade, vocês absorvem com certeza, em sua aura, a luz benéfica do espírito. Como servo da luz, o guia se aproximará. E lembrem-se de que todos podem ser médiuns, e todos podem prestar serviço, segundo os seus dons particulares. Vocês podem ser agentes de cura, professores, músicos, escritores, artistas; seja qual for a contribuição que derem à humanidade, assim como lutam para entrar em sintonia com os planos invisíveis, assim também serão usados como canais ou médiuns pelos sábios do mundo do além.

Deixem-nos lembrar-lhes que cada um de vocês voltou a encarnar no intuito de desenvolver certa qualidade, que será incorporada ao seu corpo superior, o seu templo no mundo celestial.

O iniciado desenvolve em seu corpo espiritual superior todas as qualidades necessárias para fazer um homem consciente de Deus e, depois que tiver conseguido isso, já não haverá reencarnação para a sua alma, a não ser quando ele mesmo queira voltar para ajudar a humanidade.

Precisamos frisar, todavia, que vocês todos ainda são muito humanos; certas qualidades espirituais estão apenas parcialmente desenvolvidas, e existe também certa quantidade de matéria mais densa entranhada ou embutida no corpo astral. Quando vocês não conseguem controlar a paixão, ou os pensamentos e emoções, vocês criam obstáculos à circulação espiritual. Vocês não estão transmitindo as vibrações mais puras aos seus guias e aos Irmãos Superiores, que aguardam o momento de usá-los. Por isso lutem pelo controle — controle do corpo físico, das emoções, da mente —

não só pela pura força de vontade, mas também pela aspiração contínua, no dia-a-dia, de tocar os planos puros e santos da vida.

O espírito é luz. O eu espiritual superior do homem, chamado por algumas pessoas de corpo "causal", é um corpo de luz; e, à medida que aspiram aos reinos de luz, vocês absorvem, através dos centros do coração, da cabeça e da garganta de seus corpos sutis, as qualidades da vida iluminada. Vocês serão capazes de compreender e interpretar tudo isso?

As antecâmaras do saber

Alguns de vocês são levados, durante as horas de sono, até as Antecâmaras do Saber do mundo espiritual, onde ouvem os ensinamentos de um dos grandes Mestres da Sabedoria, e talvez sejam treinados para algum trabalho especial. Lá lhes serão transmitidas verdades que vocês armazenam; ao regressar, se continuarem sintonizados com o mundo celestial, novas idéias lhe acudirão de súbito à mente. Nessas ocasiões, pensarão: "Que idéia genial! Como fui pensar nisso?" O que realmente aconteceu foi que a mente física de vocês ficou mais receptiva à inspiração da mente superior, e vocês se deram conta de algumas verdades que aprenderam nas Antecâmaras do Saber no céu. Ou, quem sabe, enquanto escrevem, uma onda de inspiração acudirá e vocês começarão a imaginar: "Será isso apenas um produto da minha mente subconsciente, ou é, de fato, uma mensagem do meu guia?" O guia pode usar a mente superior de vocês para transmitir verdades que o cérebro precisa transcrever em palavras antes que possam ser expressas no discurso ou na escrita. Porém, a essência do saber que a mensagem contém terá vindo dos seus guias.

Nem todos os homens e mulheres estão prontos para esse contato espiritual. Pode ser que eles precisem realizar certo trabalho para amoldar-se e amoldar o caráter por meios mais materiais e, por conseguinte, parecem incapazes de responder a influências espirituais. Mas como já puseram os pés no caminho do desabrochar espiritual, estão sendo guiados, inspirados e vigiados, não só em sua vida anímica ou interior, mas também em sua vida exterior no mundo. Passo a passo, estão progredindo, e as oportunidades lhes são oferecidas, embora vocês possam não as reconhecer como tais, com a intenção de pôr à prova a sua fé, a sua lealdade ao eu superior e aos poderes espirituais que os circundam. Se encontrarem dificuldades materiais, encarem-nas como oportunidades criadas com o propósito de ajudá-los a desenvolver certas qualidades de que carecem, talvez a paciência, a perseverança, a fé, a coragem, a boa vontade.

Tenham absoluta certeza de que nenhum de vocês jamais será esquecido. Nenhuma alma que está pronta para ser usada como canal pode ser algum dia negligenciada pelos seres superiores, porque a alma desperta é uma luz e pode ser vista no mesmo instante. A sua Terra, como a vemos, costuma estar amortalhada em névoa, se bem que alguns lugares sejam ligeiramente luminosos. Mas os homens e as mulheres no caminho probatório do desenvolvimento espiritual se destacam como estrelas numa noite escura e são conhecidos pela sua luz.

A natureza da prova

Um dos maiores obstáculos que impedem o desenvolvimento da mediunidade é o desejo de obter a chamada "prova". Vocês estabelecem certo padrão para a prova; o guia de vocês talvez lhes dê uma mensagem através da mente, e o eu inferior reclama provas, dizendo: "Sim, mas me dê uma prova de que você é quem afirma ser. Você não pode dizer-me o que minha avó está fazendo na América?" Vocês sabem que tipo de pergunta costumam fazer. Isso é muito pouco inteligente. Nunca façam perguntas tolas ao seu guia porque, quando vocês duvidam e tramam esses testes idiotas, vocês põem em movimento vibrações que penetram nos planos astrais inferiores e ligam-se a espíritos, que se divertem brincando com um Tomé descrente.

Lembrem-se das palavras do sábio Mestre que disse: *"Porque pelo fruto se conhece a árvore."* A isso, alguns de vocês poderão replicar: "Sim, mas São João disse: *"Testai os espíritos, para saber se são de Deus."* É claro que vocês devem testá-los. Mas não de acordo com os seus padrões. Em vez disso, examinem-lhes a mensagem. Se soar a verdade, humildade e amor, não lhes será preciso prolongar os testes. *Porque pelo fruto se conhece a árvore.* Acrescente-se que o seu guia e professor nunca lhes dará ordens, pois isso seria transgredir uma das leis espirituais. Deus deu a todos os Seus filhos o poder de escolher livremente, embora exista um anseio que os move aparentemente contra seus próprios desejos ou contra a sua opção. Quando isso acontece é a sua própria alma e espírito que tomam conta do caso. Os superiores nunca se atrevem a interferir no livre-arbítrio do homem. Solicitados a dar uma orientação, eles indicarão o caminho e poderão até mostrar-lhes possibilidades que os esperam ao longo do caminho, mas a decisão final terá sempre de partir de vocês.

O seu guia e professor

Já não estarão vocês conscientemente em contato com o seu guia? Não lhe reconhecem a personalidade, não lhe sentem o gentil companheirismo? Por outro lado, vocês ainda podem alimentar dúvidas; não estão totalmente seguros no plano exterior. Mas se, em humildade de espírito, pudessem olhar para o espelho da verdade, veriam que um guia sábio e afetuoso espera ao seu lado para ajudá-los.

Qual é o trabalho do guia? Companheiro e professor, ele trabalha por intermédio de sua mente superior e consciência. Quando estiverem meditando, vocês podem fazer-lhe mentalmente uma pergunta sobre, por exemplo, o significado de algum acontecimento que os intriga. Pode ser que não recebam uma resposta imediata, mas, quando menos a esperarem, dali a poucos dias ou até semanas, quando a mente terrena estiver entretida em outra coisa, a resposta surgirá de estalo. Mas vocês terão de lembrar-se de que não devem fazer exigências descabidas ao guia. Peçam, como pediriam a um professor terreno, a explicação de algum problema, e a resposta virá, quiçá não no seu tempo, mas no tempo do espírito. Mas não exijam então que o seu professor faça o trabalho por vocês, nem esperem que ele assuma as suas responsabilidades.

É muito importante para toda alma fazer o seu próprio esforço e aspirar. Conforme a intensidade desse esforço, o homem é ajudado a seguir adiante e para cima pelo seu guia e professor. Não é bom deixar todo o trabalho para o guia, erro que muita gente comete. O dever do homem consiste em fazer o máximo possível. De acordo com o seu aparato físico, corre-lhe a obrigação de aprimorar os dons que Deus lhe deu, por meio do seu próprio esforço, mas sem se esquecer de que, por mais perfeita que torne a sua mente e por maiores conhecimentos que adquira, não passará de um instrumento e, enquanto não aprender o segredo mágico de ligar-se à verdadeira fonte da sabedoria, permanecerá vazio. Assim que fizer a ligação, ele se abrirá para o influxo da luz de Cristo, e será capaz de ver e sentir a presença daqueles que o guiam desde os planos superiores.

Como são escolhidos ou selecionados esses guias e por que eles vêm até nós? Em primeiro lugar, seja-nos lícito diferenciar esse em relação a outros auxiliares do mundo espiritual. Um auxiliar pode ser trazido pelos senhores do carma para assisti-los em certo estágio da sua jornada. Pode ser que vocês tenham pedido ajuda, pois quem já não gritou angustiado: "Ajuda-me, Senhor!" Deus ouve as suas preces; os Senhores do Carma estão sempre vigilantes; o anjo da guarda de vocês está sempre de plantão, e outras almas do mundo espiritual e do plano astral podem estar querendo pagar uma dívida que contraíram com vocês no passado. Uma alma assim poderá dizer: "Deixe-me ajudá-los", e virá e trabalhará para o bem de vocês, e lhes dará orientação e proteção enquanto vocês escalam o caminho difícil. E assim que terminar o trabalho, ela regressará à sua própria esfera.

Dessa maneira, vocês podem ter durante a vida muitos auxiliares, que vêm em ocasiões diferentes para assisti-los num determinado período, mas apenas um professor e um guia, que os tem sob os seus cuidados e pode estar ligado a vocês por uma série de vidas. Esse professor espiritual estabelece contato com vocês num nível muito mais elevado do que os auxiliares tão freqüentemente descritos como "guias". Vocês recebem a orientação deles por intermédio da consciência, ou da voz do eu superior, às vezes denominada, a voz de Deus. Essa tranqüila vozinha interior pode tornar-se muito forte; ela pode vir a ser para vocês a voz do professor espiritual que os contata no nível mais alto da consciência terrena, ou no nível mais alto que vocês podem atingir enquanto ainda aprisionados na carne. Tudo o que é belo, puro e verdadeiro virá através do seu eu superior, e é nesse nível que atua esse professor espiritual.

Gostaríamos de poder transmitir-lhes uma imagem dos seus auxiliares e guias. Se se pudesse descerrar o véu, vocês, na verdade, se sentiriam felizes e agradecidos com o fato de poderem ser ajudados em sua escalada por esses irmãos espirituais, por meio do poder de Deus, pela vontade de Deus. Pedimos que acreditem. Tentem sentir o conforto do caloroso aperto de mão deles, da mão deles nos seus ombros, da compreensão deles. O professor e guia espiritual de vocês conhece cada aspiração e cada dificuldade que os atormentam e os ama mais do que vocês mesmos conseguem se amar. Ele está com vocês para ajudá-los de todos os modos possíveis. Vocês são companheiros, e o guia, não raro, aplaina-lhes o caminho. Todos vocês já tiveram demonstrações de orientação e de ajuda miraculosas. Pode ser que se trate de coisas pequeninas, mas vocês sabem que elas não poderiam ter acontecido de outra maneira que não fosse a ajuda espiritual. Dado que a lei do carma é exata, justa, perfeita e verdadeira, lembrem-se de que Deus é um Deus de misericórdia e de justiça, e tem um jeito, através dos Seus ministros e luz, de amaciar os cantos mais ásperos. O amor de Deus os abençoa e os ajuda.

O anjo da guarda

Os cristãos outrora foram levados a acreditar na realidade dos anjos, mas estes hoje não se ajustam à concepção humana intelectual do universo. Eles são considerados seres míticos ou fantasias da imaginação. A própria idéia do anjo tornou-se tão nebulosa e remota que vocês acham difícil conceber um ser real e vivo, capaz de manter-lhes a alma sob a sua guarda. Mas o homem sábio, que sabe por intuição, que ouve a vozinha tranqüila e lhe obedece, compreende que, em algum lugar, na obscuridade, está o seu anjo da guarda.

Falamos a verdade quando dizemos que toda alma na Terra está sob os cuidados de um anjo da guarda indicado pelos grandes senhores do carma. Até a idéia de um anjo que registra os nossos atos foi esquecida, mas nós lhes dizemos que um anjo foi destacado para estar atento aos atos e à reação de vocês, não só à voz de Deus, mas também à voz tentadora do Diabo, que é o outro nome da mente inferior. Esses anjos que garantem a execução das leis não encarnaram na Terra; eles evoluíram ao longo de outro caminho de vida para chegar ao reino angélico. Não confundam, portanto, esses seres angélicos com seus guias ou seus auxiliares. Embora os guias e os auxiliares possam se aproximar de vocês, comungar com vocês, embora eles tenham o seu lugar no grande plano de Deus, o serviço que prestam à humanidade é muito diferente do serviço prestado pelos anjos.

O anjo da guarda nunca nos abandona. A partir do momento em que vocês ingressam na vida mortal até o momento em que a deixam, e mesmo depois disso, o anjo da guarda está em contato com vocês. Ele se ocupa do seu carma e lhes orienta a vida sob o controle dos senhores do carma. O anjo é impessoal no sentido de que tem por ofício zelar para que vocês encontrem oportunidades para pagar suas dívidas cármicas, ou oportunidades para contrair um bom carma que se acrescente ao crédito da sua conta. Assim, toda experiência é uma oportunidade. Às vezes, o eu inferior pode dizer: "Não quero ser incomodado com isso. Que transtorno, que tédio! Eu não farei isso!" E uma voz sussurra: "Mas você sabe que tem de fazer!" E o eu inferior responde: "Eu sei, mas não quero fazer e não farei!" E vocês não fazem. Um incidente assim acarreta uma nota no seu livro de contas a pagar.

Não imagine que todos nós somos perfeitos ou que todos podemos apresentar uma folha-corrida limpa. Mas nós chamamos a atenção de todos para essa coisas a fim de que vocês aprendam. Mas não se impressionem muito com elas, não se aflijam em demasia se fizerem um ou dois borrões. E lembrem-se de que existe um poder invisível: o poder do amor em seus corações, capaz de apagar todas as manchas.

O homem com o coração cheio de amor nunca se amedronta, nunca se intimida; não dá lugar a temores indignos, nem a respeito de si mesmo, do seu corpo físico, nem a respeito do bem-estar das pessoas que ama, porque foi vivificado pela luz e pelo poder divinos e, portanto, nada poderá falhar. As coisas só dão errado quando a mente do eu começa a martirizar-se e a reclamar contra as circunstâncias da vida, e vocês dizem: "Estou decepcionado porque a vida não é como eu... Eu... *Eu* desejo que ela seja!" Disso resultam o sofrimento e o caos, porque o contato foi cortado. Se vocês ao menos tivessem força para viver sempre na paz de Deus, para viver na verdade: — "Seja feita, Senhor, a Tua vontade na minha vida... A Tua vontade, e não a minha!"

Mas quando vocês desabarem e tudo lhes parecer caótico, não se esqueçam de que há um auxiliar ao seu lado. O seu anjo da guarda os viu cair, mas não os condenará. Ele não lhes diz: "Eu falei, não falei?" Em vez disso, murmura-lhes no coração: "Coragem... Eu o ajudarei a erguer-se de novo. Olhe para cima, olhe para fora! Deus ainda está no Seu céu e tudo está bem."

Aferrem-se a esses pensamentos, especialmente nas ocasiões em que os golpes, um depois do outro, parecerem empenhados em derrubá-los. Mantenham o senso de humor, e não fraquejem! Ergam-se, firmes, outra vez com os pés no chão, lembrando-se de que estão sendo ajudados de boa vontade e rapidamente por quem está ao seu lado. Não deixem de persistir e recusem-se a ficar deprimidos. A maioria de nós é perfeitamente capaz de mostrar-se alegre quando tudo vai bem, mas a força do espírito se evidencia quando o homem sorri embora tudo pareça estar contra ele. Lembrem-se de que através das experiências desta vida na Terra — e só desta vida — vocês aprenderão a alcançar a vida superior. A aspiração para Deus e a vida superior são tudo o que realmente importa.

Sabem vocês que é tão possível a um espírito desencarnado estar rigorosamente velado e afastado das belezas da vida espiritual quanto outro encerrado num corpo de carne? O trabalho espiritual, realizado aqui e agora com sinceridade, levantará o véu e os conduzirá aos reinos da beleza.

CAPÍTULO 5

As Faculdades Espirituais

No início da criação, vocês jaziam no coração do Logos. Toda a verdade se encerra nesse pensamento simples e central. Quando foram soprados para encarnar, quando partiram do coração de Deus e descobriram que tinham livre-arbítrio, usaram-no feito uma criança caprichosa. Em resultado disso, vocês se atolaram na lama do sofrimento; sofreram e ainda sofrem. Apesar de tudo, não cortaram completamente o contato com o coração de Deus.

Se quiserem chegar ao coração dos mistérios do Cosmos, o caminho passa pela meditação e pela compreensão da vozinha tranqüila, o Deus interior; pois todos os mistérios da eternidade se alojam dentro do seu coração. Nenhum livro poderá ensiná-los, muito embora se encontre nos livros o estímulo mental. A sabedoria vem através do coração. "Portanto, permaneçam serenos e saibam que eu sou Deus."

Para conhecer Deus, porém, vocês precisam aprender a viver de modo mais pleno, a saborear mais plenamente a vida, pois quem aprenderá mais sobre Deus se ficar isolado da sua espécie?

Faz-se mister um Deus para conhecer um Deus; e o homem que testemunha situações humanas sórdidas e mesmo terríveis, que está a par do sofrimento dos que se encontram nessas situações e sofre com eles, que descobre na pessoa mais depravada algo amável e humano, que vê Deus no pior de nós, chega bem perto de compreender os mistérios da criação.

Desse modo, embora isso a princípio pareça difícil, sugerimos que vocês partilhem as alegrias e tristezas dos seus semelhantes e, não deixando de manter o próprio equilíbrio, chorem quando eles choram, riam quando eles riem, identifiquem-se com eles. Não se esquivem do contato com a humanidade, mas vejam a beleza que se oculta debaixo da grosseria e da crueldade. Vocês precisam identificar-se com a vida humana e nunca alhear-se dela. *Vivam* a vida com os homens, seus irmãos.

Vocês escolheram esse tipo de vida

Algumas pessoas pensam que são poucos os que têm de enfrentar as dificuldades que o destino lhes reservou. Afigura-se-lhes que, se estivessem em circunstâncias diferentes, poderiam viver muito melhor. Se lhes fosse dada uma renda maior, por exemplo, mais liberdade, mais oportunidade de lazer, poderiam fazer o bem em proporções maiores! Eles observam com tristeza que o vizinho, com a riqueza e o lazer que eles invejam, parece não tomar conhecimento das necessidades dos seus semelhantes, negligenciando-as.

Filhos bem-amados, a vida é regida por leis, e vocês estão exatamente no lugar que escolheram rodeados exatamente das circunstâncias que escolheram. "Mas isso é tolice!", dirão vocês. "Eu nunca teria escolhido esta vida!" Quem está falando agora é o eu exterior, a mente mortal; mas o verdadeiro eu, o divino espírito interior, conhece as necessidades da sua alma. Pensem nesse anseio de Deus como uma luz radiante que sempre lhes guia a alma pelo caminho. Nenhum momento do seu tempo pode ser mal-empregado ou desperdiçado. Todo o propósito da sua vida e o propósito que está por trás de cada experiência humana é o crescimento e o desabrochar da alma. Se vocês quiserem cavoucar debaixo da superfície da experiência, à cata de sabedoria e conhecimentos, apressarão o processo de crescimento e do desabrochar. Não é o que acontece com vocês nos planos exteriores; tampouco importam as circunstâncias ou as riquezas que vocês possuem ou não, mas tão-só a reação interior de vocês a essas circunstâncias, a relação interior com seus semelhantes e com Deus. As circunstâncias da vida, com efeito, são uma forma de iniciação pela qual vocês passam todos os dias.

No momento presente, uma grande ajuda está sendo enviada ao homem. Um influxo de poder, luz e amor, vindo do além, acelera o espírito humano. Um grande ímpeto varre a humanidade. Alguns de vocês passaram por uma iniciação e sabem que ela traz uma expansão da consciência, e dá uma visão do futuro e um desejo de viver de um modo que se afine com o espírito, para que a alma entre mais depressa no reino do céu.

O ser humano comum, todavia, continua inconsciente dos mundos espirituais que permeiam a sua vida física. Uma cortina pesada obscurece a visão do homem, de modo que, incapaz de registrar o espiritual, ele só tem consciência das coisas com as quais entra em contato por intermédio dos sentidos físicos.

A clarividência

O homem continua, por assim dizer, prisioneiro do corpo físico; existem, porém, dentro do físico, estados de vida mais sutis e aprimorados, que podem ser atingidos. No nosso ser sétuplo — como já explicamos — está o corpo etérico, que é, na aparência, uma duplicata do corpo físico, mas formado de uma substância muito mais sutil, invisível aos olhos físicos. Esse corpo etérico funde-se com a totalidade do corpo físico e ambos se interpenetram. O corpo etérico é feito de duas partes, uma das quais mais grosseira e outra muito mais sutil, e opera por intermédio do sistema nervoso. Na ocasião da morte, o corpo etérico se retira e a substância da parte mais grosseira, muito parecida com a matéria terrena, se desintegra à proporção que o corpo físico se desintegra.

No transcorrer da vida física, o corpo etérico forma a ponte entre a alma do homem e os mundos mais sutis. Através dessa ponte, e por meio do sistema nervoso e do corpo mental e vital do médium, a alma no mundo espiritual se comunica com a Terra. O tipo de mensagem que chega ao seu destino depende muito do caráter do médium, das circunstâncias de sua vida, da condição que ele fornece e da situação mental e física da pessoa a quem é endereçada a mensagem.

Interpenetrando o corpo etérico denso, há um veículo etérico mais sútil, que chamarei corpo de luz ou corpo vital, que interpenetra não somente o corpo físico e os corpos etéricos inferiores, mas também os veículos superiores, o corpo mental, o intuitivo e o celestial. Existe, dessa maneira, entre cada corpo, um elo de ligação pelo qual desce a luz espiritual que procede do divino, e passa por esses vários corpos atingindo o etérico mais grosseiro, que liga todos os outros corpos ao cérebro e ao sistema nervoso.

Quando falamos da clarividência comum, referimo-nos ao tipo de visão mais comum. São muitas as divergências no tocante à natureza da clarividência. Em algumas pessoas, o corpo etérico mais denso, ligado frouxamente ao corpo físico, escapa com facilidade. O plano etérico está tão próximo da Terra que, para muitos espíritos, parece tão denso e pesado quanto a própria substância física. O etérico inferior registra imagens e reflete-as para a Terra; algumas pessoas (que se poderiam descrever como clarividentes involuntários) vêem essas formas ou imagens quando refletidas no centro do plexo solar. Os animais, às vezes, também vêem dessa forma. Num passado distante, antes que o homem entrasse em contato tão próximo com a matéria física densa, era comum esse tipo de visão involuntária.

O corpo físico do homem comum não é receptivo a influências espirituais. No homem normal, o corpo etérico se encaixa com um estalido, por assim dizer, e fecha-se, passando o homem, a partir de então, a não ter consciência da sua presença.

Há, contudo, como dissemos, pessoas cujo corpo etérico, frouxo, se desprende com muita facilidade do corpo físico, do que resultam perturbações como a clarividência e a obsessão descontroladas. É muito grande a diferença entre essa clarividência no plano etérico inferior e a clarividência resultante do treinamento e do uso correto dos centros psíquicos ou chakras do corpo etérico.

Descreverei a diferença da seguinte maneira: fiquem de pé à beira de um lago muito sereno e vejam o reflexo das árvores e do céu na água. Que belo efeito! Mas se o lago se encrespar, o reflexo se fragmentará. Afinal de contas, era apenas um reflexo, um símbolo, um jogo de luz e cor. Agora olhem para a paisagem que cerca o lago, para as árvores e o céu reais, e verão alguma coisa firme, clara e, para os seus sentidos, real. Essa é a diferença entre a clarividência involuntária, registro efetuado pelo corpo etérico inferior, geralmente não controlado e não desenvolvido, e a clarividência inteligente ou exercitada, que recebe luz ou um ímpeto do plano do espírito divino.

Certas drogas afrouxam a ligação entre o corpo etérico e o físico. Uma substância tóxica fará a mesma coisa, remetendo o etérico, às vezes, para um lugar muito infeliz, como é o caso de alguns desventurados pacientes de *delirium tremens*, cujo corpo etérico registra, na verdade, todas as imagens e condições de algum plano astral baixo. Um anestésico também expulsará o corpo etérico. Às vezes, a consciência permanece ativa, mas quase sempre se mantém inerte e não transmite nada à memória do paciente quando este volta a si.

Há uma ligação entre o corpo etérico e certos centros psíquicos essenciais, na cabeça, na garganta, no coração, no baço, no plexo solar e na base da coluna. Os estudantes de medicina reconhecerão esses centros como pontos-chave do sistema nervoso. Esses centros, por sua vez, conectados a esferas ou diferentes planos da vida espiritual, são como flores com pétalas; quando vocês começam a desenvolver a consciência espiritual, os centros floriformes passam a desenvolver-se; giram, têm vida e luz e emitem cores muito bonitas. Os guias e auxiliares reconhecem imediatamente em que ponto do caminho você está pela vibração, pela luz e pela força que vêem nesses centros.

Alguns de vocês despertam os centros psíquicos numa encarnação passada e, agora que renasceram, esses centros emitem uma luz que afrouxa a textura do corpo etérico e dá origem ao que se descreve como médium "natural" ou clarividente "natural". O verdadeiro clarividente, portanto, é o que restaurou o conhecimento do uso inteligente desses centros do corpo, e pode, portanto, muitas vezes, realizar um grande trabalho.

Esperamos que vocês não comecem todos ao mesmo tempo a tentar desenvolver esses centros! Para fazer isso, precisarão de muito mais conhecimentos do que os que lhes damos agora. Os centros começam a irradiar quando a vontade e a inteligência os dirige para a atividade. Geralmente, o centro que primeiro reage aos aspectos não-físicos é o centro do plexo solar. Vocês dizem: "Não posso ver nem ouvir, mas *sinto*!" Se tentarem analisar o modo com que "sentem", não saberão fazê-lo. Mas se examinarem com cautela o que lhes aconteceu, descobrirão que o plexo solar teve uma sensação "esquisita" e, desse modo, vocês "sentem" que sentem.

O centro seguinte é o da testa, às vezes chamado de Terceiro Olho, mas ao qual daremos aqui o nome de "chakra da testa". Esse chakra atua de forma ordenada sob a direção da vontade e do eu espiritual, e dá ao médium consciência das esferas espirituais. A verdadeira clarividência não é a visão que lhes indica que estão vendo alguma coisa com os olhos físicos. A clarividência está *dentro* de vocês. Embora pareçam olhar para algum objeto externo, vocês estão, na verdade, olhando para esse centro ou chakra floriforme no seu interior. Vocês podem, portanto, ver através da clarividência, com os olhos fechados. Com efeito, vocês verão melhor assim. Retrucarão vocês: Sim, mas tudo isso pode ser apenas imaginação! Eis aí uma palavra que é usada sem muita precisão. A imaginação é a porta que se abre para a visão espiritual.

Não pensem que o centro da testa e do plexo solar são os únicos usados pois, quando tocam o plano intuitivo ou celestial, vocês não verão somente com o centro da testa, mas também com os outros centros: todo o seu ser verá. Quando chegam a esse plano, vocês registram ou refletem *verdadeiramente* os planos espirituais. Através do amor divino, o centro do coração começa a pulsar e a irradiar cores e luzes belíssimas, o que lhes dá a percepção da verdade divina, tornando-os médiuns ou canais da verdade pura.

A clariaudiência

Toda pessoa, por meio do treinamento, pode tornar-se clariaudiente, pelo menos até certo ponto. A clariaudiência é regida por regras semelhantes às que traçamos para a clarividência.

Na criança recém-nascida, a audição é o primeiro sentido adquirido — vindo depois o tato e posteriormente a visão. Tomem nota do que estamos dizendo, pois isso tem relação com o desabrochar espiritual. Há um velho ditado hermético que diz: *"Assim em cima como embaixo; assim embaixo como em cima"*, e a experiência nos ensina a verdade disso tanto no sentido exotérico quanto no esotérico.

Muitas pessoas acham que, se ouvirem o que se conhece nos círculos espiritualistas como "voz direta", estão recebendo uma mensagem clara e pura dos entes queridos que estão no mundo espiritual, já que não se fez uso de nenhum instrumento humano. As coisas, porém, não são assim, pois a voz ouvida pelo consulente, embora aparentemente não ligada ao físico, é de fato produzida pela garganta e pelos órgãos vocais *etéricos* do médium. Nessas condições, a voz direta, conquanto ouvida por um sentido físico e aparentemente sem nenhuma ligação com os órgãos físicos da fala, requer o uso do corpo etérico do médium para produzir som e, por esse motivo, carrega traços da mentalidade do médium.

Nesses casos, usa-se o centro da garganta do médium. Ora, esse centro da garganta está diretamente ligado à clariaudiência. Vocês poderão pôr isso à prova quando estiverem meditando. Basta que se concentrem no centro da garganta para se surpreenderem ouvindo; e, quando tiverem aprendido o poder do silêncio, e da quietude do espírito, ficarão assombrados ao descobrir que a audição espiritual foi aguçada.

Pondo de parte a clariaudiência do tipo etérico, na qual já tocamos, consideramos a clariaudiência espiritual, o poder de ser receptivo a sons sagrados ou a vibrações oriundas do mundo do espírito puro. Todos podemos ser receptivos à voz do espírito puro; ele fala na tranqüila vozinha interior, a voz da consciência.

Vocês não acham que, embora todos anseiem por ouvir a voz do espírito, provavelmente *a última coisa que desejam escutar é a voz da consciência*? Com uma série de desculpas, vocês a silenciam; mas, amados filhos, no fato de ouvir essa voz está o verdadeiro caminho para a clariaudiência, ou audição clara.

Quanto mais rigorosos vocês forem consigo mesmos, com o eu exterior, com a mente exterior, subjugando a personalidade de modo que a voz interior ou a voz da consciência seja ouvida, tanto mais depressa vocês percorrerão a estrada que leva à clariaudiência.

Vocês devem considerar-se como uma caixa de ressonância capaz de responder às vibrações dos mundos superiores. A mente pode interpretar o som dentro do silêncio que lhes chega do mundo do espírito puro ou do mundo astral superior. O primeiro passo consiste em aprender a ouvir. Não tenham medo da voz interior, nem deixem de tomar conhecimento dela e tampouco a silenciem. Aceitem-na; recebam-na de bom grado. Admitam-na até quando ela diz que vocês estão errados. Dêem graças por poderem reconhecer a voz da consciência visto que, através dela, vocês desenvolverão uma caixa de ressonância tão verdadeira que ouvirão os anjos cantar!

As coisas espirituais podem ser ouvidas por ouvidos físicos?, perguntarão vocês.

Nós respondemos: vocês ouvirão dentro da garganta e dentro da cabeça. É difícil expressar exatamente o que queremos dizer, mas a voz, os sons, as harmonias acabarão ficando até mais nítidas do que os sons no plano físico. É possível que vocês, enquanto ainda estão na carne, tenham a consciência tão elevada que ouçam claramente as melodias dos planos superiores e, enquanto estiverem nesse estado, sejam surdos aos ruídos do plano físico.

Talvez lhes interesse saber que os pensamentos, realmente, podem ser ouvidos, porque produzem uma vibração no nível mental da vida. No mundo interior, em todos os graus do plano astral, um pensamento emitido será recebido no mesmo instante pelo auxiliar do aluno. Um pensamento seu para o seu guia será realmente ouvido.

A *paz espiritual*

Vocês são capazes de imaginar o terrível vozerio do plano etérico, tão próximo do físico? Pois imaginem-se ligando o receptor de rádio e captando no éter umas vinte estações ao mesmo tempo! Podem imaginar a confusão? Os pensamentos da humanidade fazem barulho — barulho, sim, mas não som. Só nos planos espirituais da harmonia podemos chamar às vibrações de som ou música. Imaginem, em seguida, ouvir todo esse vozerio desarmônico, grosseiro e áspero e subir mais um pouco, nos planos da vida espiritual, cada qual mais harmonioso e delicado, até alcançar as próprias esferas da harmonia. Nesses planos há música na atmosfera; até as vestes dos habitantes vibram de harmonia e melodia.

Vocês apreciam a beleza em grau menor? Podem, então, adquirir o poder de entrar em sintonia com essa orquestra divina. Não se trata porém, meramente de uma dádiva física, senão de uma dádiva da alma, no seu íntimo. Vocês podem adquirir o poder de ouvir mais clara e corretamente do que poderiam ouvir no plano físico. Mas é preciso, primeiro, que haja harmonia, pureza e amor no eu interior.

Vocês estão sempre envoltos na emanação espiritual, a força espiritual que se irradia da aura de Cristo, que veio do Deus Paterno e Materno a um só tempo para proteger, purificar e iluminar o caminho de todos os filhos de Deus. Vocês não podem ficar fora da vida do Filho, o Cristo. Enquanto a humanidade se contorce em dores, enquanto almas negras infligem sofrimento e almas ignorantes sofrem, lembrem-se sempre de que vocês são um canal através do qual Cristo atinge os outros e ilumina-lhes as trevas.

Isso nunca será consumado unicamente pela pregação, senão através do fortalecimento do espírito, do crescimento da mente divina em vocês, da radiação, pelo coração, da boa vontade e da paz; não apenas uma crença de que a guerra é totalmente errada, mas uma paz capaz de levá-los a passar o dia plácida e até alegremente, uma paz imperturbável no meio do conflito físico, precisamente como o Mestre ensinou com o milagre, de serenar a tempestade. O mar da Galiléia representa o corpo anímico agitado pelos elementos externos. Adormecido no barco, ou no coração do ser humano, o Mestre se levanta e aquieta a tempestade; pois não é Ele o Mestre, o comandante? Ele *é* a paz.

Isso é o que subentendemos como o ser pacífico, com o viver pacificamente. Vocês precisam de uma compreensão contínua da sua relação com Cristo, com o Deus Paterno e Materno. Sintam a paz que trazem os anjos de Cristo. Não pensem na paz como numa condição puramente negativa, pois as suas profundezas encerram as forças criativas do universo, e as palavras sagradas de poder soam no silêncio. A paz é tão dinâmica quanto são dinâmicos o Amor e a Sabedoria; todos esses atributos espirituais estão plenos de poder, um poder que não ousamos atingir sem a tranqüilidade da mente e da alma.

A sagrada comunhão

Através dos cinco sentidos físicos, o espírito ou o ego divino aprende a tornar-se consciente do Deus Paterno e Materno; a provar, ver, cheirar, sentir e ouvir a proximidade de Deus. Uma bela cerimônia na igreja permite que as pessoas recebam uma íntima comunhão espiritual. A partilha do pão e do vinho materiais influi, nos veículos superiores do homem por algum tempo; mas enquanto houver beleza na forma exterior, a letra em vez do espírito do culto pode se converter num esteio ou numa convenção sobre os quais o homem descansa. Procurem ter consciência, na igreja ou loja que vocês freqüentam, da presença de seres angélicos, dos quais fluem correntes de energia espiritual, que podem ser absorvidas pelo centro do coração de toda alma que se esforce humilde e simplesmente para compreender a ajuda espiritual que os anjos podem lhes proporcionar. A Sagrada Comunhão é uma elevação do divino no homem até que o divino toque momentaneamente a divindade, a glória, os elementos purificadores que vêm do Cristo. Não há necessidade dos símbolos exteriores do pão e do vinho. O homem precisa estar consciente dessa expansão para que o seu coração seja tocado.

Essas são as coisas verdadeiras, reais, eternas; e a confusão e o caos ora reinantes na Terra devem ficar fora da consciência de vocês. A força do amor de Cristo não pode ser superada. Queremos que vocês se lembrem de que nenhum inimigo rompe o círculo de luz que vocês, por sua própria vontade e inspiração, podem criar à sua volta. A rosa vermelha, de que falamos tantas vezes, simboliza essa dádiva de amor divino aos filhos de Deus revelada no Cristo, na sua benevolência, no serviço permanente que Ele presta a todos os homens; pois Ele não partirá, não seguirá rumo às esferas de luz preparadas para Ele (e para vocês também) enquanto todos os filhos de Deus não estiverem recolhidos no Seu aprisco. Isso pode parecer fraseologia antiquada, mas vocês não se sentem confortados por saber que todos os filhos de Deus ficarão, algum dia, encerrados na aura do seu amor? A mundanidade passará e este planeta escuro (como é conhecido nas esferas de luz) terá servido a um esplêndido propósito no grande plano.

Descansem o coração no amor e na adoração do grande Deus, e recebam a Bênção do Altíssimo. Só Ele pode recompensar além de toda a expectativa humana.

CAPÍTULO 6

A Vida no Mundo Espiritual

O mundo do espírito, em geral, é associado com os lugares celestiais, com certas esferas pelas quais o homem passa ao deixar esta vida normal. Muitas pessoas, por conseguinte, quando lhes dizem que o mundo espiritual é um estado de consciência dentro da alma (mais do que um lugar ou um estado em algum lugar fora da Terra), acham esse ensinamento muito difícil de entender. Vocês aprendem que o tempo e o espaço não existem no mundo espiritual e, não obstante, ficam sabendo de viagens feitas de um lugar a outro, de uma esfera a outra. Dizem-lhes, de um lado, que o mundo espiritual está nos planos que circundam a Terra e, de outro, que o mundo espiritual está dentro de vocês. Como haveremos nós de concatenar essas duas idéias?

Consideremos a consciência interior. Se vocês fecharam os olhos e voltarem seus pensamentos para dentro, com o tempo descobrirão na alma uma vida muito real. Começarão a se dar conta de um plano de consciência interior, e constatarão que podem alterá-lo com suas aspirações. À medida que os pensamentos de vocês se tornarem mais belos, a luz interior parecerá mais brilhante. Se os pensamentos continuarem ofensivos e escuros, o mundo interior continuará sem brilho. Averiguamos, desse modo, que o mundo espiritual se reflete no espelho da nossa própria alma.

Darei a vocês outro exemplo. Algumas pessoas passeiam pelo campo e notam muito pouca coisa. Elas continuam alheias às belezas da natureza porque não refletem nem reagem ao ambiente que as cerca. Outra alma, andando pelo mesmo caminho, se deleitará com mil detalhezinhos interessantes nas cercas-vivas e nos campos, na vida dos pássaros, no jogo da luz do sol e das sombras. Ela não observa meramente com os olhos físicos, mas passa a ver também com os olhos do espírito. Imaginem um terceiro homem fazendo o mesmo percurso. Mais sensível ainda à vida espiritual que está por trás da forma física, seu campo de visão aumentou consideravelmente. Ele não somente verá toda a beleza física e todo o encanto, mas também perceberá a pulsação ou a vibração de uma vida que permeia a manifestação física. Sua alma refletirá o mundo espiritual.

Coisa parecida ocorre quando o homem deixa o corpo físico. Se ele ocupou todo o seu tempo com coisas materiais, permanecerá nesse estado quando passar adiante, quando entrar no denso mundo astral, muito pouco diferente do físico. E conquanto viva num ambiente delicioso, a beleza nada significará para ele. Porém, mais obser-

41

vador e mais rápido no apreciar, o outro homem passará a um estado de vida mais apurado; e o terceiro, espiritualmente mais esperto e perceptivo, se verá num glorioso mundo espiritual.

Em cada encarnação sucessiva a alma segue esse processo de crescimento. Quando o homem lança de si o invólucro mais grosseiro, o corpo físico, e ingresa na fase seguinte, o corpo astral, a menos que sua alma se tenha tornado brilhante mercê da experiência na Terra e do desenvolvimento do caráter, ele será incapaz de ver ou de comungar com as belezas do mundo espiritual. Mas no curso da sua jornada, a alma finalmente se desfará do invólucro de matéria astral; o que for grosseiro e denso cairá — processo que continua em todos os graus da vida astral e mental, até que, finalmente, a alma pura ingressa no mundo celestial.

Por outro lado, se o homem não desenvolver sua força de caráter e grandeza de alma durante a experiência na Terra, sua visão e seu ambiente, até no mundo celestial, serão limitados. Na Terra, o sucesso depende grandemente do equipamento mental e do conhecimento, mas no além o que importa é a riqueza da experiência de vida, do conhecimento da alma, da sensibilidade às vibrações mais sutis. Essa percepção só se adquire por meio da grandeza e da humildade do espírito; não depende de circunstâncias, de condições materiais, ou do intelecto, mas da qualidade da consciência, do amor, da tolerância e da simpatia do homem; em outras palavras, depende da grandeza de coração e beleza do caráter.

E agora uma palavra a respeito do *lugar* real em que se encontra o mundo espiritual. Dirão vocês: "Mas se ele ocupa um lugar, terá de estar num ponto qualquer fora da nossa Terra e, no entanto, você acaba de nos dizer que tudo está contido dentro de nós!"

Ora, a matéria astral, a mais próxima de vocês na Terra, e a matéria física se interpenetram. Se um espírito entrar na sua casa, não verá as paredes nem a mobília reais, mas os seus correspondentes astrais ou etéricos. Porque ele não se manifesta na terceira dimensão, para ele a matéria física simplesmente não está ali, mas a matéria astral existe e essa ele vê. O mesmo acontece com uma bela cena; o espírito só se dá conta da sua contrapartida astral.

Tudo o que é físico tem um equivalente astral. Para o espírito há uma leveza, uma translucidez em tudo o que ele vê. Seus amigos espirituais podem ter uma casa tão próxima da de vocês que é possível verificar-se de fato uma fusão das duas. O espaço não existe, mas apenas a interpenetração de todas as esferas da vida espiritual. É tudo uma questão de vibração; a visão dessas coisas depende da nossa capacidade de acelerar a própria vibração para que fique em harmonia com a vibração do mundo astral ou espiritual. Vocês não precisam morrer para ingressar nos mundos interiores.

As pessoas perguntam com freqüência: "O que as pessoas comem na outra vida? Elas podem comer realmente? O que elas fazem ali?" Pois bem, há frutas perfeitas e deliciosas no mundo astral, frutas que os habitantes daquele mundo podem apanhar, assim como podem ter a comida que quiserem; mas nas esferas superiores o desejo de comer desaparece. Entretanto, queremos que vocês compreendam que o mundo espiritual é concreto e real, e os que ali vivem podem apreciar um banquete — se quiserem. Podem ingerir comidas deliciosas e beber um líquido equivalente ao vinho, mas que na realidade é uma substância espiritual. Ali, porém, toda a comida e todas as frutas têm uma essência espiritual, porque estão num plano espiritual de vida. São, todavia, tão reais para nós quanto são para vocês os alimentos mais grosseiros. Os habitantes das esferas superiores podem também vestir-se como quiserem, com materiais belos e delicados, como não existem na Terra. Estamos tentando dizer-lhes que a vida no mundo espiritual é tão real quanto a vida na Terra, só que infinitamente mais bonita.

Outra pergunta que às vezes é formulada é: "Vocês envelhecem no mundo espiritual? Por que, de vez em quando, vemos um espírito de homem ou de mulher que dá a impressão de ser velho?" Não existe velhice no mundo astral; existe apenas, digamos assim, um tempo de maturidade. Uma pessoa pode parecer madura, mas nunca decrépita; ela é sempre cheia de vida, saúde e bem-estar. Um espírito pode vestir-se como bem entender, e visitará freqüentemente a Terra com a aparência do corpo que tinha no final da última encarnação. Ele aparecerá assim para ser reconhecido mas, ao regressar ao plano astral, volta à perfeição da sua masculinidade ou feminilidade. Vocês gostam de mudar de roupa? Nós também temos um guarda-roupa onde guardamos diferentes trajes que podemos usar à vontade. Por exemplo, podemos vestir-nos como um oriental, com a típica túnica branca e o turbante. Podemos vestir-nos como um atlante, com uma coroa de penas igual à da "serpente emplumada". Podemos ser vistos, às vezes, como um índio americano, com um cocar de penas de águia. Ou podemos, a nosso bel-prazer, adotar os trajes da encarnação em que fomos um sacerdote egípcio. Vocês também farão o mesmo. Seja o que for que tenham sido, seja qual for a encarnação que tiveram, sempre terão o direito de adotar o traje correspondente. Vocês cresceram nele e essa vestimenta lhes pertence.

Os edifícios no mundo espiritual são belos. Há grandes laboratórios para uso dos cientistas e observatórios maravilhosos para os astrônomos; belas galerias de arte e salas de música; salões para os amantes da música e jardins de fantástica beleza para os que apreciam a jardinagem. Toda aspiração e toda necessidade concebíveis são providas no mundo do além. Além e além e além, não há limites para a vida do espírito.

Não pensem que a vida e a morte são separadas uma da outra. Não pensem em "aqui" e "ali", mas procurem concentrar-se na vida eterna. Queremos dizer com isso que é preciso compreender que a vida é eternamente agora. Lembrem-se de que, quando o seu companheiro ou a sua companheira deixam o corpo, ingressam numa vida que é um estado íntimo, anímico e espiritual, e perdem a sensação do fardo esmagador, do peso, da fadiga da mortalidade. Na Terra, muitos podem ter precisado trabalhar duro apenas para satisfazer às necessidades da vida diária. E nem sempre podem dar o melhor de si em razão da pressão econômica, o que, naturalmente, está errado. Quando passam para o mundo espiritual, livram-se da pressão econômica e passam a trabalhar em algo que lhes dá prazer. Tentem imaginar o que é trabalhar livres de toda e qualquer limitação, de todo o medo; trabalhar por simples amor ao trabalho. É assim que as pessoas se ocupam depois da morte. Elas têm todo o tempo do mundo para se dedicar ao seu trabalho. Não há pressa nem acúmulo de serviço.

O trabalho deles é uma forma de expressão da alma. Eles trabalham porque gostam do que fazem. Encontraram o repouso, encontraram a paz e encontraram o amor.

A essência da vida é o espírito

É possível que alguma tristeza os abata com a passagem da mocidade, mas a velhice, como vocês sabem, não é real. Gostaríamos que vocês corrigissem o seu modo de ver e deixassem de pensar no passar dos anos como algo que traz mais preocupações, cabelos brancos ou propensão para doenças e enfermidades, porque isso não é verdade. Ponham de lado, resolutamente, o medo e o desalento; aprofundem-se no seu próprio ser e encontrem dentro de si uma energia que não provém da terra nem do corpo, mas uma energia e uma vida que não conhece velhice nem moléstia, tristeza ou medo, mas apenas uma esperança eterna. Vocês precisam estimar o crescimento e a expressão desse espírito vital interior.

O propósito da criação é o desabrochar, o crescimento; a essência da vida é o espírito. O espírito lhes dirá, se vocês deixarem que ele fale, que tão certo como o sol desponta, a vida eterna lhes pertence. Vocês não precisam de provas fornecidas por nós, que já passamos pelo glorioso despertar. Se forem fiéis a si mesmos, uma voz acima do clamor e da materialidade do mundo se fará ouvir: *Eu vivo, eu sou eterno: não existe morte!*

A partir desse momento, ajustem a vida de modo que o espírito interior se eleve, supremo, acima de todas as dúvidas e de todo o medo. Muitas pessoas receberam o que denominamos provas, por intermédio de um médium e, portanto têm a certeza de uma vida além da morte. Mas isso não basta; não é suficiente ouvir de uma alma que volta a informação de que a vida continua depois da morte. Urge provar essa verdade. A verdade mora no íntimo; não vem de coisas externas. Quando o espírito se torna mais forte dentro do coração de vocês, ele lhes lembrará, incessantemente, segundo a segundo, hora a hora, dia a dia, que a vida sempre desabrocha, sempre se torna mais abundante.

Replicarão vocês: "Nós ouvimos isso muitas vezes, mas a mente do homem exige provas." A mente do homem receberá a prova pela qual clama, quando o verdadeiro eu, o espírito interior, se afirmar, pois ele é mais forte do que a mente. Vocês, então, livres da prisão da mente material, serão conscientemente capazes, através da experiência diária, de conhecer a vida do espírito. O espírito não envelhece; o espírito não conhece cabelos grisalhos nem cansaço; o espírito é a vida eterna.

Alguma coisa indefinível se irradia de algumas pessoas, uma beleza, uma verdade, uma sinceridade; elas são essencialmente sem idade. Nessas pessoas se vêem a luz e o espírito, que cresceram e ganharam tanta força que dominam a limitação dos anos. Quando almas assim passam do plano terrestre para o mundo espiritual, constatam que a vida se torna serena e harmoniosa. Há trabalho para ser feito, mas nenhum sentido de tempo, pois não há tempo no mundo espiritual. Nós não separamos o plano terrestre do estado de vida seguinte; vemos uma estreita relação entre os dois, e na vida espiritual se oferecem oportunidades a todas as almas, e todas as almas precisam encontrar o caminho para o céu. Nenhuma alma é coagida nem forçada, pois cresce por um processo de desabrochamento, como uma flor.

O amor pessoal e o divino

O fundamento de todo crescimento espiritual é o amor. Todos nós gostamos de amar e de ser amados; isso é natural, e torna a vida alegre e agradável. Muitos de nós, entretanto, não compreendem o amor a não ser que o vejam manifestar-se por intermédio de uma personalidade humana, e isso está muito certo; pois não disse o grande Mestre: "Aquele que não ama seu irmão, a quem vê, como pode amar a Deus, a quem não vê?"

Às vezes, porém, a afeição, ou emoção chamada amor, está amplamente centralizada numa pessoa. Isso é bom? Somente na medida em que se reconhece na personalidade uma janela através da qual brilha o verdadeiro amor.

Para encontrar a raiz do amor precisamos ir além de toda a personalidade e reconhecer uma qualidade de vida que é universal. Quando tocamos o lugar do verdadeiro amor não há separação, não há nenhum motivo para separar ninguém de seu irmão, porque todos os filhos de Deus são uma só pessoa quando amam realmente. Isso é difícil, pois vocês objetarão que, na vida humana, precisam centralizar o amor em indivíduos; que o melhor amor deve ser reservado ao marido, à esposa, aos filhos, aos amigos, ao namorado ou namorada, aos que estão mais perto e lhes são mais caros, e que o amor de vocês por eles é de uma qualidade diferente do que sentem pelos outros.

Vocês se sentirão mais em harmonia, talvez, mais à vontade, com as pessoas mais próximas e mais queridas — isto é, para os objetivos comuns, para a vida comum, pois os mais próximos e mais caros atendem ao corpo e confortam a mente, e a separação acarreta neles uma dolorosa perda; mas depois que tiverem superado o companheirismo terreno e chegado ao companheirismo espiritual, à afinidade de espírito, tocando toda a esfera do amor, vocês encontrarão e reconhecerão em toda a humanidade o mesmo amor que se mostra a vocês através de um indivíduo.

Em toda alma individual habita a vida divina, essa vida que vocês todos têm em comum, e isso é que faculta a vocês a oportunidade de sentir a emoção do amor. Por conseguinte, para conhecer o significado do amor, precisamos buscar e encontrar o amor divino em todos os nossos irmãos, e não cometer o erro de limitar o amor a uma única pessoa. Isso parece um paradoxo. Por meio do amor a uma pessoa vocês entram em contato com o amor divino, e de nenhum outro modo. Enquanto não tiverem aprendido essa lição não saberão o que é o amor verdadeiro. Nós vemos a luz que brilha através de cada alma; na realidade, porém, não amamos o indivíduo propriamente dito, mas a qualidade do amor que brilha através dele. Nenhum professor proclamará jamais o amor pessoal. Não lembra continuamente o mestre Jesus a seus discípulos esta verdade? "As palavras que vos dirijo não as falo por mim; pois o Pai que habita em mim é que realiza o trabalho." A centelha divina no homem revela o Cristo ao homem.

Nossa atitude para com a vida

Voltemos, contudo, aos assuntos práticos. Como poderemos fazer do mundo um lugar melhor? Se vocês resolverem, com todo o coração, com toda a alma e com toda a mente, que a atitude de vocês para com a humanidade, individual e coletivamente, será de bondade — não pedimos mais do que isso, pedimos apenas que vocês sejam bons — ficarão maravilhados com a paz que haverão de encontrar.

Parece muito simples: "Sejam bons." Mas levem a sério essa breve mensagem. Quando chega o Ano Novo, vocês falam em virar uma nova página, em tomar resoluções, mas essas logo se dissipam, pois parecem difíceis demais para serem cumpridas. Como homens e mulheres pensantes, vocês querem, acima de tudo, prestar serviço e fazer bom uso da vida. Ninguém se omite quando há trabalho para ser feito; e assim como vocês resolvem, nesse dia, ser fiéis e verdadeiros servos de Deus, assim lhes mostramos, mais uma vez, o primeiríssimo passo a ser dado:

Sejam bons... Sejam bons uns com os outros.

Analisem essa pequena mensagem e ficarão espantadíssimos com a freqüência com que deixamos de ser bons. A mente, que por ser arrogante, diz: "Tenho direito à razão; e este homem, ou esta mulher, estão errados." Quando vocês se sentirem assim, voltem-se para dentro de vocês e perguntem: "Quem está errado? Bem, talvez seja eu."

Se alguém fizer mal a vocês, pedimos-lhes que mudem o seu ponto de vista. Sejam quais forem as circunstâncias, por mais cruel que pareça a injustiça, não pode haver injustiça na vida. Vocês estão apenas trabalhando o carma de vocês, estão colhendo o que semearam no passado, e está sendo oferecida a vocês a oportunidade de aprender uma valiosa lição. Quando puderem olhar para o mal que lhes fizeram com o coração agradecido e sentir-se gratos pela lição que aprenderam, terão dado um passo muito grande no caminho. Por mais difícil que lhes pareça aceitar nossas palavras, na vida vindoura as circunstâncias e condições lhes ensinarão a dizer: "Meu Deus e meu irmão, eu lhes agradeço."

Por essa mesma razão gostaríamos que vocês mudassem de atitude para com a vida e fossem bons, bons nos pensamentos, bons nas palavras, bons nas ações. Se não puderem fazer uma crítica construtiva, não critiquem. Assim lhes ensinou o Mestre. O tempo não altera as verdades eternas, pois é desse modo que falaram todas as grandes almas, todos os que avultam como picos da raça humana, todos os Irmãos Superiores que atingiram o mestrado e se libertaram da servidão.

Queridos, nós lhes damos esperança. Não há nada que se deva temer na vida, exceto o medo. Lancem-no de si e olhem para a frente com esperança; não uma vaga esperança na mente, mas a esperança que pulsa como uma força vital no coração de vocês, a esperança inabalável que lhes assegura que todas as coisas concorrem para o bem; que Deus é amor e que a morte não divide e não detém o curso do progresso do homem rumo ao dia eterno. Se um companheiro ou um filho amado atravessam o véu da morte, não temam a separação, pois agora vocês podem ir até esse ente querido e ele, ou ela, ainda podem guiá-los e acompanhá-los na sua vida na Terra. Só o materialismo do homem separa duas almas que se amam; a morte, não.

Oremos, pois, para que todos sejam inflamados pela chama da esperança, e sigam em frente, determinados a crescer em espírito, a perceber melhor as verdades eternas. Assim vocês talvez não conheçam a doença nem a pobreza, porque à proporção que se harmonizarem com Deus e com o Seu amor, todas as necessidades do coração e da vida de vocês serão supridas.

CAPÍTULO 7

A Mente do Coração e a Lembrança da Reencarnação

O lugar do silêncio, bem no âmago do coração, é a fonte de toda a verdade. O Mestre ensina por intermédio da mente que existe dentro do coração, e não por intermédio do intelecto. Vocês compreenderão isso melhor se refletirem sobre as palavras de Jesus: *Quem não receber o reino de Deus como uma criancinha não entrará ali.* Tornar-se uma criancinha significa transferir a consciência da mente localizada na cabeça para o centro do coração.

Normalmente, vocês pensam com o cérebro; enquanto lêem este livro, o cérebro interpreta as nossas palavras; muitas pessoas, porém, cometem o erro de aceitar o intelecto como o único juiz fidedigno da verdade. O centro da cabeça, com efeito, desempenha um papel importante no desenvolvimento espiritual do homem; mas não se esqueçam de que existe uma mente no coração. O coração é um órgão maravilhoso que tem muito mais segredos do que os que a medicina já descobriu. Ele tem um equivalente etérico importante no crescimento, na vida e na morte do corpo físico: também tem um equivalente espiritual, que denominamos centro ou chakra do coração, onde está a jóia, a Luz de Cristo.

O homem perdeu muito com o materialismo ocidental. Perdeu a alma com o desenvolvimento do corpo mental. Uma atividade mental exagerado faz com que a mente do coração ou o corpo do coração, seja negligenciada até que a tristeza ou a dor e o sofrimento físicos intervenham. Nesse momento, o poderoso e ganancioso intelecto não proporciona nada que suavize a dor espiritual ou conforte o triste e o solitário. Só uma coisa sustenta o homem na hora de necessidade: a luz que brilha desde o topo da montanha até o coração do homem, e traz consigo uma verdade que lhe abre os olhos, de modo que ele se inteira da meta da sua jornada. Isso traz esperança e até alegria ao homem triste. A sementinha, a preciosa "jóia que existe dentro do lótus", dá sinais de vida e cresce. Por isso repetimos sempre que a meditação é da máxima importância se vocês quiserem desvelar a verdadeira luz. Os livros são todos muito bons; o estudo da religião comparada pode ser de grande ajuda, exercícios mentais podem ser emocionantes, mas eles não podem dar-lhes o que a luz interior pode oferecer. Concordamos que o desenvolvimento do intelecto, *se for inspirado e guiado pela luz interior,* resultará numa capacidade maior de compreensão e estimulará a inteligência; mas repetimos que é essencial que a alma se esforce por desenvolver a mente do coração, a luz interior, a verdadeira luz de Deus, o "Filho de Deus". Dessa maneira, "Uma criancinha os conduzirá"... Cristo... a criança sagrada que reside no coração.

Não deixem, portanto, que a mente da cabeça assuma o comando, mas procurem estar sempre em sintonia com a vida eterna que está por trás da manifestação exterior. Meditem freqüentemente sobre a grandeza e a glória do universo de Deus, de modo que a mente do coração se torne ativa. Não encham a mente inferior de bobagens e trivialidades; deixem que ela se empenhe de maneira útil e, ao mesmo tempo, deixem o coração meditar sobre coisas belas, alegres e proveitosas. Perguntem ao seu coração: Qual é a melhor maneira que tenho de servir ao meu semelhante? E ele lhes responderá: Compreendendo-o. O homem precisa compreender que faz parte do grande universo de Deus; o centro do seu coração precisa despertar, irradiar afeição, acender uma grande fogueira na alma. Ele precisa aprender a viver não só para si mesmo e para a sua própria glorificação, mas para servir e prestar ajuda aos homens, curando os doentes, confortando os aflitos, alimentando os famintos. A religião do homem deve expressar-se no serviço prático sobre a Terra.

Todo homem é um universo em si mesmo, e o centro ou o sol desse universo é o coração, não a cabeça. Assim como o sol é o ponto central do sistema solar, assim também o coração é o centro do universo do homem. A contrapartida espiritual do sol físico é a Luz de Cristo. Quando a Luz de Cristo desperta no coração, a mente do coração é ativada. O sol físico governa os céus físicos, e o Cristo, governando através do sol ou do coração, rege o destino de cada homem e da humanidade. Assim como o venerável Mestre governa uma Loja Maçônica, assim também o Mestre, no coração, governa a loja ou templo do ser humano. Mas se o Mestre não for tão forte que possa controlar a sua loja, se houver bandidos capazes de derrubar o Mestre, disso resultarão o caos, a doença, a infelicidade, e as trevas. Dissipa-se a luz e, com ela a alegria, a felicidade, a sabedoria e a beleza.

O Mestre, o sol interior, precisa governar a loja do coração humano, controlando cada membro, cada órgão. Seguir-se-ão a harmonia perfeita e a perfeita saúde. Se o coração estiver frio e morto, o homem não terá animação, não terá o calor da humanidade, não terá brilho. Assim como pensa, assim ele crescerá.

A roda do renascimento

Dentro do centro do coração encontra-se o átomo da semente depositada por outras encarnações, uma semente que contém lembranças de vidas passadas, fracassos passados, triunfos passados e até características passadas fundidas na alma. Conscientizando-se da luz ou do Cristo que está dentro do seu coração, o homem restaurará seu entendimento e trará de volta lembranças das vidas passadas. Essas lembranças emanam da mente do coração e podem ser registradas pelo cérebro.

Existe muita confusão no tocante a esse grande princípio da lei da reencarnação. Há quem sinta relutância ou repugnância em aceitar a simples idéia de ter de reencarnar num corpo físico, e não compreende por que, tendo passado por esta vida física e daqui para as esferas de luz, seja obrigado a voltar. Não parece haver razão ou lógica nessa lei, e ela não se ajusta, dizem, à concepção de um Deus que tudo sabe e a todos ama.

Eles pensam em algum amigo muito querido que desencarnou e regressa, de tempos em tempos, com mensagens e descrições dos lugares celestiais em que vive, e não atinam por quê, uma vez libertado, ele precisa ser arrastado de volta à tristeza da vida terrena. Parece-lhes que não há lógica nisso. Se a alma absorveu tanta luz celestial, parece-lhes inconcebível que ela tenha de renascer em condições inferiores ou talvez inadequadas na Terra: verdadeira transgressão da ordem divina do amor e do progresso.

A reencarnação é um assunto muito amplo e nós lhes asseguramos que as idéias predominantes apresentam apenas uma descrição grosseira e inadequada do que realmente acontece. Enquanto vocês não compreenderem a lei da reencarnação, a maioria dos problemas mais profundos da vida permanecerá obscura, e vocês não encontrarão justiça na vida, mesmo que acreditem que Deus é bom, sábio e cheio de amor. A vida é crescimento, todo o objetivo da vida na Terra é o crescimento espiritual, e existem problemas universais que só podem ser resolvidos quando se compreende o processo da evolução da alma. Encarcerado pela mente finita, o homem não é capaz de conceber o verdadeiro significado do tempo. Para ele, setenta anos, ou mesmo um século, são um longo período quando, na verdade, não passam de um lampejo. Ele não pensa na encarnação em relação à vida como um todo e, por isso, não consegue perceber quão pouco se pode respigar num curto período da vida terrena.

Consideremos, primeiramente, uma vida humana de setenta anos; consideremos o nascimento, a vida e a morte; em seguida, comparemos a vida de um homem ou de uma mulher comum com a vida de devoção a Deus expressa por um dos grandes Professores ou Mestres. Levem a comparação entre essas duas vidas até vocês: examinem bem a sua própria alma. Quantas vezes vocês já ficaram aquém de seu próprio ideal? É verdade que vocês são humanos, mas também são divinos, e o propósito da vida é o pleno desenvolvimento da humanidade divina ou do homem-Cristo; com efeito, o propósito da criação é permitir que todos os filhos de Deus se desenvolvam na plenitude e na glória do Cristo.

Diz-se às vezes: "Oh, fulano é uma alma antiga!" Mas como foi que essa alma *se tornou* sábia, forte e radiante? Pela disciplina da vida física. Disciplina significa crescimento, e a melhor disciplina ordenada por Deus, o Deus Pai e Mãe, é a atividade diária, o trabalho comum.

E, não obstante, todas as almas lutam contra isso. Dirão vocês: "Sim, podemos aceitar isso, mas a alma não tem acaso maiores oportunidades de desenvolvimento no plano astral?" Até certo ponto, sim; lembrem-se, porém, das limitações do tempo e do espaço, das restrições da vida física eliminadas no plano seguinte; portanto, não pode haver disciplina da mesma natureza, e o objetivo da reencarnação é a disciplina. Suportar a tristeza bravamente, enfrentar o sucesso com o coração humilde, partilhar a felicidade com os outros, tudo isso disciplina a vida.

O verdadeiro lar da alma está nos reinos celestes, lugar de beleza e bem-aventurança. Jovens almas sem experiência terrena se assemelham a bebês por nascer; ainda têm de aprender a usar os membros, a dar pontapés, a caminhar e agir. Precisamos lembrar-nos também de que esses bebês são Deuses em potencial, jovens criadores. Deus planejou a existência física como um meio de ensinar a criança a usar todas as suas faculdades.

Não podemos pensar num símbolo melhor da vida terrena do homem do que a semente plantada na escuridão da terra para poder crescer e transformar-se na flor perfeita. A flor perfeita, a flor arquetípica, é criada primeiro na mente de Deus; depois a semente é plantada na terra para crescer e atingir a plenitude. O mesmo acontece com vocês, que são como sementes plantadas em forma física para crescerem na direção da luz até se tornarem filhos e filhas perfeitos de Deus — o perfeito homem-Deus arquetípico que Ele tinha em mente no princípio.

O eu maior

Concebam primeiro, portanto, a alma do homem, não como vocês a conhecem na personalidade da vida de todos os dias, mas como algo muito maior, que habita o mundo celestial e é uma junção de toda a experiência das encarnações passadas. O homem pessoal representa apenas uma pequena parte da alma maior que reside num estado mais elevado de consciência, embora a personalidade viva, em grau maior ou menor, em contato com a alma maior, e possa aproveitar-se dela se quiser.

Nas antigas escolas de mistérios essa idéia, às vezes, era apresentada ao neófito através do simbolismo da Maçonaria. Considerava-se a alma um templo nos céus, e cada encarnação, uma pedra tosca de cantaria que, através das experiências da vida terrena, tem suas arestas aparadas, de modo que se possa colocá-la na estrutura do templo. Na construção do templo não pode haver trabalho malfeito: é preciso que haja exatidão, precisão: um bloco ou uma esquadria irregulares comprometerão todo o edifício.

O homem tem de trabalhar-se — trabalhar aquele eu que os antigos maçons descreviam como a "pedra tosca". Precisa trabalhar com o martelo e o cinzel e trabalhar a pedra tosca da sua própria natureza, a fim de transformá-la numa pedra perfeita que se encaixe no templo que Deus está erguendo da terra ao céu. Depois de compreender que ele precisa se trabalhar durante a vida cotidiana, e que não se passa um dia sem que ele deixe sua marca em seu próprio ser, o homem aprenderá a controlar e dominar a mente e as emoções.

Portanto, o ser humano tem no mundo celestial uma alma que contém a semente, o espírito, a própria essência de Deus no homem e dirige o curso da vida. Por isso dizemos que *Deus dirige o caminho da vida*. O impulso que move o homem para cima, às vezes contra a vontade da mente inferior ou de obstinação, é o Deus que existe dentro do homem. E esse espírito ou centelha divina dirige a vida da alma, guiando-a através de muitas experiências terrenas. Cada vez que uma parte da alma desce para encarnar, ela absorve certas formas de experiência necessárias ao crescimento e à evolução da alma maior lá de cima. Assim sendo, de acordo com o crescimento e desenvolvimento de vocês, vocês contribuem para o eu maior. À medida que lutam neste plano terreno em sucessivas encarnações, vocês estão construindo essa bela alma.

Nós gostaríamos de ampliar a concepção que vocês têm de reencarnação, para que abandonem a idéia de que o homem corre de um lado para outro entre dois mundos. Queremos que vocês tenham uma idéia mais ampla, mais grandiosa, do contínuo crescimento da consciência de Deus, que se verifica no interior da alma maior que é a sua. Às vezes, quando estão mergulhados em profundas dificuldades ou em profunda amargura, vocês podem receber uma centelha de energia e de luz da parte desse eu e realizar ou suportar alguma coisa que até então julgavam impossível. Ou pode ser que outros conhecidos seus tenham recebido uma centelha semelhante, em virtude da qual o covarde se ergue para converter-se em herói e o egoísta para transformar-se em uma pessoa generosa. Vocês não têm idéia das potencialidades do homem depois que faz e mantém contato com o eu maior, que é o verdadeiro ser de vocês.

Jamais cometam o erro, filhos muito amados, de julgar um homem: nunca olhem para uma alma e digam: "Pobrezinha, ela não evoluiu" — pois vocês não sabem o que estão dizendo. Pode ser que essa alma que lhes parece degradada seja uma alma de grande pureza e de grande beleza no mundo celestial. Vocês não podem julgar.

Por que não podemos lembrar-nos?

Vocês poderão perguntar que provas temos da teoria da reencarnação. Responderemos que as coisas espirituais só podem ser provadas de maneira espiritual. São poucas as pessoas capazes de apresentar uma prova da reencarnação (embora existam casos comprovados) ou de qualquer outra verdade espiritual; mas a prova lhes virá por meio da intuição, como resultado da própria experiência de vocês.

O único caminho que o homem tem para chegar ao conhecimento dos segredos divinos é através do amor e da abnegação. A mente, que tem seu lugar na evolução, nunca poderá por si só desvelar a verdade, mas é preciso que ela seja desenvolvida para que a compreensão desabroche. O homem procura encontrar a verdade por meio de muita leitura, mas o coração da verdade está no espírito e vocês só poderão descobri-la por si mesmos: ninguém pode dá-la a vocês. Nessa busca de um claro entendimento da reencarnação, vocês precisam conhecer o homem interior, o seu eu mais íntimo. Quando ficarem frente a frente com o seu eu mais íntimo, vocês deixarão de exigir provas pois já terão conhecido o caminho da evolução da alma.

Vocês talvez perguntem a si mesmos por que não podem lembrar-se do passado. Mas vocês conseguem lembrar-se do tempo em que tinham dois, três ou quatro anos de idade? Como, então, esperam se lembrar de encarnações de centenas e milhares de anos atrás? A memória não está no cérebro físico, e tampouco se encontra nos corpos astral ou mental, de que vocês se revestiram. Mas quando puderem operar no corpo superior, que alguns chamam de corpo "causal" e que eu chamarei de templo, a visão de vocês se abrirá, porque vocês tocarão a mente celestial, que é a depositária de todo o passado.

Quanto tempo se passa entre as encarnações? Não podemos formular nenhuma regra imutável. Não podemos dizer que o homem reencarna a cada duzentos, trezentos ou quinhentos anos. Isso estaria errado. Se lhes dissermos que o homem passa de um corpo para outro imediatamente, estaremos errados de novo. Se dissermos que milhares de anos decorrem entre uma encarnação e outra ainda não estaremos revelando toda a verdade. Tudo depende da pessoa. Mas uma alma pode reencarnar depressa se tiver um objetivo especial.

Perguntarão vocês: em que fase entra a alma no corpo? Antes ou no instante do nascimento? Diríamos que a alma é absorvida gradativamente pelo corpo, à medida que os anos avançam. Quando o corpo chega à idade de 21 anos, mais ou menos, a alma, de um modo geral, já encarnou plenamente, embora preferíssemos não nos ater ao tempo. O contato da alma com o corpo da mãe se processa antes da concepção física.

Outra pergunta que vocês poderão fazer relaciona-se com a possibilidade que tem a alma de retroceder para qualquer encarnação. Diríamos que, se alguém perde algo belo no meio do caminho é aconselhável que volte para encontrá-lo. Vocês chamariam a isso retrocesso? Nunca se esqueçam de que é impossível a uma alma julgar outra: julgar é condenar a si mesmo.

Vocês também podem perguntar se reencarnamos na mesma família e, em caso afirmativo, se teremos sempre os mesmos pais ou os mesmos filhos. Não, mas os membros de uma família tendem a juntar-se. O elo, de fato, pode ser, às vezes, o irmão ou a irmã, o pai ou o filho, o marido ou a mulher. Vocês estão ligados, pelos vínculos do carma, tanto à família como aos amigos, e percorrem o caminho evolutivo junto com famílias e grupos. Segundo o carma de cada um, vocês encontrarão o amor e a felicidade à sua espera; ou talvez a inimizade e a discórdia, que vocês terão sido incumbidos de transformar em amor.

Pela encarnação, o homem se destina a influir na parte do mundo em que mora; assim é a lei. Ele está colocado onde pode dar mais alimento à vida física. Ele nutre a vida terrena e dela se nutre também.

Não queremos impor a verdade da reencarnação na cabeça de pessoas relutantes. Entretanto, a reencarnação, como a vida e a morte, é uma lei; não importa se o homem acredita ou não. É um tanto estranho que algumas pessoas, pelo simples fato de proclamarem sua descrença na sobrevivência após a morte, na reencarnação ou na lei de causa e efeito, pensem que as estejam abolindo.

Salientamos, todavia, que o homem tem livre-arbítrio. Ele nunca é constrangido nem coagido, nunca é retirado do céu e lançado de volta à terra, de bom ou de mau grado. Enquanto ele declarar: "Não quero voltar", a resposta será: "Bem, meu filho, descanse; não há pressa." Deus não tem pressa. É tudo uma questão de evolução da alma de cada um; quando ele tiver alcançado a compreensão, o seu único anseio será voltar ao trabalho e sua única pergunta será: "Quando poderei voltar?"

Já demos a entender que vocês talvez se inclinem a pensar que a alma poderia aprender suas lições e trabalhar para a sua salvação no plano astral, onde encontraria exatamente o mesmo tipo de condições que encontraria na Terra. Mas a substância do plano astral é muito diferente da substância da matéria. Ela modela-se mais facilmente e é mais maleável ao pensamento. Na matéria física, escura e densa, a alma enfrenta uma lição difícil, que precisa ser aprendida e que só pode ser aprendida *na matéria*. Todo o objetivo da criação é a evolução espiritual; a alma precisa dominar a matéria densa, precisa tornar-se inteiramente senhora da matéria densa porque tem dentro de si a vida divina, e Deus trabalha a matéria por intermédio de Sua própria criação. O Deus interior cresce e evolui até ter completado o trabalho, que é o domínio absoluto do ambiente. É mais fácil, e muito mais cômodo, imaginar a alma passando da servidão da carne para outro mundo e conseguindo a salvação em condições melhores e mais favoráveis; as coisas, porém, não funcionam assim.

Gostaríamos também de assinalar que a alegria de uma alma que obtém o domínio da carne é incomparável. Se nos fosse possível transmitir alguma coisa dessa grande alegria da realização lograda por intermédio da experiência física, vocês compreenderiam plenamente, e se regozijariam com as oportunidades concedidas à alma de voltar à Terra para uma nova aventura.

Muitos de vocês voltaram à Terra porque querem ajudar a humanidade, não necessariamente indo à igreja e praticando boas ações, mas porque a simples presença de vocês na vida pode ser uma alegria e um consolo para aqueles que vivem ao seu redor: para a família em que vocês nasceram, para a família cujos pais vocês poderão vir a ser mais tarde, e para muitos amigos também. Vocês poderão servir melhor, não dispersando energias e forças mas, como filhos de Deus, dando calor e luz para ajudar cada flor a desabrochar da melhor maneira possível no canteiro do jardim em que ela foi plantada.

CAPÍTULO 8

O Carma

No correr dos séculos, estudiosos esclarecidos de religião reconheceram no carma uma das leis que governam a vida do homem na Terra. Toda a vida é governada por essa lei. Depois que pudermos nos conscientizar que essa lei é inevitável, isso nos ajudará a aceitar as lições com que todos deparamos. Entretanto, gostaríamos de corrigir a visão segundo a qual o carma é uma espécie de castigo que os homens recebem por suas más ações.

Diz-se ao homem que Deus é amor e, no entanto, ele se vê compelido a testemunhar o sofrimento das pessoas que ama e a sofrer também. Sente-se indignado, injustiçado, amargurado quando vê um parente ou um amigo muito querido debatendo-se nas garras de um sofrimento que não lhe é dado aliviar, ou quando vê morrer o seu ente mais amado, aparentemente numa ocasião, em que a vida se lhe afigura mais promissora. É natural que ele ponha em dúvida o amor de Deus. Quando lança os olhos sobre um mundo destroçado pelo derramamento de sangue e pelo sofrimento, um grito se ergue do coração do homem compassivo: "Onde está Deus e por que permite Ele esse conflito e esse sofrimento?"

Amados filhos, façam uma pausa conosco e reflitam. Em todos os momentos da vida, Deus revela beleza e amor ao coração do homem. Não há ninguém entre vocês que não tenha experimentado, em alguma ocasião, um sentimento de êxtase e de gratidão que não se descreve com palavras. Esse estremecimento nas profundezas da alma ocorre durante um feriado muito bem aproveitado, após a passagem de uma nuvem de tristeza, depois de uma reconciliação ou por ocasião da chegada à sua vida do seu grande amor. Seja-nos permitido dizer aqui que esse amor humano, na realidade, é a resposta de Deus a um anseio íntimo e à busca de um ideal, de um companheiro, da beleza, de Deus. É a procura de Deus que induz o homem a buscar sua companheira; o gesto de estender a mão para Deus, que está por trás de toda a natureza.

Assim fala Deus ao coração do homem, mas este, não Lhe reconhecendo a voz, refere-a à natureza. Não obstante, toda a beleza, toda a emoção de alegria e felicidade é uma expressão de Deus através do organismo físico. Todos conhecemos a alegria que nos proporciona o fato de estarmos na companhia de um amigo que se dá bem conosco; e a alegria que sentimos vem da expressão, através dele (ou dela) e através do nosso coração, de alguma coisa além dos confins da mente humana.

A mente nunca desvelará Deus para o homem. Deus só se encontra em determinado ponto da estrada da experiência. Ele fala ao homem por intermédio do seu coração e, quando isso acontece, o homem passa a ter certeza e nunca mais põe em dúvida o amor de Deus. Ao se tornar consciente da sua filiação divina, ele nunca mais porá em dúvida o amor de Deus.

Chegamos, por fim, à suprema compreensão de que Deus é amor e de que tudo o que se manifesta na Terra resulta do amor de Deus.

A Mãe divina

Façamos nova pausa a fim de criar, para nós mesmos, um ideal de Deus. Atualmente, o preconceito impede que o homem aceite a idéia do aspecto maternal de Deus. No entanto, o culto da Maternidade divina existe desde o início dos tempos. Todos os humanos um dia amaram uma mãe. O amor do homem à esposa, a mãe de seus filhos, é uma voz interior que o impele a ver na mãe uma expressão de divindade.

Gostaríamos que vocês meditassem, às vezes, sobre a Mãe divina, e se inclinassem diante do ideal de um amor materno perfeito. Voltem o pensamento para esse aspecto maternal de Deus, para a expressão de tudo o que é compassivo, caloroso, bondoso, amável, compreensivo, lembrados de que a Mãe sábia conhece o que é bom para o filho e não falta às suas obrigações. Ela lhe ministrará uma correção, se for preciso, mas sempre com profundo amor.

Que tem tudo isso a ver com as regras que regem o carma? Tem tudo, meus irmãos. Está aí o cerne de toda a verdade; pois nos leva a revelar o carma, ou a lei de causa e efeito, criada pelo amor divino, não para castigar o homem, senão para ajudá-lo a aprender a verdade. Para a criança, a própria palavra "lição" muitas vezes causa aversão: por isso diremos que o carma nos oferece a oportunidade de conhecer a Deus. Todas as experiências de sua vida poderão trazer-lhes, afinal, a alegria de Deus.

Vemos, assim, que Deus, ao mesmo tempo que é Pai do homem é também sua Mãe; que a divina sabedoria e o divino amor, bem como o poder divino, atuam sempre por trás de todas as formas e manifestações de vida. Desse modo, os filhos de Deus, centelhas do amor divino emitidas pelo coração de Deus, aprendem a expressar a felicidade que Deus conhece e que Deus colocou, qual semente, no interior de cada alma.

O objetivo do carma

No começo, o homem é como uma criança, um bebê, inocente do conhecimento da lei divina, sem nenhuma experiência. A criancinha precisa aprender a sentar-se, a alimentar-se, a ficar de pé, a caminhar e brincar e, em seguida, com o desenvolvimento mental e a experiência, assimilar certos fatos da vida, até chegar à maturidade. O espírito do homem passa por um processo semelhante, que principia com o nascimento a partir de Deus Pai e Mãe, continua com o crescimento em sua estatura espiritual e culmina com o grande retorno, a reunião ou reconciliação com Deus.

Se a alma não passasse pelo sofrimento físico, mental ou espiritual, não haveria a expansão da consciência, não se verificaria o crescimento do inconsciente para a consciência de si mesmo e, daí, para a consciência de Cristo. Enquanto não passar pelo sofrimento, a própria alma ficará inconsciente do sofrimento de seu irmão e, desse modo, incapaz de cuidar das feridas e administrar a cura. A dor traz iluminação, compaixão e entendimento. O homem aprende com a dor e o sofrimento tão bem como aprende com a alegria e com a felicidade.

No princípio, embora inocente, a criança tem dentro de si dois aspectos que os homens qualificam de bom e mau. Em sua vida, ela dará expressão a ambos e, na expressão do bom e do mau, acumulará créditos e débitos no balancete celestial.

Se essa verdade fosse firmemente estabelecida, se todas as pessoas vissem por si mesmas que, assim como semearem assim colherão, pensariam bem antes de matar o que quer que contribua para a beleza e a harmonia da vida. Nenhum de nós mataria de boa vontade o próprio irmão. Isso ficou demonstrado na história de Caim e Abel, pois quando Caim, o aspecto do mau, matou Abel e se tornou proscrito, clamou que sua tristeza e arrependimento lhe eram insuportáveis. Mas vocês sabem que até por uma explosão de temperamento violento podem praticar um assassinato? Palavras impensadas, intempestivas, cruéis, vivem matando algo que é belo e bom. Se refletirem sobre isso, compreenderão que é muito melhor seguir o caminho da autodisciplina, e caminhar sempre na direção de Deus, do que deixar que as forças da destruição esmaguem o que há de melhor na personalidade de cada um. O filho de Deus interior está sempre construindo, sempre criando o bem; mas se Caim o destruir, estará contraindo um débito no balancete final.

Não podemos alterar o nosso carma passado, mas podemos controlar o que estamos criando para o futuro; portanto, meus irmãos façam a sábia tentativa de disciplinar-se segundo as leis de Deus. Controlem-se, controlem seus pensamentos, sua fala, sejam bondosos e afetuosos. Tudo isso pode ser reduzido a uma coisa só: sejam bons e compassivos e nunca façam sofrer nenhuma criatura viva. Os que aprenderam o quanto a falta de consideração, a ignorância ou a teimosia dos outros podem ferir, não serão imprudentes no futuro. Os Mestres da Sabedoria nunca infligem dor; são todo amor e compaixão. Mas também reconhecem a lei da justiça, e sabem que toda vida terá de ser finalmente equilibrada e polarizada para a Luz Divina, Fonte da vida.

Toda ação cria um carma, que não espera necessariamente para ser pago num futuro distante. Os resultados amiúde se lhes deparam poucas horas ou dias depois de a dívida ter sido contraída. Não imaginem que poderão postergar indefinidamente o dia de pagamento quando criarem um mau carma; pois vocês não sabem nem o dia nem a hora da colheita do Senhor. Isso pode ser demonstrado de maneira muito simples: se vocês saírem andando ao longo de uma estrada movimentada, sem olhar para onde vão, poderão cair e ferir-se. E dirão: "Bem, não faz mal; acho que é o meu carma!"

Sim, esse é o carma de vocês, mas trata-se de um carma que está sendo resgatado e não de um carma adquirido há muito tempo. O carma nos ensina a sermos cuidadosos, precisos e semelhantes a Deus na condução da nossa vida. Temos aqui, simplificado, todo o objetivo do carma — o de que, pelo fato de sentirmos dor, podemos ganhar experiência e sabedoria.

Imaginem que um ladrão arrombe a casa de vocês e roube o que encontrar dentro dela. Vocês poderão dizer, resignados: "Bem, é o meu carma!" O importante, porém, é o seguinte: esse carma ensinou-lhes alguma coisa? Se a resposta for negativa, ele voltará, talvez nessa mesma época desta vida, talvez depois de várias encarnações. O essencial é que a sua alma precisa aprender como se sente quem foi assaltado, porque, em outra época, vocês mesmos infligiram sofrimento idêntico à alma de alguém. Nessas condições, o carma vem para dar-nos lições e, ao mesmo tempo, para ajudar-nos a compreender e auxiliar nosso irmão a aprender as lições *dele*. Isso suscita um ponto sutil, porque impõe-se aqui a pergunta: "Se estamos ajudando nossos irmãos a aprenderem suas lições quando os fazemos sofrer, isso pode ter alguma importância?" Pois bem, a lei é a seguinte: façam aos outros o que gostariam que os outros lhes fizessem; e ao ferir um irmão, vocês estarão criando um novo carma, que repercutirá mais tarde em vocês, pois sofrerão a mesma dor que tiverem infligido. A lei trabalha em ambas as direções, e o seu único propósito é despertar a alma para a compreensão da vida perfeita, da vida divina.

A transmutação do carma

Perguntarão vocês: "Pode o carma ser transmutado pelo arrependimento?" Reconhecer o erro é meio caminho andado, mas ainda resta a vítima do nosso pecado. O impulso natural será servir à alma contra a qual pecamos. Se feriram alguém, vocês ficarão arrependidos, ficarão cheios de compaixão: "Oh, meu irmão, sinto muito, deixe-me curar a sua ferida." Dessa expressão de condolência se irradiarão a paz, a graça e a luz de Deus, que aquece e conforta.

Surge, então, a pergunta: se o sofrimento físico e a doença se devem ao cumprimento da lei do carma, será lícito tentar ajudar os que sofrem os seus efeitos a superar esse carma ministrando-lhes a cura espiritual?

A história do bom Samaritano ilustra precisamente esse ponto. O bom Samaritano sempre faz o que pode para ajudar ou curar.

Que papel representa o paciente nesse tipo de cura? A ele está sendo oferecida a oportunidade magnífica, nascida do seu bom carma, de erguer-se acima da aflição do corpo e da alma. Se for sábio, o homem aproveitará essa oportunidade e tentará aprender a lição que lhe é ministrada. Aspirando a Deus, a Cristo, ele é alçado acima do seu carma, e desse modo o mau carma é resolvido ou transmutado. Assim, o Cristo interior eleva todos os homens a Deus.

Quando vocês eram crianças foi-lhes ensinado, sem dúvida, que o caminho da salvação era amar a Jesus, e que Jesus os salvaria. Foi-lhes ensinado que Jesus se ofereceu em sacrifício para salvar o mundo; que Jesus Cristo, ou Cristo, o Filho de Deus, desceu à Terra para salvar a alma dos homens. De que forma Ele salva a alma dos homens? Criando neles o amor e o poder de amar. É o amor de Cristo, o próprio Cristo no coração do homem, que salva a humanidade. Esse amor tem por símbolo a rosa.

O mau carma, todavia, não é criado só pela falta de amor, mas pela ausência de sabedoria, pela ignorância. Enquanto a alma não sente amor, não pode conhecer, nem compreender, nem apreciar esse sentimento. Através da experiência, a alma adquire amor e sabedoria. Assim sendo, a rosa branca representa o espírito puro e inocente, e a vermelha, o espírito ou alma do homem depois de ter passado pelas profundezas da experiência humana, depois de ter aprendido o significado do amor.

Quando chegamos à questão da ignorância, afundamos em águas profundas. O homem não é tão ignorante que não saiba que o egoísmo e a ganância são errados e, contudo, persiste neles e, ao fazê-lo, acarreta sofrimento para si. Existe uma diferença entre a ignorância inocente e a ignorância obstinada, que se deve à negação da voz interior.

Atrás da prática da Confissão e da Absolvição vinha outrora a idéia de limpar a alma da ignorância e da escuridão, ajudando-a a erguer-se e a buscar a união com Deus. Em casos de conversão súbita, o influxo divino impressiona de tal forma a alma que se verifica uma transmutação, uma vontade forte de servir, de dar. Diz-se que Jesus, o Cristo, carregou nos ombros os pecados, o carma do mundo; que por Sua vida e morte sacrificiais, ajudou a carregar o carma da humanidade. Em certo sentido, a alma transmutada absorve igualmente o carma dos irmãos inferiores, mas num grau menor.

Ocasionalmente, um ego em vias de encarnar nasce numa família em que existe propensão para certo tipo de sofrimento ou enfermidades físicas, porque a alma tem um trabalho a fazer; certas oportunidades esperam para ser-lhe apresentadas. Essa alma poderá ou não, segundo a sua força, ser vitimada por uma moléstia assim; ela não precisa sucumbir; ela pode robustecer-se de tal maneira que dispense esse jeito especial de aprender a sua lição. Não aceitaríamos a hereditariedade como uma conclusão previamente determinada, pois toda alma encerra dentro de si o poder de determinar, até certo ponto, de que modo ela vai resolver o seu carma. Uma criança resolve o problema de aritmética de vários modos, e é aí que opera o livre-arbítrio do homem e de onde ele pode dirigir o seu plano de vida.

Vocês talvez perguntem se o pagamento do carma pode ser acelerado. Está visto que sim, sobretudo quando a alma desperta, quando no mundo celestial se consente uma visão de Deus em maior ou menor grau, e a alma grita: "Quero alcançar a Deus, preciso chegar lá depressa!" "Muito bem, meu filho", respondem-lhe, "mas, primeiro, você tem muita coisa para eliminar." E, assim, no momento da reencarnação, o carma é acelerado. Uma encarnação como essa pode parecer aos outros triste e penosa, mas os que tiveram essa visão não se incomodam; aceitam o carma, sabedores de que, através dele, atingirão a meta. Por conseguinte, não podemos julgar, não nos atrevemos a julgar a vida de outra pessoa. Pelos nossos padrões, o que se nos afigura uma vida fácil pode revelar-se uma encarnação dura e difícil para a alma em questão; e o que aos outros parece ser uma vida difícil, é vivida pelo participante como uma graça interior, uma alegria e uma tranqüilidade que faz de toda experiência uma satisfação.

Isso nos leva à parte essencial do nosso ensinamento. A humanidade, muitas vezes se estende sobre uma cruz na vida física, mas, em conseqüência dessa crucificação, a rosa fragrante nasce dentro dela. Essa rosa, como o sabe o místico, representa o coração do amor, o coração do Cristo crucificado, a glória e o milagre de um amor sacrificial que viceja para toda a humanidade. Vocês vêem, horrorizados, os sofrimentos do mundo, mas não olham para além do presente. Vocês privariam a humanidade da doçura e da perfeição da rosa?

Se negasse o sofrimento à humanidade, Deus retiraria também do homem o resultado do sofrimento, a razão da luta de vocês todos, a razão da vida de vocês todos, a razão pela qual vocês todos foram criados — o júbilo indescritível da conquista da consciência de Cristo. Vocês não podem separar a rosa da cruz. Nas primeiras fases da evolução, a rosa precisa florir, aos poucos, sobre a cruz; e, nas fases adiantadas, a cruz acaba sendo absorvida pela rosa, e a consciência de Cristo no homem, o homem em Cristo, se completa. Portanto, nós gostaríamos de ensinar-lhes a serem desapaixonados: não deixem de demonstrar simpatia e amor, mas não deixem que suas emoções sejam mal aplicadas. Enquanto estiverem dando amor e simpatia aos infelizes, lembrem-se de que o sofrimento é um caminho para a iluminação, para o nascimento da consciência de Cristo no homem. O sofrimento passará, será esquecido, exceto na qualidade da consciência que nasceu dentro da alma como resultado.

Vocês poderão perguntar se não é possível atingir essa consciência pelo caminho do amor e da felicidade. Sim, é claro que sim; mas Deus deu ao homem o livre-arbítrio, e o homem escolheu a teimosia. Daí que o homem optasse pelo caminho do sofrimento. Mas Deus é tão sábio e tão bom que socorre o homem, abençoa o homem e o conduz, através do sofrimento, à alegria do céu.

Paz, meus irmãos, que a paz esteja no coração de vocês, e saibam que Deus é bom.

CAPÍTULO 9

A Cura a Partir do Espírito

Um dos aspectos mais importantes do desabrochar espiritual é a cura. Sugerimos àqueles de vocês que pretendem ser agentes de cura que a primeira necessidade é reconhecerem que podem ser canais da energia vital divina e aprenderem a pensar em si mesmos como filhos de Deus, lembrados de que dependem dEle para tudo.

O poder de curar fluirá continuamente através de vocês depois que tiverem compreendido a técnica de abrir seus sentidos espirituais aos raios cósmicos da cura. Vocês todos podem ser instrumentos desses raios magnéticos e espirituais; mas algumas pessoas, por ignorância ou por outras causas, interrompem essa força vital.

O trabalho de vocês como curadores espirituais consiste em assistir, trabalhar em harmonia e, se lhes for permitido, em cooperação com o atual sistema médico conhecido. Existem muitos tipos diferentes de pessoas na Terra; uma responderá a certa forma de cura, outra a um processo muito diferente. Também não se deve gastar muito tempo, energia e trabalho com algum distúrbio físico que pode ser fácil e rapidamente extirpado por métodos materiais e até pela cirurgia. Ao mesmo tempo, a base de toda cura é espiritual, e dia virá em que a cura espiritual será reconhecida e plenamente estabelecida na Terra como um serviço importantíssimo. O homem, contudo, precisa evoluir espiritualmente antes de poder dar ordens ao seu corpo.

Fundamentalmente, todas as doenças ocorrem no corpo por falta de luz espiritual. Em outras palavras, a doença é falta de tranqüilidade, falta de harmonia; e o homem se ocupa a vida inteira criando males, desarmonia. Quando a vida é controlada ou dirigida pelo Cristo interior, a harmonia e a saúde são preservadas.

A cura espiritual, rigorosamente científica, é a harmonização dos átomos físicos instáveis. É a voz de comando, que soa desde o centro do coração; e esse poder opera largamente, não só por intermédio do agente de cura, mas também por intermédio do paciente. O amor é a voz de comando que harmoniza os átomos indóceis, feitos para obedecer à lei do amor divino. Esse é o segredo da cura. E quando o paciente, como agente de cura, entra em harmonia com o centro de amor, cura-se no mesmo instante, escolhendo inconscientemente o raio cósmico especial de que sua alma e seu corpo necessitam.

Jesus foi o grande demonstrador desse poder divino. Ele não se preocupava com o nome das enfermidades. Ele cuidava sempre da causa espiritual. Jesus curava derramando a luz por Ele despertada dentro da alma. Ele chamou: "Lázaro, vem para fora!", e Lázaro saiu do túmulo, ainda vestido de sua mortalha. Vocês não percebem o significado disso? Envolto em coisas terrenas, Lázaro era como um morto; mas a voz do Mestre chamou: "Lázaro, vem para fora!" e ele se ergueu dentre os mortos. Esse é o trabalho do verdadeiro agente de cura.

Vocês precisam lembrar-se também de que existe na alma um acúmulo de carma. Em muitos casos a causa da doença está bem no fundo da alma, e formou-se no corpo astral a partir de uma existência anterior. Como vocês sabem, o corpo astral é criado pelas ações do passado. O carma passado, formado no corpo astral, manifesta-se às vezes na forma de um mal físico, ou surge nas mais variadas circunstâncias da vida. A lei do carma é exata; é justa, perfeita e verdadeira. Vocês não podem interferir no carma, mas podem ajudar o paciente a transmudá-lo. Se o paciente for ajudado a receber todo o influxo da Luz de Cristo, ele mesmo se ajudará; e nesse caso, aprenderá com a transmutação do carma, em lugar de aprender com uma moléstia em particular.

O propósito do carma é ensinar, é dar à alma individual a oportunidade de aprender lições, de adquirir sabedoria, de crescer espiritualmente. Se a alma for arrogante (o que acontece tão amiúde), se ela não quiser acreditar, se estiver convencida de que sabe, não poderá fazer mais nada senão percorrer o caminho indicado e suportar o mal físico. No entanto, existem almas que escolhem deliberadamente o caminho do sofrimento, mas essa opção é subconsciente.

Isso nos leva a outro ponto: nunca, jamais obrigue alguém a sujeitar-se à cura espiritual. A alma deve procurar a assistência espiritual por sua livre e espontânea vontade. O de que o paciente necessita é da luz espiritual; o propósito da dor é conduzi-lo a ela.

Por isso, na cura espiritual, nós lhes dizemos que não se preocupem em demasia com o corpo físico e com suas múltiplas dores e sofrimentos. Preocupem-se com a alma e com a aura do paciente. É verdade que o agente de cura pode ter certa força magnética, ou "magnetismo animal", e dar um alívio temporário ao paciente, mas isso não é o bastante. Na cura espiritual, vocês estarão curando a alma. Com o tempo, o corpo refletirá a saúde da alma.

A verdadeira cura é feita no plano espiritual, e o poder de cura provém da Vida Divina da Esfera de Cristo. De acordo com a pureza do agente de cura, esse poder brota dos seus veículos mais sutis — os corpos mental e vital — e flui de suas mãos e de toda a sua aura. Assim como o regato da montanha precisa de um leito desobstruído, assim também a corrente de cura precisa da aura pura do curador. Não é apenas a imposição das mãos, senão também o contato com o Cristo. A essência do Cristo pode, então, emanar e ter sua ação concentrada ou intensificada em sua ação pelo controle mental do agente de cura. Por esse motivo se verá que a Cura a Distância pode ser tão eficaz quanto a imposição das mãos, se for conduzida de modo apropriado.

Nos raios invisíveis existem qualidades, cores, vibrações e até perfumes, que podem ser extraídos pelo curador e, em seguida, passados ao paciente. Geralmente, quando uma pessoa adoece, alguma coisa está faltando, ou existe um desequilíbrio no ser espiritual, na alma do paciente. Como agentes de cura, vocês estarão trabalhando na companhia dos anjos para suprir o elemento que falta e restaurar o equilíbrio, a saúde ou a integridade da alma. Vocês são os condutores dessas forças espirituais puras; por isso precisam esforçar-se para serem como os sacerdotes de antigamente. Precisam afinar-se por meio de uma vida, de um pensamento, de um modo de proceder puros, como um instrumento humano e espiritual.

Empenhem-se de todo o coração por conservar-se em boa saúde. Não trabalhem demais em nenhum plano da vida. Sigam as regras do viver puro e saudável. Vivam harmoniosamente dentro de si mesmo. Vivam dos frutos puros e sadios da terra. Aspirem a vida de Deus com plena consciência. Sejam bons para o corpo; não o forcem a fazer coisas que seria imprudência da parte dele fazer. Não o intoxiquem com o fumo. Cuidem de seu descanso, de sua higiene e cuidem de alimentá-lo com alimentos puros. Sintonizem-no com as vibrações mais sutis dos éteres mais elevados. O fundamento de toda cura é a sintonia do agente de cura com as forças da natureza e do espírito.

Lembrem-se de que terão de recarregar-se quando se sentirem esgotados ou cansados. Uma boa maneira de fazer isso é mergulhar as mãos em água fria. Outra é colocar as mãos na Mãe Terra; e ainda outra é andar ou passar algum tempo caminhando entre árvores. Fiquem de pé, com a coluna encostada numa árvore robusta, e respirem com ela, aspirem a energia vital, e ficarão surpresos ao ver a energia vital fluir de novo para dentro de vocês. Estabeleçam contato com a natureza quando se sentirem esgotados e cansados; e quando se acharem realmente incapazes de realizar o trabalho, afastem-se. Com o tempo, aprenderão a reabastecer-se de modo que não se cansarão.

O relaxamento é importante para o agente de cura e para o paciente, mas há de ser levado a efeito sob o controle do eu superior. Deixem o corpo absolutamente à vontade, deixem a mente relaxar-se e deixem o corpo celestial, através dos corpos físico, astral e mental, encher a aura de vocês com a luz de Cristo. São poucos os que sabem relaxar-se, pois as pessoas costumam andar de um lado para outro cheias de preocupações, com o rosto contraído, em vez de manifestar descontração, paz e entrega à esfera celestial.

Na medida em que se esforçarem para se tornar um canal puro do poder de cura, vocês ficarão mais sensíveis, de modo que talvez devamos contar-lhes o que têm de fazer para proteger a própria aura. Assim que sentirem um estado de ânimo pernicioso ou negativo, ou pensarem que podem estar "pegando alguma coisa", protejam-se envolvendo o corpo com a aura, como um anjo se envolve com as asas. Façam isso mentalmente. Fazer várias respirações profundas também poderá ajudá-los. Absorvam a Grande Luz Branca e fechem as mãos sobre o plexo solar, colocando a mão direita sobre a esquerda e mantendo o pensamento positivo.

A mão esquerda é a que recebe e a direita é a que dá: Se vocês erguerem a mão esquerda em oração, pedindo que chegue até vocês a força de cura, ela fluirá para dentro da sua mão esquerda. É como um ímã — todas as forças vitais pulsantes entram nela e passam pelo corpo até chegar à mão direita e dali ao paciente.

O toque do agente de cura deve ser muito delicado; um toque leve e suave é o bastante. Os raios se estendem além da ponta dos dedos e são transmitidos de algum modo pelas palmas das mãos. Os agentes de cura deverão lembrar-se de que há outra mão sobre a deles; a mão deles não é o instrumento, mas o condutor.

Nunca se deixem envolver emocionalmente com um paciente. No plano terrestre, o médico pode ser simpático e atencioso, mas, se for sábio, nunca se deixará envolver emocionalmente com o paciente. As emoções devem estar sob controle durante todo trabalho espiritual. As emoções desgovernadas podem acabar com o melhor trabalho e com os melhores grupos. Sempre ensinamos a nossos filhos que não se deixem levar pelas fraquezas da emoção humana descontrolada, pois nada impede mais seguramente um candidato de prosseguir no caminho. O homem sensato é firme, atencioso, afetuoso com todo o mundo, e se liga diretamente com o Grande Coração de amor e sabedoria.

O poder do pensamento

O pensamento traz saúde, o pensamento cura; mas o pensamento também inflige dor e doença; rompe e destrói a vida do corpo, da mente e da alma do homem. A ciência está apenas na orla mais externa da compreensão do poder do pensamento. Pensamentos de raiva, de medo e de ódio formam a raiz de todo sofrimento e de todas as guerras. O pensamento também traz beleza, harmonia, fraternidade e tudo o mais que o homem anseia. Nós mesmos trabalhamos tanto quanto possível com o poder criativo do pensamento. Tentamos evitar todos os pensamentos destrutivos. Quando ministramos conselhos e ajuda, estabelecemos a regra de ser sempre construtivos, de não ver nada senão o bem; e fazemos isso ainda que possamos ser chamados de tolos otimistas. Sabemos que, vendo apenas o bem, criando o bem com a ajuda do pensamento positivo, concorremos para produzir o que é desejável e bom. Não vemos nem pensamos em termos de pessimismo, tristeza ou morte. Tudo é vida, tudo desabrocha, tudo progride sempre, tudo é bom, tudo é Deus. Por conseqüência, os que pretendem ser agentes de cura devem trabalhar seguindo sempre uma orientação construtiva.

Nunca dêem a entender a um paciente que ele, provavelmente, morrerá. Não admitam coisa alguma que lembre a morte. Vejam somente a criação, a vida que muda e desabrocha constantemente. A morte não existe. Acreditem que "onde há vida há esperança". Nunca prevejam nada senão o bem. Cabe a todos os agentes de cura inspirar confiança e não a dúvida ou o medo; ajudem sempre o paciente a sintonizar-se harmoniosamente com a perfeita lei de Deus. É preciso ajudá-lo a desenvolver uma visão da vida clara e santa (ou saudável). O pensamento certo é o pensamento no Deus que permeia todo o ser. Essa é uma grande verdade; e se vocês pensarem nela e meditarem sobre o que estamos dizendo, compreenderão o que queremos dizer. Pensamento certo é o pensamento em Deus. Equilibrado, afetuoso, puro, santo e bondoso, tolerante e generoso. Pensamento certo é a visão geral divina da vida.

O poder da aspiração sincera produz a cura espiritual. Quando os pensamentos aspiram realmente ao Cristo, o corpo físico sente a Luz de Cristo, os raios de Cristo, os quais, com seu grande poder, revertem a ordem mórbida das coisas. Onde é aparente no corpo físico, a escuridão transforma-se em luz; e a luz toma posse do corpo, dominando-o e controlando os átomos físicos. Assim se realizam os milagres, mas os homens e as mulheres do mundo não podem compreender nem apreciar isso. Quando dizemos que o pensamento tem o poder de fazer milagres, referimo-nos, é claro, ao pensamento divino, o pensamento que tem origem num coração puro e cheio de aspirações elevadas. O poder que emana do coração fixa-se em Deus e converte o negativo em positivo, as trevas em luz.

Disse o Mestre Jesus: "Eu e meu Pai somos um." "As palavras que eu vos falo não provêm de mim, mas do Pai que mora em mim; Ele é que faz as obras." Todo agente de cura precisa conhecer a verdade dessa afirmação, e todo paciente precisa procurar compreender essa verdade eterna, pois, assim que vocês estabelecem contato com a Presença de Cristo, ainda que apenas por um instante, é como o cintilar ou o gerar do poder de Deus dentro de vocês. Esquecidos das limitações terrenas, vocês se elevam aos reinos mais elevados da vida consciente e ali se recarregam com a força viva de Deus. Não se deixem deter pelas limitações da mente terrena.

Não duvidem desse poder. Limpem a mente consciente de todas as dúvidas e conheçam no coração a verdade desses raios de cura invisíveis e a verdade da vida invisível.

Os anjos da cura

Muito pouco se sabe atualmente, no plano terrestre, sobre os anjos da cura; mas, à proporção que o século avança, um número muito maior de pessoas não só sentirá a presença deles mas passará a vê-los. De acordo com a necessidade e com a vibração criada, vêm para o serviço de cura anjos de diferentes cores, vestidos com a Luz do Sol. Vocês sabem que a luz do sol contém as cores do espectro; agora pensem nos anjos da cura ostentando essas belas cores. Nada escuro nem feio. São todos luz e pureza. Esses seres angélicos chegam muito perto do agente de cura, que contribui com a substância de que eles precisam para estabelecer contato com os que buscaram o poder de cura. Os raios de cura podem ser usados para curar não só o corpo físico, mas também a mente e as sombrias condições materiais que oprimem a humanidade.

A irradiação da magia branca pura fluía continuamente do coração de Jesus. Todo homem pode receber no coração essa mesma irradiação proveniente do coração do Cristo; e se o seu coração permanecer puro e alegre poderá, por seu intermédio, irradiar luz e cura para todo o mundo.

A cura espiritual é um grande trabalho em sua abnegação espontânea. O agente de cura não pensa no próprio enaltecimento. Se o fizesse, não curaria. Ele só pensa no bem dos outros; ele só se preocupa em aliviar a dor e o sofrimento; ele só pensa na transmutação das situações infelizes da vida num estado de ser mais celestial.

Diremos, portanto, que, se vocês aspiram ao desenvolvimento espiritual, ao desabrochar da visão espiritual, entreguem-se ao serviço de curar os enfermos. Disse o Cristo, através de Jesus de Nazaré: "Alimentai minhas ovelhas." Alimentem as almas doentes dos homens através do serviço espiritual, de cura espiritual. Desse modo, estarão servindo não somente as gerações atuais, mas também as faturas;

estarão ajudando Deus a criar um estado de vida melhor para todas as pessoas na Terra.

Meus filhos, sigam o caminho do serviço, da verdadeira bondade, da alegria espontânea na vida, e passem a ser, com o tempo, como o amado Mestre Jesus, o Cristo — filhos perfeitos do Deus vivo.

PARTE 2

O MISTÉRIO DOS ANJOS
E O MUNDO INVISÍVEL DA NATUREZA

CAPÍTULO 1

Passagem para Lugares Encantados

Há milhares de anos, os povos antigos costumavam fertilizar suas colheitas apelando literalmente para a graça celestial, por meio do poder dos anjos. Alguns tentam fazer hoje praticamente a mesma coisa, com intermitências, como durante a cerimônia tradicional da récita de ladainhas nos campos, quando o pároco pede a bênção das futuras safras; ou até quando alguém de "dedos verdes" trabalha tranqüilamente no seu querido jardim. A diferença é que os antigos se revelavam constantes e devotados em sua cooperação com os poderes angélicos e com as "criaturinhas" do reino da natureza, e ao invocar a Luz para abençoar-lhes as terras. Disso resultavam, segundo nos contam, colheitas ricas em sabor e poder nutritivo. Hoje tentamos desenvolver nossas colheitas, num quase desafio à natureza, por meio de fertilizantes químicos, inseticidas e outros meios artificiais destinados a enganar a natureza; e, ao fazer isso, banimos as fadas dos nossos jardins e dos nossos campos.

A maioria dos leitores deste livro já recebeu de bom agrado e aceitou os ensinamentos de White Eagle, e quer saber mais sobre as fadas, os anjos e os grandes poderes invisíveis da terra e do céu; alguns, porém, que não sabem e talvez não acreditem em fadas, crêem que elas só existem na imaginação das crianças, e que os anjos só servem para decorar os vitrais das igrejas e para ilustrar as histórias bíblicas. Esperamos que isso não os impeça de continuar a leitura, pois eles descobrirão que tudo o que está escrito neste livro tem sentido.

Diz a Bíblia, num trecho significativo, que *"Os mortos nada sabem"* sendo que os "mortos" são os que estão *mortos no espírito* e só têm consciência do que podem tocar, provar, ouvir ou ver. "Os mortos nada sabem" porque sua existência é quimérica, passada num mundo de *maya* ou ilusão.

A Bíblia compara esses "mortos" com os "vivos"; os primeiros são os que não se preocupam em saber de onde vieram, por que estão aqui, ou para onde irão depois da morte; ao passo que os "vivos" são os que começam a se preocupar com isso. Acreditamos que o leitor leigo pertença à última categoria e, à medida que a sua leitura prosseguir, prosseguirá também o seu processo de aceleração. Ele constatará que estas páginas revelam um tipo de conhecimento e de visão conhecida como supernormais ou, como poderão pensar alguns, como "sobre-humanos"; pois se trata

69

de um conhecimento que só se encontra armazenado na sabedoria antiga, da qual proveio e é transmitido por mensageiros da antiga sabedoria.

"Por que o nome White Eagle?", perguntará o leitor leigo. A águia é um pássaro dotado de uma visão de longo alcance, um ser das alturas. Simbolicamente, o nome White Eagle significa mestre espiritual e pode referir-se a qualquer sábio ou professor que tenha visão de águia. O São João do Quarto Evangelho é sempre representado, simbolicamente, pela águia. Que tal se o nosso próprio mensageiro usasse esse nome simbólico?

Os que o conhecem há muitos anos sempre o acharam gentil, invariavelmente cortês, atento aos sentimentos dos outros. Ele parece ter um conhecimento completo da alma da pessoa com quem está falando e tem consciência do seu eu interior, dos seus pensamentos e sentimentos. Com sua amável sabedoria, White Eagle se comunica com esse eu interior. O leitor perceberá nas suas mensagens sua qualidade e a origem espiritual, sentirá que elas estão cheias de uma luz que não é desta Terra e que o que ele diz já não está ligado à matéria. Ele nos fala, com efeito, "a partir do espírito", de um plano (ou planos) acima deste, onde vivem almas mais puras e mais sábias do que os homens na Terra.

Como a mensagem chega até nós? Em razão da sua longa associação com alguém capaz de recebê-la e transmiti-la. Entre os dois há um elo que se estende por eras e nesta encarnação é vitalícia.

À semelhança de outros que transcenderam a matéria ou o estado material, White Eagle tem sua morada nos picos das montanhas, mas também migra, conforme sua vontade, para outros planos ou lugares celestes.

Grace Cooke, receptora da sua mensagem, conta no livro *The Illumined Ones* como viajou em espírito para visitar White Eagle no seu lar nos Himalaias.

Sua visita, conta-nos ela, não foi em nenhum sentido "do outro mundo", mas simples e natural. Ela encontrou White Eagle exatamente como esperava encontrá-lo, delicado no falar, com um humor vivo e pronto e, acima de tudo, com um jeito caloroso, simpático e afetuoso, que se expressava, aliás, no seu semblante. Sua casa erguia-se no alto, e uma janela da sala revelava uma ampla extensão de montanhas que se estendia até o horizonte — um lugar acima e além do mundo.

Como dissemos, quando se dirige a nós, White Eagle nos fala "a partir do espírito", embora nos caiba adivinhar o que esse termo implica. Neste livro foram compiladas conferências e palestras dadas por ele, através de Grace Cooke, durante um longo período. Algumas são de 1934, mas outras são relativamente recentes, de modo que elas abrangem mais de um quarto de século; e é muito para notar que, nessas comunicações, não haja nenhuma contradição nos pormenores, mas somente um aprimoramento ao longo dos anos. O que constitui, sem dúvida, notável demonstração de coerência.

Se vamos aprender alguma coisa sobre fadas e anjos, e até sobre a mensagem de White Eagle, nada mais natural que perguntemos a nós mesmos em que espécie de universo vivemos. Imaginemo-nos saindo de casa, numa noite escura, debaixo de um céu estrelado. Todo o nosso universo visível se estende diante de nós, desenrolado acima de nós, brilhante e belo, se bem que assustador se lhe contemplarmos a vastidão, a terrível imensidade. E nos pomos a pensar como é minúscula, como é frágil, em comparação a ele, a nossa Terra; como seria fácil aniquilá-la e que seres infinitésimos somos nós, vivendo a mais delicada e frágil das vidas. E aqui ficamos, amedrontados diante da imensidade de tudo, da sua crueza, da sua indiferença.

Entrementes, as estrelas cintilam, despreocupadas...

Agora, tentemos sentir mais serenamente, aspirar-lhes a radiância, a mesma radiância que penetra, permeia o ar que respiramos. Em certo sentido, portanto, realmente *aspiramos* as estrelas — aspiramo-lhes a essência, de modo que todas têm agora uma parte do nosso próprio ser. Que elas precisem fazer isso é um pensamento interessante, pois sugere que o firmamento está muito mais perto de nós do que o imaginamos e não pode fugir-nos. Não fora a veste ou o manto de ar acima de nós e da nossa Terra, e veríamos as estrelas muito mais próximas, muito mais brilhantes. Elas seriam maravilhosas, assim na cor como na variedade, e nos pareceriam muito mais amigáveis.

A cor — eis aí alguma coisa para se pensar, porque temos instrumentos capazes de analisar cada cor que emana das estrelas, separá-las, e verificar que os elementos de que se compõem as estrelas são idênticos aos que compõem a nossa Terra, que a substância estelar é irmã da substância da Terra, de sorte que nunca poderemos ser totalmente estranhos nem de todo separados. O brilho que nos vem das estrelas cresce, agora que os olhos da nossa mente as vê com maior clareza. Brilhante e pura é a luz que nos chega vinda de distâncias que outrora supúnhamos imensuráveis. A distância não parece separar-nos, agora que formamos um elo com cada estrela.

Neste momento, um pensamento estranho e maravilhoso nos acode. Será possível que não somente a *luz* jorre sobre nós vinda do mundo das estrelas mas também a *própria vida*? Será que os seus raios visíveis de luz servem para carregar ou transportar a própria essência da vida que oscila do outro lado do espaço? E que a luz e a vida, em conjunto, transpassam todo o universo, de modo que nossa própria Terra e cada estrela permanecem imersas num oceano cósmico da vida? Será que as ondas e marés cósmicas da vida sempre se movem para a frente, ligando estrela a estrela, e que a mesma vida cósmica é a força energizante em todo o universo, sempre criativa, batendo sempre contra o nosso mundo, à semelhança das ondas de um mar, sim, sempre criando o próprio homem, filho do nosso mundo?

Com que insistência, com que inteligência essa energia vital invisível penetra o ser visível! Quão inexaurível parece manifestar-se a sua penetração, quão inevitável! A vida *precisa* assumir forma ou existência física. Ela pode manifestar-se como um inseto, um réptil, um pássaro ou um animal feroz; pode viver no mar, conquistar o ar e até, aparentemente, vencer a própria natureza quando toma a forma do homem. A vida insistente pode apresentar uma forma nociva, ruinosa ou, então, uma forma nobre e sacrificial. A vida pode abençoar, a vida pode maldizer. A vida pode insistir na existência em forma, estendendo-se no rumo da perfeição, não poupando dores, nem tempo, nem esforços para atingi-la. Como as ondas do mar, a vida bate de encontro às nossas praias e os homens chamam-lhe o advento da primavera. A propósito, ela reflui como a onda e o homem chama esse refluxo de outono, de doença ou morte.

Em todos nós o homem interior sente as ondas vitais do mar cósmico e reage a elas. Não temos nome para esses sentimentos, mas sabemos vagamente que a vida, por vezes, nos aproxima de Deus, e que o pressentimento de uma vida que se inicia ou que perdura traz consigo um forte desejo de continuação, de imortalidade.

Ainda estamos esperando e observando debaixo do mundo das estrelas, mas elas agora adquiriram um resplendor mais celestial, pois agora nos falam da evolução da vida. Graças à sua natureza e insistência, a vida há de sempre sobrepujar a morte — isso é proclamado por todos os universos.

O que diz a ciência a respeito de tudo isso? Existem dois tipos de cientistas: os materialistas e os que se inclinam para uma interpretação mais espiritual do universo. Os primeiros acreditam que este universo seja mais ou menos como uma máquina que evolui indefinidamente por sua própria conta, sem supervisão e sem uma mente que o controle; como se fosse alguma fábrica que sempre produzisse bens saídos de máquinas alimentadas automaticamente com um suprimento perpétuo de matéria-prima.

O outro tipo de cientista abandonou essa perspectiva dolorosa e afirma que, pensando bem, o universo mais se parece com um grande pensamento que abrange todas as coisas do que com uma grande máquina, e que o próprio homem tem semelhança com esse grande pensamento, tem afinidade com ele, é um microcosmo do Macrocosmo — em outras palavras, é feito à imagem de Deus, pode ser filho ou filha de Deus. Vocês encontrarão algumas dessas idéias expressas no livro de *sir* James Jean, *The Mysterious Universe*.

Este capítulo menciona a possibilidade de que estamos todos ligados à estrela mais distante, e que sua luz e essência nos penetram a todos — nosso corpo, nossa mente e nossa vida. Em *Ether and Space*, *sir* Oliver Lodge afirma que tudo e todos, todos os mundos, se compõem do éter do espaço; e que todas as criaturas, formadas da mesma substância, estão ligadas umas às outras. Não apenas nosso eu físico, mas também nosso eu interior, nosso eu que pensa e sente, são, às vezes, puramente etéricos. Nosso eu corpóreo, mortal, é uma modificação do éter, talvez uma desaceleração de vibração, como todo o mundo físico. Nosso corpo, portanto, é como um casaco que usamos durante determinado tempo. Ao contrário dos casacos, nosso corpo nos sobrecarrega com exigências relacionadas com sustentação e transporte contínuos, alimentação e períodos de repouso, visto que se cansa com facilidade. Findo o nosso período de vida, nós a lançamos de nós e passamos a viver em outro mundo, não inteiramente estranho porque o visitamos em muitas ocasiões durante o sono. Permanecemos por algum tempo nesse novo mundo, que também foi criado de éter e parece tão real e sólido quanto este, mas menos insípido, menos cansativo, menos carregado de sofrimento.

As fadas também são criaturas etéreas, parte de um mundo etérico, como nós; não fôssemos oprimidos e cegados pelo nosso eu físico, e as veríamos, ouviríamos a acreditaríamos nelas. Como, então, começaremos a ver fadas — alguém poderá dizer-nos? Sim, mas o simples fato de dizer isso nem sempre nos fará vê-las. Nesse meio-tempo, aqui vai um palpite.

Vamos supor que estamos caminhando por uma trilha na floresta, num dia brilhante e ensolarado, sem observar com muita atenção as moitas e samambaias que se erguem de cada lado no caminho. Atrás delas, uma porção de criaturas invisíveis nos vê passar — insetos, pássaros, animaizinhos — todos tímidos, em sua maior parte temerosos (e com toda a razão, porque os seus semelhantes foram dizimados pelo homem). Se examinássemos mais de perto essas moitas, olhando diretamente para as criaturas escondidas, elas se dispersariam num ápice. Enquanto não olhamos muito de perto, elas arriscam a sorte. O mesmo acontece com as fadas. Fitem-nas diretamente e elas desaparecerão. Observem-nas com a sua "visão periférica" e pode ser que elas fiquem.

Infelizmente, as fadas se afastaram cada vez mais da visão do homem. Elas não gostam de plantações desenvolvidas com substâncias químicas e borrifadas com venenos que significam a morte para insetos e aves ao mesmo tempo. Elas têm pena dos animais aprisionados pela agricultura industrial. Elas sentem todas essas coisas. Adotando essas práticas, o homem moderno se declara estranho à natureza, e falsifica a sua própria; ao mesmo tempo, a natureza reage à desumanidade do homem com uma série de enfermidades, animais e humanas, que aleijam, destroem ou debilitam.

Tempo houve — 10.000 anos atrás ou mais — em que os homens amavam tanto a natureza que a aceitavam e reverenciavam como a sua grande mãe, e a serviam com devoção. Então, os espíritos da natureza trabalhavam junto com o homem, como a coisa mais natural do mundo, semeando, zelando e segando a sua colheita. Tudo era natural, quando as fadas e os anjos faziam parte da vida cotidiana do homem. Não se matavam criaturas vivas. A vida era reverenciada em todas as suas formas; e tão nutritivo, tão saboroso era o alimento produzido em cooperação com as fadas e os anjos que a saúde perfeita se tornou herança do homem, e a morte, quando chegava, lhe parecia trivial, um passo dado na direção de uma existência ainda mais brilhante e melhor.*

Assim viviam os homens há muito tempo; e assim viverão de novo quando sua vida e seus pensamentos se completarem. Hoje, o que pode nos destruir é o intelecto sedutor dos homens. Esse intelecto, ou mente inferior, chamado de "o matador do real", exige que acreditemos que todo o nosso mundo foi inundado pela morte. Assim fala o intelecto do homem, embora os que podem tocar o real saibam que as coisas não são desse jeito. A vida emergente, a vida triunfante, percorre os céus. A ressurreição de Jesus é uma afirmação, uma demonstração disso. A vida enche todo o espaço e, por sua própria natureza, ressuscita da morte continuamente. A morte pode vir pela crucificação mas a vida, que ressurge num processo eterno, é o vencedor final.

Essa é a visão do nosso mundo e do seu firmamento que este capítulo inicial pretende apresentar. Nós, criaturas humanas, devíamos procurar entender, reverenciar e amar toda a criação. Com esses pensamentos nos aproximamos, por fim, da porta

---

* O tema da vida no passado distante é versado no livro *The Light in Britain* (White Eagle Publishing Trust).

que nos barra a entrada para o mundo das fadas, descansamos e olhamos por cima da porta. Nós só olhamos por cima. Pode ser que daqui a pouco a porta se escancare para nós, acolhedora. Nos dias de hoje, essas criaturinhas não confiam nos humanos. Como podem confiar por exemplo, as fadas da Terra, cuja natureza as leva a estimular, assegurar o crescimento saudável, a cuidar de culturas expostas a fertilizantes artificiais e borrifadas com inseticidas, que dizimam a vida dos insetos circunstantes e matam muitas aves? Como podem as fadas das águas levar a cabo a sua tarefa quando os venenos passam das terras para os córregos e rios e destes para o mar? Pois na Antártida os peixes do oceano e as aves que se alimentam de peixes mostram traços de inseticidas provenientes de terras distantes — procedentes talvez de campos e prados ingleses. O povo feérico do ar precisa mover-se, obrigatoriamente, nas alturas, no meio das nuvens, longe do ar das cidades e estradas movimentadas, poluídas pela fumaça dos carros e dos resíduos industriais.

Pensamos no tipo de boas-vindas que o homem de hoje dá às criaturinhas da Terra, do Ar e da Água. Que dizer então dos seres da última categoria — a do Fogo? Tudo indica que o fogo ainda é o purificador derradeiro e final, não só dos malfeitos morais e psíquicos mas também dos físicos. Não se dará, porventura, que a freqüência dos incêndios, hoje de enorme efeito e vastamente destrutivos muitas vezes, represente um esforço feito pelas fadas do Fogo no intuito de purificar-nos psíquica e moralmente?

Dessa maneira, vocês verão por que a nossa porta para o reino das fadas range nos gonzos, e por que as fadas parecem hesitantes e difíceis de encontrar. Não obstante, elas ainda exuberam, ainda podem ser reconhecidas, recebidas com agrado e conquistadas. Em terras de propriedade pública por exemplo, escondidas em regiões das florestas que ainda não foram conspurcadas, ou em lugares altos; nas terras baixas ou no cimo dos montes da Inglaterra, onde bosques, relvas, plantas e árvores permanecem impolutas, onde todas são puras ou quase puras, as fadas ainda são numerosas. Tampouco se afastarão de quem quer que as ame. Elas se avizinham dos que amam as coisas que crescem, das pessoas de dedos verdes que cuidam de flores e plantas. Talvez já estejam observando e esperando ao lado dessa gente, em geral sem que as reconheçam, invisíveis. Reconheça-as, portanto, admita-as à sua percepção. Elas vão gostar disso. Continue a não tomar conhecimento delas, e elas poderão retirar-se. A porta se abrirá para admitir a entrada dos que forem dignos de entrar — somente eles — porque o povo feérico, à sua maneira própria, parece um tanto orgulhoso e peculiar.

E agora, chega; alguém mais sábio, mais delicado, dotado de autêntica simplicidade de coração e prestimosa bondade, assume o comando. Cedemos o lugar a uma simplicidade mais profunda, a uma bondade mais gentil. Nos próximos capítulos falará White Eagle.

I.C.

CAPÍTULO 2

A Fraternidade entre Homens e Anjos

Gostaríamos de falar-lhes da fraternidade entre homens e anjos, a grande fraternidade que já existe, mas que poucos compreendem ou não reconhecem. A expressão "a fraternidade entre os homens" traz-nos de pronto à mente inferior a idéia de igualdade social, a reunião dos bens terrenos e sua divisão em partes iguais — ou seja, a concepção que tem a mente terrena da fraternidade. Mas não é isso o que *nós* queremos dizer quando falamos em fraternidade.

Os homens são irmãos pelo parentesco do espírito; todos foram lançados do Logos, no princípio, como centelhas de vida; são todos da mesma essência, todos filhos de um Pai supremo e, nesse sentido, nenhum homem é maior ou mais importante do que o seu irmão. Os guias e professores desencarnados, que estão um pouco mais acima na vertente da montanha, olham para o campo de batalha da vida, lá embaixo, e vêem, não o uniforme do soldado em conflito com o seu semelhante, mas a alma e o espírito dentro da cobertura externa.

Eles vêem a alma chamejante. Compreendem as tristezas e fraquezas humanas comuns a toda alma viva e sabem que, no curso da evolução, todos emergirão fortes e radiantes, vitoriosos nas dificuldades e conflitos da vida terrena.

À medida que o espírito, a divina centelha energizante da vida emitida pelo Logos, se põe em ação através dos vários planos da consciência até chegar ao mais externo, o físico, ele cria à sua volta o corpo, o vestuário, o templo, a que damos o nome de alma. À proporção que o espírito desce no arco, ganha experiência, individualiza-se. Em sua forma mais densa, parece inteiramente imerso no eu, numa personalidade que, durante o esforço de crescimento, se tornou o que vocês denominam "egoísta". Até isso tem o seu propósito, visto que, no fim, provoca o crescimento da alma. Mas enquanto se acha nas profundezas mais baixas, imersa como está no eu, a alma procura, como faz o animal, apenas o próprio prazer e poder.

No curso, porém, da sua evolução, quando começa a absorver a luz que cai sobre ela vinda de Deus, ela volta a subir. Assim como o submarino que está muito abaixo da superfície, no leito do oceano, volta finalmente à flor d'água, assim também, saindo das profundezas do materialismo, a alma volta mais uma vez à luz. Camada após camada de materialidade e egoísmo é posta de lado quando a natureza verdadeira começa a afirmar-se, instando com a alma e com o espírito que se transformem no ser radiante pretendido por Deus.

Os talentos de que foi dotado o filho de Deus enviado à sua jornada desde o coração do Logos não estão sepultados para sempre, pois é aprendendo a usar esses talentos que a alma avança através das esferas de luz — esferas de luz que não estão necessariamente fora do alcance do homem na Terra, uma vez que, como já dissemos, vocês podem entrar em contato com elas até mesmo vivendo num corpo físico. É tudo uma questão de evolução. O homem suficientemente despertado, que lançou de si diversas camadas da mente e dos hábitos terrenos, que já não está preso a instintos animais, começa a tomar consciência de mundos interiores de luz e beleza, até então nunca sonhados. Nesse momento, ele é consumido por um grande anseio — o anseio de servir a Deus, pois o despertar lhe trouxe um vislumbre da glória do Grande Espírito Branco.

Então, fica sabendo, pois o espírito fala agora claramente dentro dele, que só servindo pode realmente adorar. Sabendo que, se quiser alcançar o Divino, terá de ajudar as hostes de anjos em seu trabalho. Em outras palavras, será preciso que ele sirva à causa da fraternidade, da evolução, reconhecendo todos os homens como irmãos, ciente de que o seu semelhante ao lado, empenhado na mesma busca palmilha o mesmíssimo caminho. E, assim, lança-se à frente, identificado com o grande exército dos iluminados. Já não tem vontade de empurrar seu irmão para baixo d'água enquanto nada, porque sabe, afinal, que o outro está preso a ele pelas próprias cordas do espírito e que, se seu irmão afundar, ele inevitavelmente afundará também. Pela mesma lei, se um país abusar de um país vizinho, acabará caindo com o vizinho.

Assim é que a Luz revela a uma alma a realidade da fraternidade do homem.

Com a aurora dessa compreensão, toda ambição e todo desejo egoísta é, por fim, lançado fora, e a alma passa a conservar um pensamento, um ideal — o bem comum de todos. Ouvindo isso, vocês poderão perguntar: "Mas, White Eagle, isso acaso não significa absorção, extinção pessoal?" Não, isso não significa absorção do ego individual, mas apenas expansão. Quando o homem se entrega, dando tudo por todos, em vez de perder ganha o mundo inteiro, pois se expande na consciência cósmica, alcança até a consciência de Cristo; identifica-se com a Grande Luz Branca, identifica-se com toda a criação.

Se se deixar que esse homem volte o rosto para as esferas de luz (que tanto estão dentro dele como fora), ele passa a ser um "visionário", um "vidente". Livre do embotamento da mente inferior, sua visão se aviva, sua audição fica mais aguda; penetra esferas desconhecidas, capta em seu receptor sensível ondas de som e de luz que nenhum instrumento material registra. Mais sensível, ele registra as ondas de luz e de som e se conscientiza de um mundo novo. Sua alma se parece com a borboleta que emerge da crisálida. Não suponha nunca que uma aurora tão gloriosa só acontece quando deixamos a carne, pois já que essas glórias são do espírito, quando o seu estiver suficientemente afinado com a Luz de Cristo, vocês serão capazes de registrar e contemplar mundos até então invisíveis.

Vocês, por exemplo, terão consciência da vida no reino da natureza, das correntes de vida paralelas à linha humana de evolução, que trabalham com ela; terão consciência das fadas, como vocês as chamam, que não existem apenas nos livros ilustrados infantis, mas são reais e têm o seu próprio propósito no plano da evolução. Elas estão atarefadas transportando forças vitais para alimentar plantas e árvores. Se os olhos humanos estiverem abertos, verão algumas divertindo-se, correndo, dando cambalhotas, agitando-se, caindo alegremente na água; são os reluzentes espíritos da água; verão sílfides ou espíritos do ar em pleno vôo; ou verão, no fogo, os espíritos do fogo, as salamandras.

Todas as manifestações de vida têm dentro de si uma contrapartida espiritual. Não sejam ambiciosos, meus queridos — por que seria o homem a única manifestação espiritual no plano terrestre, e todas as outras formas meras cascas vazias? Não, se acreditam que o homem é espírito vestido de carne, terão também de conceber um reino da natureza, fervilhante de vida invisível.

Alguns desses espíritos da natureza evoluirão finalmente para o plano angélico e seguirão uma linha de evolução paralela à dos humanos. E assim como o humano se tornará divino, assim certos espíritos da natureza também evoluirão e deixarão de ser gnomos, fadas e duendes para se tornarem formas angélicas. Com a forma angélica desempenham um grande papel na vida humana. Vocês talvez confundam o espírito humano com o espírito do anjo. Não se enganem! Os anjos provêm de uma linha de evolução diferente da que segue a espécie humana, embora paralela à linha humana e, intimamente ligados ao homem, ajudam nos seus trabalhos e na sua vida na Terra. O homem sempre andou na Terra com os anjos; a raça humana, quer ela saiba ou não, vive o tempo todo sob a guarda dos anjos de Deus. Talvez os fortaleça e conforte saber que nenhum de vocês percorre sozinho o caminho da vida; pois desde o instante do nascimento até o da morte física, vocês são protegidos por um anjo escalado para essa tarefa. Entretanto, o anjo da guarda *não* é o guia. O guia é de origem humana, o anjo da guarda é angélico. Chamaremos ao anjo da guarda de o guardião da lei, custódio da lei cármica que governa toda a vida? Não nos fala a Bíblia de um anjo cuja função é fazer registros? Neste século progressista vocês puseram de lado essa idéia como se fosse uma tolice. Acreditem em nós, filhos amados, esse anjo é uma realidade, se bem que não seja no sentido cru defendido pelo antigo ensinamento. O guardião da lei vigia, registra e guia o trabalho externo da lei cármica, ou lei de causa e efeito.

A idéia de anjos como seres alados não está longe da verdade. Vivendo num estado de semi-escuridão, aprisionado na carne, o homem não pode ter senão uma idéia muito acanhada da glória de um anjo. Uma luz indescritivelmente brilhante se ergue do topo da cabeça de um desses seres e circunda-lhes a forma, numa radiância que pode ser vista como asas de luz. Os grandes anjos que se acercam dos homens em missão especial, procedentes do chamado círculo de Cristo nos céus, são todos assim iluminados. Falamos com conhecimento de causa quando dizemos que, por trás do véu escuro da materialidade, os anjos do céu se empenham para ajudar as almas dos homens.

Quando Pedro, o apóstolo, foi aprisionado, Deus mandou um anjo assisti-lo, e as correntes que o prendiam caíram por terra. Em seguida, o anjo tocou-o e ordenou: "Segue-me", e o apóstolo o seguiu, obediente. Vocês também precisam aprender a estar alertas e prontos para seguir o anjo do Senhor, para obedecerem à voz da verdade. Então, como Pedro, vocês serão libertados da prisão terrena, e se verão num mundo de liberdade.

Os seres angélicos de que falamos nunca passaram pela encarnação humana e são incapazes de aproximar-se muito dos homens enquanto estes não tiverem aprendido a controlar suas emoções; mas quando as emoções e paixões tiverem sido silenciadas e disciplinadas, e reinar a paz do Cristo interior, os anjos guardiões poderão, de fato, chegar bem perto e proteger, guiar e iluminar a vida humana. Oh, se apenas pudéssemos fazê-los compreender e entender a beleza e a ajuda que o homem pode receber e receberá (algum dia, quando os seus olhos se abrirem) desses seres angélicos, cuja finalidade é ajudá-lo no caminho da evolução e no serviço que ele presta ao seu irmão!

Agora, amados irmãos, Deus os abençoe e lhes dê o poder de se apossar da glória do Seu universo. Possam vocês adiantar-se no caminho do dever diário, seguros do companheirismo e do amor dos anjos e de sua íntima cooperação e orientação. Possam vocês encontrar assim a paz eterna que encontra a alma que está livre dos medos da servidão terrena.

CAPÍTULO 3

O Trabalho das Hierarquias Angélicas

Muitos de vocês têm consciência do amor e da orientação de amigos e professores que se misturam com a humanidade para servi-la. Poucos, porém, percebem a grandeza e o número das hostes celestes preocupadas com a vida no plano da Terra. Vocês devem ter ouvido falar vagamente em devas e anjos, e perguntam a si mesmos se eles existem mesmo e qual é o seu trabalho. Vocês devem ter ouvido falar também da hierarquia que dirige o plano da vida e o crescimento espiritual da espécie humana. Nesta noite, a pedido de vocês, tentaremos descrever essas duas hostes poderosas para que vocês possam ter uma visão mais ampla do plano da evolução.

No início, tenham sempre em mente que, de um lado, estão os Irmãos Superiores e os mestres da Grande Loja, interessados no *crescimento da consciência espiritual no homem.* Do outro lado, estão as hierarquias angélicas, que se interessam pela evolução e pela *construção da forma.*

Vocês verão assim que os anjos se preocupam com a construção de veículos ou formas em cada reino da vida; e, por outro lado, que os mestres e até seres maiores do que eles no além lidam com o crescimento da consciência de Deus no interior da forma. O plano da criação exige a mais estreita cooperação e entrelaçamento desses caminhos, e é impossível separar o angélico do humano. Diremos até que, em determinadas ocasiões, tendo evoluído a ponto de libertar-se da forma e da vida físicas, a alma humana entra na linha angélica da evolução a fim de trabalhar nela. Da mesma forma, os anjos, de quando em quando, são arrastados para uma íntima associação com a família humana.

Alguns de vocês hão de conhecer, por força, a crença que tinham os antigos na possibilidade de uma união entre os seres angélicos e um mortal. Não dizem as lendas do tempo do Rei Artur que Merlin era filho de uma união dessa natureza? Aí está uma ilustração do que queremos dizer, isto é, que esses seres imortais podem misturar-se com os homens para um desígnio especial. Mas isso só se aplica aos que têm uma missão elevada e particular.

Este mundo é muito escuro comparado com os reinos de luz e beleza que existem além da Terra. Ninguém pode fazer idéia da grandeza e beleza do plano infinito, nem imagina a vida que evolui em outros planetas, estreitamente ligada à criação e evolução da Terra. Desses planetas espirituais ou, como lhes chamam alguns, "planetas sagrados", vêm anjos para ajudar na construção da forma na Terra.

Seres angélicos vieram à Terra, procedentes de Vênus, a fim de auxiliar no princípio do planeta Terra e na criação da vida da forma. Com o passar do tempo, vieram também à Terra seres *humanos* que, tendo atingido certa fase no caminho da evolução em outros planeta, estavam mais adiantados que as almas que então encarnavam neste planeta. Essas almas mais evoluídas favoreceram as mais jovens. Surgiram assim os dois tipos de seres interessados na criação da vida terrena: os anjos, ou grandes seres planetários, aos quais podemos nos referir como Deuses; e os adiantados na evolução humana — os homens de Deus.

Já nos referimos muitas vezes aos Três, que sempre existiram desde o começo, que estão interessados apenas neste sistema solar e na evolução do planeta Terra, e são compreendidos mais facilmente como os três aspectos: Sabedoria, Amor e Poder. São esses os Três de que procede toda a vida — os três primeiros ou maiores Raios de vida. Num desses Raios vem a linha angélica de serviço, preocupada com a vida da forma em *todos* os reinos.

Pois a vida, a vibração e até o crescimento existem tanto no reino mineral quanto no animal. Os chamados "elementais" trabalham no interior do mineral sob a direção de anjos, e cada qual favorece, à sua maneira particular, o crescimento e a evolução do mineral e da pedra. São instrumentos dos planos invisíveis destinados a transportar a energia vital. Essas formas minúsculas de vida no reino mineral conduzem as sutilezas mais delicadas da vida e do crescimento.

O mesmo acontece no reino vegetal. Vocês que gostam de cultivar flores, sabendo que a influência planetária influi no crescimento delas e das ervas, podem fazer muito ajudando os espíritos da natureza e as fadas em seu trabalho. Eles vêm diretamente sob a influência de seres angélicos, que zelam pelo crescimento e pelo desenvolvimento da forma sobre a Terra. Grandes avanços ocorrerão quando o agricultor e o jardineiro compreenderem a influência dos planetas sobre as plantas. É perfeitamente possível que o jardineiro ou o agricultor se afinem de tal modo com os anjos e com o reino das fadas que venham a trabalhar em cooperação e parceria com eles para produzir os resultados mais elevados e melhores.

Gostaríamos de enfatizar a sabedoria dos grandes, os Irmãos Superiores que se interessam pela vida na Terra. Vocês são testemunhas das condições caóticas do mundo; notam que a vida humana parece sacudida pela tempestade e põem-se a imaginar qual será o fim de tudo isso. Por trás de cada departamento da vida humana, por trás de estadistas e governos, há mentes maiores que trabalham para a evolução da raça. E quando vocês virem o que se lhes afigura uma catástrofe, não se esqueçam de que mesmo nisso o mestre trabalha, como o jardineiro com a sua podadeira e, embora vocês possam sentir uma grande compaixão pelos que sofrem, lembrem-se de que os mestres e os anjos sentem por eles uma compaixão e um amor muito mais profundos do que vocês podem supor. Portanto, fiquem em paz, reconhecendo sempre a organização angélica por trás dos bastidores, que trabalha sem cessar para conduzir a raça à perfeição.

Certa linha da criação angélica ocupa-se simplesmente com a alma das coisas, com os atributos não só da alma dos homens como também da alma do universo. Os atributos divinos, como o amor, são servidos pelos anjos do Amor; a verdade divina, pelos anjos da Verdade; a misericórdia divina, pelos anjos da Misericórdia. Esses anjos, na verdade, são criados com os atributos da alma e assumem, às vezes, a forma humana ou, pelo menos, o rosto humano. Nisto há uma grande verdade: Deus fez o homem à Sua própria imagem. Tudo faz crer que a forma humana é uma forma ideal através da qual Deus se manifesta na Terra, e a humanidade testemunhou a sua mais perfeita manifestação em Cristo como a *ideação* mais alta de Deus no homem e em todos nós. Toda forma no reino da natureza, no mundo angélico e até nos seres planetários, até certo ponto, assume essa forma.

Oh meus irmãos! Se a humanidade pudesse ao menos compreender o quanto isso é importante — que o homem e a mulher tenham sido criados à imagem do divino Deus Pai e do divino Deus Mãe! Vocês não reconhecem a importância da divindade inata da humanidade? Lembrem-se disso quando olharem para a degradação aparente da humanidade e, em vez de condenar, adorem a imagem divina em seu irmão e irmã.

Um dos mais antigos símbolos descobertos nos entalhes feitos na pedra em todo o mundo antigo é a cruz dentro do círculo, símbolo do homem dentro do universo movendo-se em direção dos outros para se doar; ele é símbolo do homem-Cristo, do homem que se fez perfeito, numa atitude de entrega e doação completas, dentro do círculo do amor universal; e no seu coração floresce a rosa do amor. Mas por trás da cruz há também as quatro divisões, que representam os quatro grandes deuses ou anjos dos quatro elementos.

Esses são os quatro integrantes da hierarquia angélica à testa do plano de evolução deste mundo, quatro grandes Senhores do Carma.

Debaixo dos grandes Senhores do Carma há outros grupos, que descem na escala da evolução, como a humanidade. Há Senhores do Carma do mundo, ou carma nacional, do carma de grupo e do carma individual. Os grandes têm a seus cuidados e submetida à sua vontade, sabedoria e poder, a própria crosta da Terra. Os cientistas acham que tudo é governado por leis naturais. E, com efeito, isso é assim mesmo, mas não é toda a verdade; há uma Inteligência em ação por trás da operação da lei natural e por trás dos acontecimentos e catástrofes que se verificam. Esses sucessos ocorrem pela sabedoria e pela vontade dos Senhores do Carma — o jardineiro com a podadeira, e fazem parte de um vasto plano que visa ao crescimento e desenvolvimento da alma humana, cobrindo enormes períodos de tempo.

Com relação a isso, gostaríamos de explicar que os anjos presentes nas cerimônias de cura não se preocupam unicamente com esta vida, com a cura de alguma moléstia especial. Eles sentem amor e compaixão pelos irmãos menores mas, por trás de toda ajuda individual está sempre o plano maior e mais amplo de construção. Quando ajudam a purificar e aperfeiçoar o corpo físico, os anjos fazem mais do que isso; criam, tecem no interior dos veículos mais sutis e no interior da forma física real, forças de luz e poder espiritual destinadas, lenta mas seguramente, a criar e preparar a forma humana para a próxima raça.

Vocês estão vendo quanto é belo o plano para o desenvolvimento e evolução da vida do homem sobre a Terra?

Nunca incidam no erro de pensar que a família humana é a única linha de vida, nem a mais aprimorada. Ao mesmo tempo, compreendam que em eras vindouras, em algum futuro inimaginável, *vocês,* o modesto sr. Brown e a modesta sra. Smith, poderão vir a ser homens de Deus, trabalhando com os anjos para criar uma vida mais perfeita em outro planeta. Que visão de progressão eterna se desdobra diante de vocês! Por isso afirmamos: não percam a oportunidade de elevar e despertar a sua alma, de modo que ela partilhe com os anjos um futuro ainda não sonhado.

CAPÍTULO 4

Anjos da Luz e das Trevas

Há dois aspectos da vida que são chamados respectivamente o bem e o mal. Do lado do bem, muitos seres trabalham sob a direção do nosso Senhor e Mestre Cristo. Do outro lado, o do mal, hostes de anjos das trevas, a despeito de seu trabalho ser diferente do trabalho dos anjos de luz, continuam atuando segundo a lei do cosmo, a lei de Deus. Se vocês aceitarem Deus como um Pai de poder infinito, terão de reconhecer que o que se denomina mal (ou o que ocorre na esfera dos anjos das trevas e da destruição) ainda está nas mãos e sob o controle do Poder Infinito. De outro modo, seria o caos absoluto; vocês não teriam fé, nem confiança, nem crença no amor divino pregado à humanidade por intermédio dos ensinamentos das escolas de mistério, as quais por sua vez, alimentaram as religiões em todo o correr dos séculos. Sempre tem sido revelado ao discípulo verdadeiro do mestre um amor infinito, orientador, protetor, inspirador e que do caos aparente extrai o bem.

Mas de certo, dirão vocês, se há anjos da luz e anjos das trevas que trabalham constantemente, isso não quer dizer que o conflito nunca terá fim? Tudo depende da nossa concepção da luz e das trevas. Não lhes parece que estamos muito inclinados a dar uma ênfase excessiva às trevas como alguma coisa *oposta* à luz? Quando nos elevamos em espírito acima do nível da Terra nos surpreendemos ao saber que a luz e as trevas são, em realidade, uma só, que o conflito cessa e a harmonia reina, suprema, porque a luz e as trevas são reflexos uma da outra. A vida não prossegue sem as trevas, que é necessária à evolução, e proporciona o aspecto negativo para destacar o positivo.

Mas vocês não se contentarão com isso! E insistirão: "Existem, *de fato*, anjos e forças das trevas? Deus, o criador, é também Deus, o destruidor?" Num certo sentido, sim. O Deus das trevas pode ser comparado ao Shiva dos hindus — o destruidor; mas esse elemento destrutivo revela-se, na verdade, construtivo; o destruidor que elimina crescimentos não desejados está, com efeito, preparando o caminho da reconstrução, da recriação. Os anjos das trevas, por conseguinte, têm o seu lugar no grande plano da evolução.

Gostaríamos de chamar-lhes a atenção para a importância do equilíbrio. Esses dois aspectos, a luz e a escuridão, o positivo e o negativo, trabalham juntos para produzir o equilíbrio, que é uma das leis fundamentais da vida. O resultado final é o equilíbrio absoluto e perfeito dentro do microcosmo, dentro do Macrocosmo. Desse modo, vistos do mais alto estado de consciência, os dois aspectos da vida, o bem e o mal, são duas forças que trabalham juntas para produzir a vida perfeita e para produzir na vida individual o poder da maestria. No seu devido tempo, todos os homens compreenderão como se combinam as forças positivas e negativas e como se misturam perfeitamente, para trabalhar juntas e trazer a idade de ouro.

Precisamos deixar uma coisa firme e claramente estabelecida em nossa mente: enquanto os anjos da luz trabalham sob o comando supremo do Senhor e Mestre da Luz, que é Cristo, o Filho, os anjos das trevas trabalham dentro da lei, sob o comando de Deus. Mas o trabalho destes complementa o trabalho daqueles. Essas duas forças tocam de leve a humanidade com o propósito definido de produzir a evolução, de dar ao homem a consciência de sua própria divindade inata. Pois, no princípio, o espírito humano, a centelha individual da vida divina, foi soprada por Deus para descer pelas muitas fases da vida até se vestir de matéria com a finalidade de aprender a controlar a matéria e deixar que a centelha da divindade inconsciente cresça e se transforme num ser consciente de Deus. Vocês têm um exemplo do homem aperfeiçoado na consciência divina em Jesus, o Cristo.

Antes de a humanidade ser dirigida para o caminho da experiência terrena, seres avançados vieram a este planeta para ajudar os humanos a estabelecer-se na Terra. Ajudando também nessa tarefa havia anjos da luz e anjos das sombras, principados e potestades tanto do bem como do mal. Deixem-nos expor de outra maneira a última sentença, dizendo: "anjos *na* luz e anjos *nas* sombras, anjos que servem à luz e anjos que servem às trevas." Os anjos da luz (ou "bons") representam as forças da construção: os das sombras (ou "maus") representam as forças necessárias da destruição — necessárias por estarem sempre em ação, desbastando os aspectos da vida e do pensamento individuais e coletivos que excederam sua própria utilidade. Não pensem, portanto, nos anjos da luz e das trevas como adversários constantemente em guerra, mas como um ser que serve de complemento ao outro. Tampouco subestimem o poder desses seres, visto que os dois aspectos da vida angélica trabalham continuamente, geração após geração, ciclo após ciclo da humanidade terrena, assistindo o crescimento e destruindo o que é indigno no homem.

Acode-lhes, então, à mente a pergunta: Podem os anjos das trevas, forças angélicas que talvez ainda não estejam plenamente conscientes da luz, do poder e da sabedoria do Altíssimo, triunfar sobre os anjos da luz e, por esse modo, causar a destruição da humanidade? Nossa resposta é não. Os anjos das trevas podem chegar a esse ponto mas não podem ir adiante, porque, nesse caso, se veriam presos a uma lei cósmica que os tornaria impotentes. Deus não permite que o universo Lhe escape das mãos. Nada pode acontecer fora da vontade de Deus.

Dois caminhos se oferecem ao homem na Terra, e ele escolhe o que há de seguir. De um lado, pode trabalhar em harmonia com a lei cósmica; o homem que atingiu a visão dos mistérios celestiais trabalha sempre em harmonia com a lei cósmica, com a lei do amor. Por outro lado, o que ainda se acha em estado de escuridão, trabalha, embora inconscientemente, contra a lei cósmica. Por isso se cerca, encarnação após encarnação, de sofrimento. Mas assim que aprende a viver e a trabalhar em harmonia com a lei divina e a entregar-se confiadamente a Deus — ele alcança a felicidade. Os anjos da luz trabalham com ele, e ele com eles e, juntos, homem e anjo, estão aptos a ajudar o resto da humanidade a desenvolver a consciência de Deus.

Lembrem-se, pois, de que assim como há presenças invisíveis, seres invisíveis, há também em cada homem, ao mesmo tempo, o positivo e o negativo, o branco e o preto. O que não se deve esquecer é que a humanidade conserva dentro do coração o equilíbrio. É importantíssimo manter o equilíbrio entre o positivo e o negativo. O pensamento negativo pode inclinar demais a balança para o lado escuro. São necessários os bons pensamentos positivos para manter o equilíbrio tal como ele deve ser mantido no seu mundo. Os seres invisíveis, atraídos para a humanidade a fim de favorecer a evolução humana, extraem da humanidade o seu traço predominante. A lei é o equilíbrio.

Gostaríamos de proporcionar-lhes uma visão do arcanjo Miguel, de pé, em toda a sua glória solar, armado com a espada flamejante. Por que dizemos "glória solar"? Porque o arcanjo Miguel é um espírito solar, um mensageiro do sol, da esfera do Cristo Cósmico; e a espada que empunha é a da verdade espiritual, que Cristo, com efeito, coloca na mão de cada um dos seus seguidores; é a espada da verdade do espírito, ou do Filho de Deus, que mora no peito de cada ser humano. Essa espada guardará o homem em todas as crises de sua vida humana, permitindo que ele supere e ponha de lado cada obstáculo e cada inimigo. O arcanjo Miguel comanda as hostes, as forças da luz.

No início desta nova era de fraternidade, a nova era de Aquário com suas vastas potencialidades de destruição, mas também de progresso, é mister que todos aqueles que compreendem o poder da luz invoquem os anjos da luz e jurem fidelidade ao arcanjo Miguel e a todos os seus anjos, para que a luz branca mantenha o equilíbrio e leve a humanidade à era de ouro que está esperando para manifestar-se na Terra.

CAPÍTULO 5

Acompanhados pelos Anjos

Nós os saudamos, irmãos. Gostaríamos de trazer-lhes mais do que o nosso amor; gostaríamos de trazer-lhes sabedoria e um poder que os ajudasse a compreender a presença das hostes invisíveis de luz que agora auxiliam a humanidade. Lembrem-se de que, por mais insignificantes que possam considerar-se, vocês ainda podem ser um canal, um instrumento por cujo intermédio a luz de Cristo se manifesta. Vocês talvez tenham sido trazidos à condição atual a fim de poderem ser usados para servir. Por isso devem manter-se firmes e leais ao que sabem ser a verdade. A verdade é que a Grande Luz Branca de Cristo cura todos os conflitos e todos os males do corpo e da alma do homem. Além de curar o corpo físico do homem, ela é a grande força que dissolve todos os problemas e sofrimentos provocados pelo que vocês chamam de mal. O mal é o destruidor, mas a Luz é sempre a construtora, a edificadora; e vocês, que dão atenção às nossas palavras e as lêem, são chamados a servir, são convocados para a ação pelas hostes invisíveis.

"Mas como posso servir?" ouço-os perguntar. Exercitando-se para se tornarem *conscientes* da torrente de luz que vem de Deus e penetra no seu ser através dos centros psíquicos ou chakras. Vocês precisam tornar-se cada vez mais cientes da torrente de luz e vida que, circulando por todo o ser, vivifica e glorifica o corpo e a alma e, em seguida, dirigida pelo eu superior, passa adiante de vocês para curar os doentes da mente, do corpo e da alma, em todo o mundo.

Vocês precisam compreender que os anjos e os grandes seres espirituais precisam trabalhar através de canais humanos para construir poderes celestiais na consciência do homem. Isso é sabedoria antiga. Em razão da luz que desperta dentro da alma, os antigos tiveram consciência da terra da luz e de todas as melhores vibrações que lhes afetavam o corpo e a alma. Eles aprenderam a entrar em sintonia com a primeira grande Causa — o Sol; a entrar em harmonia com o Sol e com sua luz; e a desenvolver a atitude da mente que não desejava o mal de nenhum ser vivo. Desse modo, o discípulo se fez canal; absorveu a luz que lhe vivifica todo centro ou chakra do corpo e, por meio desses centros, entrou e iluminou os sete veículos do homem.

O número místico "sete" é fundamental não só para o corpo do homem, seu templo, mas para o universo inteiro. São sete os Raios de Vida dentro dos quais as criaturas vivem e têm o seu ser. À testa da cada Raio encontra-se um dos grandes

Mestres da Sabedoria; e por trás deles estão os anjos e arcanjos que circundam o trono de Deus. De cada Raio partem outros sete e de cada um desses últimos partem mais sete, de tal sorte que atrás e dentro do véu da vida física há inúmeras hostes de seres, não somente da linha humana de evolução, mas também da natural e angélica. A vida no interior de cada coisa que cresce é levada a manifestar-se, sustentada e alimentada por hostes sem conta.

Quando vocês erguem os olhos para o céu noturno, e contemplam as miríades de estrelas, imaginam estar olhando para um universo inteiro — mas nada sabem da vida invisível que há dentro desse universo. Os olhos físicos não vêem nem o cérebro físico abrange a imensidão do universo invisível. No entanto, se vocês estiverem aprendendo a entrar no silêncio do próprio templo do seu coração, poderão começar a compreender e a ter consciência do vasto universo invisível.

Se forem passear no jardim nesse estado de silêncio interior, vocês se darão conta da presença de outras criaturas, fora o homem, fora o mundo animal e o mundo vegetal. Silenciem; recolham-se ao seu templo de silêncio. Ainda que só por um instante, verão inúmeros pequenos espíritos da natureza, fadas das flores, gnomos. Até as pedras são habitadas pelo povo etérico. De ordinário, todavia, só verão a forma exterior das flores. Se pararem para pensar começarão a imaginar sobre o modo como as flores são levadas a florir, o que produz o seu perfume, o que forma uma flor amarela, outra cor-de-rosa, e as folhas verdes. Que poder existe por trás de tudo isso?

Por trás de toda a natureza há seres, grandes e pequenos, que trabalham sob a direção e o controle de um anjo num dos sete Raios. O trabalho desses seres é comandado automaticamente pelo anjo do seu grupo — embora eles tenham capacidade de escolha e de amplitude, e estejam carregando, sem parar, a energia vital para embelezar a forma e cor das flores que vocês vêem.

Exatamente o mesmo processo tem lugar em cada departamento da vida. O seu corpo físico está entregue aos cuidados do que o seu psicólogo descreve como a mente instintiva, ou a que nos temos referido como a mente automática. O sono e a vigília são funções que continuam, controladas pela mente instintiva, que, por seu turno, *está sob o controle de um grande ser angélico.* Os anjos tomam conta de vocês desde o momento da concepção até o instante em que se corta o cordão de prata e vocês deixam o espiral moral, por um curto período de tempo, e vão buscar conforto nos mundos celestes.

Quando estiverem revigorados e perceberem que chegou a hora de voltarem à vinha, retornarão à encarnação a fim de fazerem mais algum trabalho, de trabalhar de novo no caminho espiritual. Escolherão a maneira de trabalhar, mas terão de viver sempre com este pensamento: "Vim à Terra para servir à vida, para servir ao grande plano da evolução da humanidade." Vocês vivem e se movimentam, têm o seu ser num universo espiritual e têm o seu papel para desempenhar nele.

Tentamos ajudá-los a aumentarem a percepção que vocês têm dos seres angélicos. Alguns lhes dão assistência para torná-los mais conscientes dos poderes gloriosos de que Deus os dotou e para se tornarem mais conscientes do poder do próprio Deus.

87

Outros estão trabalhando, construindo com o material que vocês lhes oferecem através dos seus pensamentos e aspirações.

Queremos que vocês compreendam que os pensamentos de vocês são atraídos, por atração magnética, para outras correntes de pensamentos, positivos ou negativos. Todos os seus pensamentos positivos — por isso subentendemos pensamentos edificantes, construtivos — juntam-se, pela lei da atração, às grandes correntes de bons pensamentos, os pensamentos da Luz Branca. Os negativos, maldosos ou cruéis são usados, por sua vez, para aumentar as grandes correntes das trevas. Quanta crueldade inconsciente existe! A falta de consideração causa muito sofrimento e, por conseguinte, é uma forma de crueldade. Por outro lado, a atenção e a bondade, seja qual for a forma que assumam, são uma contribuição à grande corrente de Luz Branca da qual depende a humanidade para a sua própria existência. Vocês podem contribuir para ela com seus próprios pensamentos; e tudo o que sonegam é roubado à vida da humanidade — ao *ar*, se preferirem.

Quanta responsabilidade têm os que conhecem essa verdade! Pensem nessas coisas e determinem-se, resolutos, a dar amor e luz ao grande oceano da vida. Decidam aqui e agora que nunca deixarão de oferecer o pensamento, a emoção e o sentimento corretos à vida e a todos os seus irmãos.

A Grande Loja Branca é feita de sete raios, sete cores, sete tons, sete grandes correntes de vida que permeiam e impregnam a Terra e os mundos acima, estendendo-se para ligar-se aos sete planetas em torno da Terra. Vocês encerram, no corpo, as vibrações correspondentes às de todos os sete raios; vocês encerram, em si mesmos, o universo inteiro. Em algum momento distante, muito distante, vocês se tornarão centros de Luz, exatamente como o próprio Deus. Hoje vocês são a menor das partículas; daqui a um tempo inimaginável serão um universo.

Não é a vida grandiosa e rica? Não vale todos os esforços no sentido de obter o domínio e usar os poderes dados por Deus? Nunca pensem que estão sozinhos, ou que podem viver só para vocês; pois em toda a parte à sua volta estão os grandes, não só do reino humano mas também do reino angélico.

No silêncio aspirem a tornar-se conscientes das presenças dos anjos; forcejem por ouvir-lhes a música do seu amor e ver-lhes a glória do vestuário. Possa a imaginação de vocês revelar-lhes a forma gloriosa do seu próprio anjo da guarda, o mensageiro enviado por Deus para ajudá-los em todas as experiências da vida na Terra. Pois cada um de vocês tem não somente um companheiro humano ou guia em espírito como também um anjo da guarda vindo de estados celestiais de vida, de estados divinos, incumbido de tomar conta de vocês. Muitas e muitas vezes, o anjo da guarda se aproxima, mas é só nos momentos de tranqüilidade que a alma se mostra receptiva ao ministério dos anjos. Muitas vezes vocês estão tão preocupados com o mundo e consigo mesmos que se mostram surdos às advertências do anjo da guarda.

Está visto que foi dado ao homem o livre-arbítrio para escolher. Toda vez que ele responde a um impulso bom, a um impulso espiritual, recebe a ajuda do anjo da guarda. Nenhum esforço que vocês façam para chegar mais alto, para responder à influência superior, é perdido; lembrem-se, porém, de que, na medida em que a alma seguir as influências celestiais e, por esse modo, avançar em sua caminhada, ela se verá diante dos problemas humanos e das dificuldades das relações humanas. O homem reage às relações humanas guiado pelo impulso espiritual superior ou pelos instintos do eu inferior. Se seguir o impulso espiritual superior, a luz pura do céu o ajudará a ser bom, tolerante, paciente e fiel — todas as qualidades de que a alma precisa para torna-se, com o tempo, a filha perfeita de Deus; mas tudo isso terá de ser por decisão dele, por seu próprio livre-arbítrio.

Queremos que vocês reconheçam os dois aspectos — a orientação angélica, o auxílio angélico; e a orientação humana, o auxílio humano — em que o principal ator é o homem, porque só ele pode aceitar ou rejeitar o mencionado auxílio. O anjo da guarda é o auxiliador da alma, *quando esta deseja ser auxiliada*, que a orienta e revigora.

Todos os acontecimentos importantes na vida de um homem são atendidos por anjos. O anjo da guarda, assim como a forma, a influência da Mãe Divina, está sempre presente por ocasião do nascimento. Esse anjo cuida sempre da reencarnação da alma, e o amor da Mãe Divina ajuda o processo do nascimento físico. O nascimento até da menor das criaturas é a manifestação celeste de um poder invisível e é ajudado por anjos.

Vocês talvez não se dêem conta do que está sendo criado quando ouvem uma bela música. Vocês amam a harmonia; apreciam a música e o ritmo com a mente, mas a música faz algo mais; afeta todo o seu ser. Poucos percebem a influência da música sobre a alma, atraindo para o ouvinte os Anjos da Música, que têm um trabalho para fazer na evolução do homem.

No mundo todo vibram sete tons ligados aos raios de cor equivalentes, e cada qual aliado a um grande Anjo da Música. Poderemos, por um momento, transferi-los para a esfera da música em pensamento? Vocês podem fechar os olhos, imaginar-se elevados a uma esfera de harmonia perfeita, ouvindo uma música divina tocada como que por uma grande orquestra de anjos e ver, entremisturadas com formas angélicas, as cores mais divinas reveladas, vibrantes e realmente criadoras de vida.

Os Anjos da Música chegam bem perto dos que os chamam. Quando vocês descobrem como chamar esses seres angélicos, eles podem derramar em vocês o poder criativo, permitindo-lhes expressar mais prontamente a música de sua alma. Vale o mesmo para a literatura e a pintura, bem como para qualquer arte criativa.

Os anjos também se aproximam quando o ritual é executado com perfeição. Estamos falando, naturalmente, do ritual branco e puro. Os Anjos do Cerimonial e do Ritual vêm assistir na edificação do poder em grandes cerimônias. Trabalham com os éteres mais altos e mais finos, imprimindo-lhes a forma e trazendo beleza à humanidade desde as esferas criativas da vida. Alguns de vocês podem ter visto realmente os Anjos do Cerimonial distribuindo poder às almas expectantes dos homens. No cerimonial da Igreja, por exemplo, estão presentes um anjo ou anjos que, desconhecidos da congregação que espera, reúnem o poder e o dirigem e usam de acordo com a lei divina.

Numa cerimônia de casamento, quando há uma aspiração espiritual verdadeira e se executa um ritual espiritual e correto (o qual, sem dúvida, se verifica tanto na alma quanto no plano exterior), os anjos também se aproximam.

E também existem os Anjos da Cura. Em cada sala de cura está presente um Anjo da Cura. Se vocês entrarem num santuário consagrado e abençoado por esses seres angélicos, e olharem com os olhos interiores abertos, verão uma forma de anjo, com os braços cruzados como se estivesse descansando, montando guarda ao local sagrado. Os Anjos da Cura transportam e distribuem o poder de cura pois têm um conhecimento interior que a mente humana é incapaz de captar e usar. Não cismem com a idéia de que nos seus contatos com o invisível vocês encontram apenas almas *humanas* desencarnadas. Quando vocês ministram uma cura, os rios cósmicos de cor e de luz são atraídos pelos anjos e dirigidos para o paciente, e a distribuição, a direção, a infusão desses raios invisíveis de poder de cura são deveras maravilhosas e interessantes. O agente de cura sente o poder de certos raios que lhe passam pelas mãos — sente alguma coisa, embora não saiba o que é, e acha que está sendo usado pelo seu guia. Sim, pode ser que seja assim, mas se ele tivesse os olhos abertos, veria o Anjo da Cura, do qual emanam os raios.

Os Anjos da Cura trabalham com o raio de Cristo, sob o comando do Mestre Jesus. Cheios de compaixão, são radiosos à vista. Alguns ostentam vestes de uma só cor, outros exibem trajes de muitas cores. Às vezes, um grupo vem num único raio de cor e, não raro, o grupo traja branco puro e traz consigo uma harmonia e um perfume indescritíveis.

Tentem visualizar um grande raio de luz que desce, cheio de formas angélicas — um raio de ouro, um raio de luz rosa, um raio de suave ametista, um raio de amarelo intenso, todas as cores mais puras do espectro. Visualize nesses raios formas sem conta, cada qual com a aparência de um rosto humano, anjos servidores que trabalham com os raios cósmicos a fim de trazer luz de cura e conforto para a alma e o corpo do homem.

Quando se pratica a cura a distância, estabelece-se um contato quando se pronuncia o nome do paciente. O homem pensa sempre em termos de espaço, mas no mundo da alma não há separação pela distância. Feito o contato com o paciente, este já está *lá*, no meio deles. Os anjos vêem exatamente o que está errado; os circunstantes também concorrem com a sua energia, concentrando-se, digamos, no raio violeta, mas não têm muita certeza do matiz exato. Que acontece? Sábios como são, os anjos tiram de cada circunstante um pouco da cor de que precisam, misturam tudo, e dirigem para o paciente exatamente o raio que ele pode suportar, nem mais nem menos. Os anjos manipulam e usam a substância de cura que vocês lhes dão, tirada da sua mente e do seu coração.

Esse trabalho de cura é importantíssimo pois, ao trabalhar com os anjos, ao preparar o canal, ao ceder-lhes as vibrações necessárias do pensamento, vocês estão ajudando não só esse paciente, mas também toda a evolução da humanidade.

Finalmente, chega o momento em que o homem tem de "morrer", como vocês dizem. Claro está que o homem verdadeiro nunca morre; o espírito e a alma que o veste, são retirados suavemente, passam pela cabeça e largam o corpo físico como uma concha vazia. Mais uma vez no estado celestial, os anjos aguardam o momento de receber a alma recém-nascida. O Anjo da Morte está presente em cada falecimento, seja qual for a maneira que isso ocorreu. Apanhada pelo anjo, a alma é delicadamente levada para a vida do espírito. De ordinário, a alma recém-nascida é como um bebê, pois a passagem do estado físico para o estado seguinte é semelhante ao nascimento na vida física; uma pequena forma é construída acima do corpo físico que está morrendo e é envolvida pelo amor do Anjo da Morte. Envolta no manto reconfortante do Anjo da Morte, levam-na para o seu novo estado de vida, onde a esperam outros anjos que a ajudam e, aos poucos, a despertam para a consciência da nova vida. Às vezes, a morte pode parecer acidental para vocês, mas não para os grandes, os Senhores do carma, que sabem com precisão quando ela se avizinha e se preparam de acordo com cada caso.

O Anjo da Morte não é um espectro horrível como se imagina, nem mesmo frio e cruel. Arranquem o véu do Anjo da Morte e verão um rosto de inefável misericórdia, piedade e amor.

Gostaríamos que vocês compreendessem que toda vida se conserva no amor de Deus, e que todos os acontecimentos importantes da vida do homem são preparados. Gostaríamos que vocês pensassem no Grande Espírito Branco como Alguém que nunca deixa de amá-los. Lembrem-se sempre, filhos, de que Deus, o Deus de vocês é a um só tempo Pai e Mãe e nunca, nunca os abandonará. Jesus disse: "Até os cabelos de vossa cabeça estão numerados", e disse também: "Nenhum pardal cai ao chão sem que o vosso Pai no céu..." Vocês são mantidos em estreito contato com o Seu amor e estão aos cuidados dos Seus anjos servidores. Peçam, procurem e receberão em medida plena bênçãos espirituais e físicas, pois essa é a Lei Divina em ação. A Lei Divina não falha jamais.

CAPÍTULO 6

O Reino das Fadas

Talvez pareça estranho a alguns, para os quais até a idéia da existência da alma humana além da morte é nova e apenas aceitável, ouvirem falar numa vasta companhia de seres não-humanos cuja vida interpenetra a vida terrena e que ajudam na execução do grande plano de evolução espiritual. A vida invisível está por trás de toda manifestação física, desde o degrau mais baixo da vida, passando pelas esferas, até o mais alto. E essa vida invisível afeta não somente todas as formas vivas, como também está ligada à vida em outros planetas. Em toda a criação não existe o que se poderia denominar de genioso isolamento; na realidade, não há separação entre as várias formas de vida, pois todas são interdependentes e todas se fundem num conjunto harmonioso. Até o que parece ser um erro, o que a vocês se afigura como mau e destrutivo, serve a um propósito no grande plano, tem por trás de si o poder, a sabedoria e o amor de Deus que atua em todo o universo para extrair o bem do mal aparente, guiando e unificando todas as formas de vida, desde a menor até a maior.

Vocês todos estão familiarizados com os contos de fadas, que falam das criaturinhas que habitam as florestas, ou das sereias do mar. Dizem algumas pessoas que realmente viram formas etéricas montadas na espuma das ondas do oceano, e sabe-se até que essas formas foram fotografadas. Achamos que é legítimo dizer que as formas das fadas também foram fotografadas. Em todo o correr dos séculos as lendas populares e o folclore têm atestado a realidade das fadas, e quando nos aprofundarmos nesse tema vocês começarão a compreender o verdadeiro significado dessas histórias e o efeito real que os mundos invisíveis têm tido sobre a vida e o desenvolvimento espiritual do homem.

Essas pequenas criaturas devem ter sido vistas literalmente por milhares de pessoas ao longo dos séculos, pois as histórias sobre elas nos chegaram do Egito, da Índia, da China, da Grécia e especialmente da Escandinávia e do nosso próprio passado. Cada país do globo tem o seu folclore feérico, e a maioria dos contos relata praticamente a mesma história a respeito desses seres.

Vocês, na Grã-Bretanha, devem muito do seu folclore e de seus contos de fadas à Escandinávia ou aos países setentrionais da Europa. Pensem nisso, porque do Norte vem também uma herança de grande conhecimento espiritual. Quando grande parte da Terra se achava mergulhada na escuridão, muitos séculos atrás, e homens sábios se retiraram para viver nos países hiperbóreos ou nórdicos. Esse fato também tinha um significado místico, que não aprofundaremos aqui, mas queremos deixar claro que o homem herdou do Norte uma riqueza de conhecimentos espirituais envoltos em folclore, contos de fadas e ensinamentos de antigos rituais.

Alguns de vocês estavam curiosos por saber que nível ou em que grau vivem os espíritos da natureza. Gostaríamos de explicar que os seres do reino natural se materializam ou tomam forma no éter. Vocês já conhecem os quatro elementos, vale dizer, a Terra, o Ar, o Fogo e a Água; e, dentro desses quatro elementos, difundindo-se por elas, há um éter mais fino do que o ar. O ar que vocês respiram pode ser registrado, pesado, analisado, mas há também o "ar" composto de um éter mais sutil. O mesmo sucede com a água, com o fogo e com a terra. Espalhando-se pela substância física de cada elemento existe um éter mais sutil, do qual são criados os espíritos da natureza, de modo que eles pertencem ao mundo etérico em que vivem e de que provêm.

Vocês olham para as flores, aspiram-lhes o perfume e exclamam: "Que beleza!" Mas já pensaram, porventura, no que há por trás e dentro das flores? Vocês dizem que são manifestações do amor de Deus. É claro — toda vida é uma manifestação do amor de Deus. Mas como surgiu essa manifestação? Por que processo espiritual a flor tomou forma — haverá, por acaso, um exército de servidores invisíveis que ajudam a dar forma às manifestações do amor de Deus? Dizem vocês: "Deus criou o mundo; Ele criou o homem." Sim, mas Ele precisa de milhões de trabalhadores para executar a Sua vontade. Deus é o Grande Arquiteto, mas tem uma miríade de operários, que vão desde o mais insignificante até o mais elevado.

Antes de descrevermos o trabalho desses pequenos espíritos, queremos estabelecer uma diferença entre os espíritos da natureza dos quatro elementos e os chamados "elementais", criados, *pelo pensamento,* da essência elemental. Existem muitos elementais moldados e criados pelo pensamento. Isso talvez os ajude a compreender a importância do pensamento do homem. Vocês mal sabem o que criam por meio de pensamentos impuros e violentos, ou por meio de pensamentos de medo e depressão. As pessoas, às vezes, dizem que têm tido espíritos indesejáveis à sua volta e é difícil para nós explicar que esses espíritos indesejáveis não passam de criações dos seus próprios pensamentos.

Os espíritos conhecidos como fadas — pequenos espíritos feéricos que trabalham no seu jardim, habitualmente não tomam conhecimento dos humanos, mas são afetados pelos pensamentos harmoniosos e afetuosos dirigidos a eles. Dessa maneira, um ser humano pode conquistar o amor dessas criaturinhas, tão empenhadas em trabalhar, por trás dos bastidores, com a essência da vida espiritual das flores, das plantas e das árvores. As criaturas etéricas assumem várias formas, mas costumam ter alguma aparência humana e são, em geral, aladas. Podem ser, de fato, minúsculas, ou de tamanho considerável, de acordo com o trabalho determinado que têm de realizar, e podem ser vistas pelo clarividente em qualquer jardim, nas matas, na água e, às vezes, na lareira doméstica. Estas últimas são pequenos espíritos do fogo, ou salamandras; juntamente com qualquer outra criatura fádica, podem ser muito maldosas se forem provocadas — o que depende, em grande parte, do ser humano que

93

as atrai. Se vocês acreditarem nessas pequenas criaturas, se as amarem, se procurarem viver e trabalhar em harmonia com elas, essas criaturas os amarão e os servirão.

Existem, naturalmente, criaturas que servem o adepto da magia negra; mas não pertencem à categoria de que estamos tratando, quando desejamos apresentar apenas o lado belo e positivo do reino da natureza, embora, como já dissemos, todos estejam nas mãos de Deus.

Voltemos, porém, aos quatro elementos, por cujo intermédio estão representados os quatro tipos de espíritos da natureza. Os da *terra* são conhecidos por muito nomes, mas nós os agruparemos sob o título geral de gnomos. Aos do *ar* chamados sílfides, aos do *fogo*, salamandras, e aos da *água*, ondinas. Incluídas, todavia, nesses quatro grupos, trabalham muitas variações, muitas espécies diferentes de espíritos da natureza, cada qual com sua tarefa determinada.

Quase todos os espíritos da natureza têm poder para mudar de tamanho e de aparência praticamente à vontade. Às vezes, para um propósito específico, podem se avolumar, mas também podem reduzir o próprio tamanho; podem, na verdade, fazer quase tudo dentro do seu elemento, mas não podem mudar em outro elemento. Os gnomos, por exemplo, relacionados com a terra, não se fundem no ar, nem na água e nem no fogo. Vivem, se movimentam e nascem no interior do seu próprio éter, possivelmente no transcorrer de um milênio. Entretanto, não são imortais; e justamente nisso diferem do homem e da linha mais elevada de seres espirituais, ou da criação conhecida como a dos anjos. Os mensageiros angélicos que ajudam o homem e detêm o poder sobre os elementais são, com efeito, imortais, mas os pequenos espíritos da natureza, não. Quando o trabalho ou função das fadas se completa, passado algum tempo, elas serão de novo absorvidas pelo oceano da vida espiritual. Não permanecem individualizadas como o humano, nem seguem o mesmo padrão de crescimento.

Esses minúsculos espíritos da natureza não estão exatamente separados dos anjos. As pequeninas formas, que trabalham carregando energia vital para a planta, para a raiz e para a flor, têm para animá-las o poder do pensamento dos anjos inferiores, de modo que são, elas mesmas, formas-pensamento — algumas pessoas as chamam de "elementais"; e, como dizemos, quando o trabalho termina, elas desaparecem tranqüilamente. Mas nem todas as fadas pertencem a essa categoria, pois algumas, criações independentes de sua linha de evolução, fazem um trabalho ascendente para imergir por fim no reino dos anjos. É possível ajudar esses espíritos da natureza a seguir o caminho da evolução com o amor, a bondade e a afabilidade humanas.

Falamos agora dos gnomos. Na aparência, eles costumam ser parecidos com anõezinhos mas, como já dissemos, podem mudar de aspecto à vontade. Os gnomos vivem no interior da terra e estão ligados principalmente às pedras e aos veios minerais do interior da terra. Sabemos muito bem que os geólogos têm um explicação diferente, mas lembrem-se de que eles não conhecem toda a história. Nós afirmamos que os gnomos se interessam pelo elemento terra e pela formação e criação das pedras preciosas. Os contos de fadas que falam em gnomos com seus tesouros de jóias guardadas em cavernas, fundam-se na verdade. Esses lugares existem dentro da terra.

Existe outra espécie de criaturas, que se ocupam com a *superfície* da terra e que, segundo se sabe, habitam árvores, moitas, relvas e outras plantas. Vestem-se freqüentemente com os materiais que eles mesmos criam, também do éter terreno semifísico, em que existem. Os gnomos trazem amiúde longas barbas, capuz na cabeça, meias compridas e justas e vestem jaquetas ou túnicas, muitas vezes com uma faixa em torno da cintura.

Aqueles dentre vocês que já viram essas criaturinhas sabem que elas em geral são boas e amistosas para com os humanos, e os ajudam. Mas não cooperam com os humanos puramente egoístas e ficam muito zangadas com as pessoas que procuram abusar do poder das fadas. Reagem bem ao amor, de modo que é bom e prudente enviar-lhes pensamentos de amor.

Os elementais que moram no interior das árvores parecerão, naturalmente, muito maiores do que os gnomos cujo lar é uma planta. Os espíritos podem crescer a seu bel-prazer, até atingir grande altura. Vocês não se lembram da história da menininha que bebeu certa poção e ficou, imediatamente, muito alta? Assustadíssima, bebeu outra poção e acabou ficando muito pequena. Essas histórias não se originam de todo da mente do homem, embora dêem essa impressão. A maioria dos contos de fadas tem sua origem nas próprias fadas.

A propósito, os gnomozinhos podem casar e levar uma espécie de vida familiar. Eles também comem, não uma comida de alguma espécie que vocês conheçam, mas uma composta do seu próprio elemento. Eles têm um rei e uma rainha que governam suas colônias. Possuem também uma substância, meio parecida com o alabastro, porém transparente, de que se servem para construir seus palácios. Vocês todos já devem ter ouvido histórias de crianças que, levadas para *dentro* de uma encosta de montanha, chegaram a um palácio feérico, aparentemente construído no interior da montanha. Essas coisas existem, mas estão *dentro* da matéria física e, por esse motivo, vocês não podem vê-las; mas depois que tiverem desenvolvido a verdadeira visão, serão capazes de ver esses palácios feéricos na Terra. Muita coisa igual se aplica a maravilhas semelhantes no ar e na água. Alguns espíritos da água costumam ser descritos como sereias. Eles de fato existem, mas estão *dentro* da matéria física e, portanto, não podem ser vistos com a visão comum. Quando um marujo afirma ter visto uma sereia todos escarnecem dele, mas o que realmente acontece é que, por um instante, o marinheiro teve a visão despertada e pôde ver o interior do éter da água e ali contemplar a sereia.

Crianças que acabam de voltar do mundo dos espíritos ainda estão muito próximas dele e têm a lembrança desse mundo e dos espíritos da natureza ainda fresca na memória. Por isso podem ver o interior do reino das fadas com mais facilidade do que os que estiveram por mais tempo nas condições da Terra.

As ondinas, ou espíritos da água, são belas de se ver; graciosas criaturinhas compostas do mais fino éter da água, são vistas freqüentemente cavalgando as ondas do oceano, descansando em poças onde crescem samambaia e flores, ou numa terra pantanosa. Os espíritos da água trajam uma substância tremeluzente, parecida com água, que brilha com todas as cores do mar, entre as quais predomina o verde. O trabalho das ondinas é cuidar das plantas que crescem debaixo da água e do movimento da água. Elas estão ligadas igualmente ao elemento água na própria natureza do homem, ou às reações emocionais ou anímicas inerentes ao homem. Quando as emoções são violentas, esses espíritos da natureza acodem em grande número, causando confusão e, não raro, uma tempestade emocional. O único poder capaz de controlar a tempestade é o do mestre do amor, como quando Jesus silenciou as águas enfurecidas. Esses elementais são também criaturas reais, dispostas a trabalhar com o homem, que deles pode obter tanto o serviço como a ajuda. Mas se ele der vazão à paixão, atrairá em troca, provavelmente, alguma violência.

As ondinas menores se mostram, de hábito, como seres alados que os homens chamam de fadas, e são encontradas perto das flores que crescem em locais onde há água. São muito lindas, com asas e vestidos de teias de aranha. Às vezes, no meio de um nevoeiro, vêem-se pequenos fogos-fátuos, geralmente nos arredores de algum lugar pantanoso ou num charco, compostos de éter-aquoso — semelhantes a um fiapo de neblina, que pairam ora aqui, ora ali. Sabemos que há uma explicação científica para esse fenômeno mas, como já dissemos, existe mais do que uma razão física para tais fenômenos, e a explicação científica não altera a verdade do que dizemos.

Chegamos agora aos espíritos do ar, que chamamos de "sílfides" e que vivem no ar. Já se disse que os espíritos do ar não gostam nem um pouco de ser perturbados por máquinas que rasgam a atmosfera. Isso os surpreende? Qualquer comoção severa que se verifique no ar pode perturbá-los.

Os espíritos do ar ajudam o homem a receber inspiração. O homem supõe que todas as idéias e invenções, toda a inspiração nos reinos da arte, provêm dele mesmo; julga-se o único agente. Não sabe, nem aceitará prontamente a idéia, que os espíritos do ar podem assisti-lo em qualquer arte criativa se ele estiver pronto para ser ajudado. Mas quando explicamos que as sílfides são do éter do ar, que o éter do ar se relaciona com a mente do homem e que o corpo mental deste último sofre o influxo desse éter, não lhes será difícil compreender por que os espíritos do ar são atraídos pelos que fazem uso da mente, sobretudo nas artes criativas.

Outro tipo de criaturas, a quem chamam "salamandras", ocupa-se do elemento fogo. Trata-se de seres geralmente pequenos (cerca de doze polegadas de altura) mas que também podem aumentar ou diminuir de tamanho. Estão sempre presentes na chama que se acende. Uma menininha que conheço declarou ter visto um homenzinho na lareira, que ajudava o fogo a arder. Ela nunca disse nada mais verdadeiro. Onde quer que haja um fogo haverá um espírito do fogo que faz viver a chama. Toda vez que vocês riscam um palito de fósforo convocam um espírito do fogo. Isso parece improvável, mas é verdade. O homenzinho, dentro ou atrás da fagulha, provoca a chama final. Aqueles dentre vocês que não são muito bons em acender o fogo deveriam pensar no elemento fogo e falar carinhosamente com ele, dizendo-lhe: "Irmãozinho, venha ajudar o meu fogo a arder." Se vocês forem amistosos e fizerem isso realmente de coração, esse fogo arderá alegremente. Como bem podem imaginar, quando uma fogueira muito grande ruge descontrolada, as grandes salamandras se divertem a valer.

É evidente que as salamandras, às vezes, se revelam nocivas, especialmente se houver uma situação de desarmonia na casa de alguém ou num prédio que abrigue alguma coisa de natureza desagradável. Um temperamento violento pode perfeitamente perturbá-las e levá-las a causar problemas. Qualquer dificuldade de natureza psíquica numa casa ou num edifício é sempre perigosa, pois estimula as salamandras a entrar em atividade. As salamandras podem ser desagradáveis; como crianças, não percebem o que estão fazendo. Os espíritos da natureza, com efeito, são responsáveis por muitos fenômenos que se imaginam produzidos por espíritos humanos e pode-se perfeitamente imputá-los a esses serezinhos que tanto gostam de divertir-se. Se vocês os amarem e aceitarem, e forem autênticos, despertarão o senso da responsabilidade deles, que, como animais, os seguirão e servirão. Mas perturbem-nos e preparem-se para algumas de suas brincadeiras! Nem todos os tipos de fenômenos psíquicos são produzidos por espíritos da natureza, mas vocês precisam se lembrar de que tanto os espíritos da natureza quanto os espíritos humanos moram no plano astral e que os primeiros gostam de divertir-se brincando com as forças psíquicas, utilizando-as.

Gostaríamos, porém, de destacar o fato de que todos os elementais, sejam da terra, do ar, do fogo ou da água, como os elementais astrais criados pelos maus pensamentos dos homens, podem ser controlados pelo grande Mestre, Cristo. Nenhum homem ou mulher será perturbado ou ferido em nenhum grau por uma entidade elemental, enquanto viver na luz suprema do amor de Cristo. Não há necessidade de ter medo de assombrações nem de manifestações desagradáveis, porque *vocês* têm a chave; essa chave é a pureza de intenção, a pureza de vida e amor por toda a criação.

Não confundamos os espíritos da natureza e as fadas reais com algumas das minúsculas formas elementais entretidas com o trabalho junto às plantas. Estas compreendem uma vasta companhia que ainda não se encontra na linha da evolução e, como já dissemos, são fruto do poder do pensamento criativo de alguns seres superiores — digamos que elas são criadas pela *mente* dos anjos que estão à testa da sua alma de grupo. As mentes angélicas animam esses elementais e lhes dirigem o trabalho, que consiste em favorecer o crescimento das plantas. Quando concluem o que têm de fazer, dissolvem-se, perdem a forma e se desmancham no éter.

Mas existem fadas de verdade, animadas e dirigidas pela alma de um grupo, que seguem adiante passo a passo, rumo às formas superiores de vida. Esses espíritos da natureza abundam em toda a parte, exceto nas grandes cidades, onde se ressentem das vibrações desagradáveis criadas pelas emoções da humanidade.

Os espíritos da natureza não sofrem de doenças como os humanos, mas reagem à violência, e podem ser feridos e fugir. Absorvem sua força vital (ou sua alimentação, seu sustento) nas emanações das flores — do seu odor, do seu perfume, da sua cor e da sua beleza: esse é o alimento das fadas. Elas se deleitam absorvendo o perfume, a cor e a beleza das flores; os espíritos da flor se movem graciosamente e, às vezes, são vistos nas flores, com vestes e asas de teias de aranha. Sim, os contos de fadas são, de fato, verdadeiros! Essas formosas criaturas deliciam-se principalmente nos jardins da zona rural, onde se afeiçoam aos humanos que também amam as flores. As fadas trabalham intimamente com esse gênero de alma humana, amando-lhe as emanações.

Quando dizemos que as fadas não gostam das cidades grandes falamos de um modo geral. Vocês não as encontrarão, por certo, andando apressadas pelas ruas de

Londres, onde não há nada para descobrir ou a quem servir; mas elas podem apegar-se a árvores da cidade e podem até ser encontradas em jardins tranqüilos da mesma. De um modo geral, no entanto, para ver fadas, vocês precisam ir para o campo, examinar os pântanos e colinas da sua bela Grã-Bretanha, onde os espíritos feéricos abundam em números sem conta. Quando vocês caminham a sós por uma azinhaga no campo, aí se tornam conscientes da presença das fadas e as pequenas criaturas, as quais, muito acanhadas e tímidas, quando vêem um ser humano espiando, desaparecem. Os contos de fadas que descrevem uma porta minúscula no tronco de uma árvore, pela qual o gnomo ou a pequena fada desaparecem, não são destituídos de fundamento, pois isso pode acontecer quando eles querem sentir-se a salvo de olhares curiosos.

Em certos lugares, eles se congregam em número muito grande. Nas colinas Pentland, na Escócia, por exemplo, e nos pântanos e colinas de Devon e Cornwall. Na terra dos peles-vermelhas exuberam espíritos da natureza, pois, em seu longo passado, os índios aprenderam o segredo de comandar a ajuda dos espíritos da natureza no desenvolvimento das suas culturas. Os índios americanos não só trabalhavam em harmonia com os espíritos da natureza como também acreditavam neles. Sempre tivemos conhecimento da presença dos nossos amiguinhos, aos quais muito temos que agradecer, pois eles sabem ser muito bons e prestativos para os humanos; e o estado ideal do futuro ocorrerá quando o homem terreno abrir os olhos para esse vasto universo invisível e for capaz de trabalhar em harmonia com os seus habitantes. Nós queremos mostrar a todos o valor da vida de cada um na grande fraternidade da vida, e o quanto é importante para vocês trabalhar em harmonia e cooperarem com a corrente angélica da vida.

Dissemos, de uma feita, a um grupo na White Eagle Lodge que acreditávamos em tudo. Essa afirmativa pode parecer excessivamente abrangente; mas o que pretendíamos dizer — e o que ainda pretendemos dizer — é que mantemos a mente aberta a todos os assuntos e nunca dizemos não ao que quer que seja. Estamos interessados nas coisas mais estranhas, e acreditamos nelas, porque há muitas coisas no céu e na terra que não são sequer sonhadas pela filosofia humana.

CAPÍTULO 7

Os Contos de Fadas

Os elementais e as fadas, que existem em abundância na vida da natureza, estão todos intimamente interessados na evolução espiritual do homem, nas suas alegrias e na sua apreciação da beleza da natureza. É, portanto, necessário à alma que avança pelo caminho espiritual tomar consciência desses auxiliares invisíveis em alguma fase da sua jornada. Muitas pessoas concentram toda a sua atenção na sobrevivência humana, enquanto a consciência que têm dessas pequenas criaturas, ou espíritos da natureza está inteiramente fechada. Completamente inconscientes desses irmãozinhos, seu conhecimento do mundo do espírito é, portanto, limitado. A certa altura do caminho do desabrochar a visão do homem se aclara e ele se torna consciente dos seus irmãozinhos à sua volta.

Já falamos sobre os quatro elementos e explicamos que os quatro elementos físicos e um éter mais fino, não perceptível pelos sentidos físicos, se interpenetram, podendo esse éter ser registrado pelo sexto sentido do homem, a intuição, ou sentido "psíquico". É da substância desse éter mais fino que existe no interior dos quatro elementos que se criam as fadas, de modo que essas criaturas etéricas podem ser registradas pela visão *etérica* do homem. Por exemplo, o éter mais fino, que penetra na terra e no éter da terra, é a substância da qual se criam os pequenos seres chamados gnomos, os espíritos da terra.

Existe um éter da água, uma substância que se encontra dentro e atrás da substância física da água, e desse éter são criados os espíritos chamados ondinas, ou espíritos da água. O mesmo acontece com o fogo e com o ar; a partir do elemento fogo, do éter ignescente, criam-se as salamandras, cujo trabalho consiste em produzir a manifestação do fogo vivo. Dentro do éter de cada elemento, e nascido dele, moram as criaturas associadas a esse elemento.

O ar está cheio das criaturas associadas ao elemento ar e nascidas do éter do ar, algumas muito pequeninas, outras maiores do que os homens. Elas são encontradas particularmente entre as montanhas. Se vocês forem a lugares altos e solitários, longe do contato humano, terão consciência da presença dos espíritos da montanha, as sílfides ou espíritos do ar. Poderosos e enigmáticos, eles nem sempre recebem com agrado a presença do homem. Como exemplo disso, citaríamos as dificuldades misteriosas às vezes encontradas pelo alpinistas. Os espíritos do ar não toleram a invasão física do homem além de certo ponto.

Seres espirituais, maravilhosos como esses, habitam os éteres mais sutis. Em suas meditações, se se empenharem, vocês poderão penetrar as alturas desses mundos interiores. Isso é o que estão tentando fazer; não no corpo físico, mas no astral, vocês podem visitar o lugar onde mora o povo das fadas e podem ver os palácios do povo feérico *dentro* da terra, *no interior* da montanha.

Todos esses estados mais sutis da vida interpenetram a sua vida física e são por ela penetrados. Vocês vêem a matéria como massa sólida e acham difícil acreditar que possa existir outra vida dentro dessa aparente solidez. Esquecem que a matéria, frouxamente tecida, pode ser penetrada por outras formas de matéria, que vibram em ritmos diferentes. Por esse motivo podemos levá-los às instalações feéricas dentro da substância da terra, os palácios de fadas construídos de um belo material seme-lhante, na aparência, ao alabastro. Podemos levá-los aos jardins de fadas existentes no interior dos seus próprios jardins físicos. Em suas meditações, vocês podem chegar às profundezas do leito do oceano e encontrar no seu *interior* instalações dos espíritos da água, as ondinas. Vocês podem ir para a beira do mar, para todos os lugares onde haja abundância de água e de vegetação aquática e ali, na contrapartida etérica da água, encontrarão os pequenos espíritos da natureza, ou ondinas.

Gostaríamos agora que vocês pensassem nos quatro elementos e compreendes-sem que cada um deles também existe dentro do ser de vocês; vocês, portanto, podem, às vezes, atrair os pequenos seres de todos os elementos, principalmente depois de terem passado pelas iniciações que descrevemos em outras ocasiões.

Os que estudam o ocultismo talvez estejam familiarizados com algumas inicia-ções por que tiveram de passar os candidatos nas antigas escolas de mistérios do Egito, da Grécia e de outros lugares. Essas iniciações indicavam os testes por que o homem tem de passar para por à prova as qualidades da sua alma relacionadas com cada um dos quatro elementos. Os seres nativos de cada elemento se ocupam das iniciações no plano interior ou da alma.

Quando o homem, por exemplo, passa por experiências que põem à prova suas emoções, nelas se envolvem os espíritos da água, as ondinas; nas iniciações do ar, quando os corpos mentais se fortalecem, vocês verão que suas servas são as sílfides. Na iniciação da terra, quando a alma aprende a se liberar da servidão da matéria, e desiste da vontade própria e da natureza inferior, entram em ação os elementais da terra. Os espíritos do fogo, ou espíritos do sol, ocupam-se de sua alma quando ela estuda a lição do amor.

Outro aspecto desse assunto que vamos examinar é o papel desempenhado pelas fadas e suas histórias folclóricas e nos contos de fadas. Pois não se esqueçam de que muitas dessas histórias, que chegaram a vocês vindas de séculos passados, são nar-rativas de experiências da alma do homem. Entramos também no reino da magia, pois toda magia depende largamente dos espíritos da natureza. Vêm-nos agora à lembrança as histórias de certos objetos que trazem, ligados a si, uma fada ou um elemental, os quais, a uma voz de comando, obedecem ao dono do objeto: a história do escravo da lâmpada, por exemplo, ou a do escravo do anel. Essas histórias contêm verdades. Os amuletos ou símbolos usados pelos antigos tinham, amiúde, um elemental ligado a eles, pois essas criaturas do reino da natureza podem ser comandadas e escravizadas por ocultistas, sacerdotes ou magos, que compreendem as leis do mundo etérico.

Gostaríamos, porém, de assinalar que os que têm o poder de comandar a ajuda dos espíritos da natureza precisam ter também algum desenvolvimento espiritual verdadeiro pois, do contrário, será atribuída a eles uma pena. Um adepto da natureza, digamos, vive em harmonia com a lei natural e com os espíritos da natureza, que, por isso, trabalham com ele. Vocês hão de estar lembrados, por certo, da presteza com que o Mestre Jesus controlou os espíritos da água e do ar durante uma tormenta no mar. Estes não tinham outra alternativa senão obedecer a Ele, por Ele ser um adepto, um mestre. Mas um ocultista que tenha alguns conhecimentos, mas careça do poder de comando, talvez possa negociar com um elemental, propondo: "Eu o servirei, se você me servir primeiro." Como na história de Fausto, ele venderá a própria alma a fim de que esses espíritos da natureza lhe obedeçam. Depois, no entanto, chegará o ajuste de contas e ele, por seu turno, terá de servir aos espíritos da natureza.

Os pequenos seres ligados a jóias ou a outros objetos servirão ao portador desses objetos se ele os amar e tratar com bondade. Gostaríamos de incutir em vocês a idéia de que a lei fundamental da vida é o amor, e que os gnomos esperam da humanidade que os trate com bondade e amor. Eles gostam de imitar os humanos e se vestem do modo como se vestem os que os rodeiam, criando não apenas um traje mas também uma personalidade. Na China, por exemplo, os elementais, aparentemente, são chineses. Vestem roupas chinesas e seus hábitos semelham os da terra em que vivem. As pequenas criaturas que serviam os índios não eram inglesas! Pareciam índios e vestiam-se como tais. O mesmo acontece em todos os países. A família humana tem uma responsabilidade para com os elementais, e o amor humano é importante para eles — amor, bondade e pureza de vida.

O que encontramos quando a natureza humana se corrompe? Verificamos que a corrupção da natureza humana resulta na criação de criaturas etéricas muito diferentes dos elementais dos quatro éteres e inferiores a eles. As emanações de um homem que se compraz na crueldade, ou que dá rédeas aos apetites grosseiros do corpo, criam elementais que podem ser vistos prontamente. Daremos a vocês um exemplo disso: aquela pobre gente que se deixa consumir pelo álcool cai num estado de delírio e vê, nesse delírio, criaturas muito desagradáveis — que não são alucinações, senão formas criadas pelas emanações dos alcoólatras.

As pessoas que dão vazão a uma paixão violenta geram criaturas de natureza diferente também, pois sua paixão cria um verdadeiro exército do que vocês chamariam de "diabinhos". Criaturas que medem entre doze e dezoito polegadas de altura, às vezes negras, às vezes de um vermelho vivo, têm chifres e rabo e podem ser vistas, ouvidas e sentidas pelos sensitivos. Ouvimos dizer, não raro, que "fulano de tal" está possuído pelo "demônio". Dizemos muitas verdades brincando! A depressão também cria elementais que se apegam a quem os criou; toda emoção violenta, com efeito, cria elementais dos éteres inferiores, incluindo o seu próprio ser. De maneira semelhante, pensamentos harmoniosos e elevados geram criaturinhas delicadas, encantadoras e felizes, que os servirão e servirão os que os rodeiam.

Quando as pessoas começarem a compreender o que estão criando com seus pensamentos, atos e emoções, talvez compreendam a grande necessidade de disciplina em sua vida.

Vocês todos têm consciência de que existem dois aspectos da natureza humana. Existe a parte do homem que se agarra à Terra, quando a natureza deseja satisfazer seus apetites físicos. Se se deixar que essa natureza, esse apetite físico, tenha precedência à parte espiritual da natureza, diz-se que a pessoa cai nas garras do inimigo do espírito do homem. Mas quando o espírito, o eu superior, é capaz de elevar-se, supremo, acima dos desejos mais baixos, a alma vence e passa pelas provas.

A maioria das histórias de fadas gira em torno desses aspectos da natureza do homem: o material e o espiritual. Em histórias mais avançadas vocês perceberão a mudança da natureza inferior em luz, ou em força solar ou criativa. Esses mitos e essas histórias de fadas servem para ensinar os não-iniciados a estimular a força solar e dirigi-la para fora, em forma de luz e força espiritual, para ajudar os outros.

Nessas histórias, muitas vezes o rei é o personagem central. Elas, freqüentemente, começam com as seguintes palavras: "Era uma vez um rei que tinha uma filha muito bonita..." Muitos príncipes e fidalgos vinham de terras distantes com a intenção de conquistar a mão da princesa. E o rei dizia aos príncipes: "Minha filha será dada àquele que me trouxer a maçã de ouro" ou qualquer outro prêmio cobiçado, maravilhoso, de rara beleza, sempre escondido no fim de uma longa jornada por montanhas, florestas sombrias e rios caudalosos. Se o príncipe quisesse ficar noivo da princesa tinha de ser posto à prova e apurar certas qualidades de caráter. Cada prova a que os príncipes se submetiam representa uma iniciação. Por exemplo, a floresta lúgubre, em que se emboscavam criaturas de todas as espécies, indica o mundo dos desejos inferiores ou astrais que poderiam enganá-los. Para vencer a tentação, era forçoso que eles tivessem muita coragem e mantivessem a vista cravada na meta estabelecida. Eles não podiam desencaminhar-se nem ser vencidos pelo medo.

Alguns de vocês, ora durante a meditação, ora em sonhos, podem encontrar-se numa floresta assim, enfrentando animais ferozes. Quando vocês conseguem superar o medo, eles não podem feri-los. Essas experiências são provas da alma, provas de coragem no plano astral. O medo é um dos maiores inimigos do homem, de modo que a alma precisa aprender a livrar-se dele. Se vocês pensarem por um momento saberão que, de uma forma ou de outra, o medo é o maior inimigo na vida. As pessoas vivem dominadas pelo medo — medo do futuro, medo da doença, medo da morte, medo de perder o que têm, medo da fome, medo da perda. Medos sem conta cercam a humanidade. Desse modo, a grande prova que o iniciado precisa vencer é a do medo em suas muitas formas sutis.

Os príncipes que tinham pretensões à mão da princesa poderiam ter de enfrentar um dragão feroz. O dragão feroz representa a natureza inferior. Em outras palavras, o fogo solar, os fogos da criação que habitam no homem podem aparecer em formas assustadoras e ameaçar subjugar a vida. Quando não é controlada, a natureza feroz às vezes leva homens e mulheres a fazer coisas terríveis. Controlada, ela se eleva no coração como amor, e na cabeça como inteligência divina. Na falta total de controle ela se expressa como mau humor. Mas depois que essa luz, que essa energia vital se eleva no coração, manifesta-se como grande zelo de amor, doçura e simpatia. Erguida ao centro da cabeça, depois de ter sido transmudada da natureza inferior, ela é simbolizada pelo halo que rodeia a cabeça dos santos ou pela coroa de ouro. Na mitologia, o ouro representa sempre o amor, a força solar divina. A prata, por outro lado, simboliza o intelecto. Não censuramos o desenvolvimento do intelecto, que pode, e deve, converter-se num canal para a inteligência divina; mas diremos que o intelecto deve ser usado da maneira certa, e não dominar a sabedoria do coração. A sabedoria do coração é ouro; o brilho do intelecto é prata. Quando os dois estão perfeitamente equilibrados, surgem a inteligência divina e a integridade espiritual — se é que existe algo assim — e o controle e o triunfo sobre a natureza inferior.

O príncipe da nossa história pode ter de cruzar um rio turbulento ou ter de enfrentar uma tempestade no mar. Vocês, que ouviram tantas vezes essas histórias, saberão que temos aqui um retrato da natureza emocional, pois ao príncipe também cumpre vencer as emoções desgovernadas. Vocês constatarão que todas as histórias de fadas tratam dos quatro elementos — a terra, o ar, o fogo e água —, os quais, como vimos, também simbolizam as quatro grandes iniciações. O príncipe passa por provas em todos esses elementos. A terra figura como a última iniciação, porque simboliza o triunfo completo sobre o homem terreno, o nascimento do homem crístico. Quando o nosso príncipe chega ao término das quatro provas, está pronto para o casamento com a princesa.

Muitos contos de fadas se desenrolam dessa forma e narram a história da evolução espiritual e do desenvolvimento da alma. No fim de cada história acontece o casamento místico, o casamento entre a alma e o espírito. Tendo combatido seus inimigos, tendo superado a natureza inferior e se purificado, a alma está preparada, afinal, para a união completa com o eu superior.

Há outra história sobre a qual gostaríamos de falar. Vocês não conhecem a saga de uma princesinha, da grande alegria de seus régios pais, em cujo batismo as fadas lhe outorgaram os dons da beleza, da riqueza e de todas as coisas boas que toda menina gostaria de ter? Depois que as fadas boas se retiraram surgiu em cena uma fada má. Os pais tinham sido avisados de que, em certo momento da vida da criança, era provável que ocorresse uma catástrofe. Assustados, fizeram tudo o que podiam para proteger a filha desse acontecimento, mas em vão.

Há nisso uma grande lição. Como vocês vêem, o importante é que a alma está destinada a passar por determinadas experiências para o seu progresso espiritual.

Daí que a princesa se ferisse e adormecesse. Pela nossa interpretação, o lado material da vida reivindicou e acorrentou aquela alma. Vocês todos são como a princesa. Se lhes fosse dado ver seus verdadeiros eus, ficariam pasmados, porque o eu verdadeiro é tão belo quanto nos dizem que era a princesa. Acima de vocês, longe da Terra, vive a princesa, o eu superior. Na maioria das pessoas, essa bela princesa, ou eu superior, foi prejudicada pelo espírito mundano muitas encarnações antes, e caiu num sono encantado. Às vezes, leva muito tempo para que esse eu seja despertado, e a única coisa que tem o poder de acordar a princesa, ou o eu superior, é o amor.

Assim, o eu superior dorme até chegar a sua hora. Às vezes, a princesa adormece

103

num castelo coberto de ervas venenosas. Não se parece isso com as condições que encontramos aqui no mundo? O mundo material dá a impressão de se fechar em volta da alma enquanto ela dorme. Muitas vezes, vocês só vêem a aparência rude de um homem ou de uma mulher mas, se pudessem desconsiderar essa aparência rude, depaririam com uma natureza muito gentil e muito bela, adormecida sob esse exterior rude. Este, meus queridos filhos, é o trabalho de vocês, o nosso trabalho: procurar sempre a princesa que está escondida atrás de todos aqueles espinhos. A tarefa não é fácil! Todos têm a luz dentro de si; todos têm a princesa do eu superior. Nosso trabalho no mundo consiste em tratar-nos uns aos outros com amor, vendo sempre o melhor, procurando desvendar a beleza e encorajando-a de todas as maneiras possíveis.

Vocês terão notado, se entraram em contato com o Mestre na meditação, que ele será sempre paciente e bondoso, nunca áspero, nunca se arvorando em juiz dos outros, nunca forçando ninguém e sempre procurando extrair de vocês a sua verdadeira natureza. Por meio dessa prova, vocês poderão conhecer o mestre e o guia de vocês, porque os mestres do espírito serão afetuosos e sempre verão o melhor. Não se enganem: os guias e os mestres não lisonjeiam. Mas vêem o que vocês têm de melhor, extraem a natureza superior de cada um. À medida que evolui, a alma torna-se capaz de ver a beleza, não só no mestre mas também no panorama espiritual que se desenrola à sua frente.

Mas não há também outra história, a de uma menininha, vítima de uma bruxa, que fugiu de casa e se perdeu no mato? A princesa fugira do castelo por causa de uma madrasta má, que tentara envenená-la (o que ilustra o modo como o espírito mau tenta envenenar o bom).

Essa história enfoca realmente o eu superior do homem separado do inferior pela sombra do que chamamos de mal. O filho da luz avança pelo deserto ou pela floresta para aprender, ganhar experiência. Vai em busca da verdade. Podemos comparar essa floresta com o deserto em que a alma, aterrorizada, peregrina pela Terra. A alma, ou a criança, a menininha, encontra-se com gnomos que se mostram seus amigos. Esses anões são as qualidades da alma representadas pelo signos do Zodíaco. A menina vive durante muito tempo, alegremente, com os anões na floresta mas, passado esse tempo, chegam as forças escuras, as forças do mal, que tentam destruir, envenenar a mente e o corpo das pessoas. É interessante notar que se emprega o mesmo simbolismo encontrado no Gênesis. A princesinha é tentada a comer uma maçã, e essa é a sua ruína; ela cai num sono profundo ou morte. Não é isso uma coisa que constantemente acontece a vocês todos? O mal do mundo gostaria de extinguir o eu verdadeiro de vocês, mas não consegue. O mal não pode matar inteiramente a alma. Esta permanece num estado de aprisionamento parecido com a morte, até o momento certo da chegada do príncipe. Isso não ocorre num período de poucos meses, nem de poucos anos, mas pode estender-se por muitas existências. A alma dorme, esperando. Depois, no momento certo, o príncipe aparece para despertar a princesa adormecida. Nisso está simbolizado o casamento místico da alma e do espírito.

Amados irmãos, falamos a vocês muito simplesmente, como crianças, mas as verdades profundas são tão simples que, não raro, na sua arrogância, o homem não toma conhecimento da verdade. Seu cérebro e seu intelecto são tão poderosos, que ele não se dá conta da única coisa que pode resolver o problema de sua vida na Terra... o beijo do Sol, o despertar do amor, o espírito de Cristo no seu coração.

Agora sejam felizes, encham-se de alegria e olhem para a frente, para a luz. Sigam diretamente para o coração de ouro do amor, e saibam que tudo está bem. Vivam e movam-se nessa eterna luz de ouro, e nada poderá feri-los. A única realidade é a luz, é Deus, é o amor.

CAPÍTULO 8

Em Harmonia com a Vida

Diz-se que certas pessoas têm o "dedo verde". Sua vibração atrai harmoniosamente inúmeros espíritos da natureza; e elas conquistam a cooperação e o interesse dos seus irmãozinhos naturais. Outras, porém, que não desenvolveram esse aspecto do ser, podem dizer que amam as flores e talvez as amem até certo ponto; lembrem-se, contudo, de que amor significa serviço firme e, de fato, amar coisas que estão crescendo quer dizer pôr-se em harmonia com a própria corrente vital dessas coisas. Outras talvez não possam fazer tudo isso por estarem desenvolvendo, no momento, outros aspectos da sua natureza divina sétupla; mas o homem que se aperfeiçoou terá o dom de controlar o mundo da natureza e convocar-lhe os espíritos para agir e servir.

Amem as flores, meus irmãos; falem com elas, e falem com suas irmãs, as árvores. O pele-vermelha costumava falar com o espírito das árvores e das flores, com a água corrente; conversava com o Grande Espírito nas montanhas — toda vida era, para ele, uma manifestação do Grande Espírito Branco. Sejam amigáveis com as pequeninas margaridas do campo, com as flores das cercas-vivas, até com as hastes da relva. Procurem sentir a fraternidade que partilham com todas as criaturas vivas. Os próprios minerais estão vivos com a luz de Deus. Cada pedra na beira da estrada vibra com a luz e com a vida que ela compartilha com cada planta que cresce. Se vocês tivessem uma visão clara, vocês veriam que todas as flores e todas as árvores dos jardins pulsam e vibram, com cor e vida.

O divino fogo da vida impregna a terra. Esse fogo divino, que também se chama amor, é a vida em tudo. Se a visão de vocês fosse clara, vocês veriam o fogo divino até dentro das coisas inanimadas; metais, pedras, madeiras, tudo pulsa com minúsculas centelhas de luz, de fogo. Toda a natureza pulsa com essa vida divina.

A cor das flores são levadas a elas pelas fadas, pelos espíritos da natureza que trabalham através dos talos centrais das plantas, que vertem sua própria essência conforme a necessidade das flores. Em outras palavras, a flor assume a cor da fada que trabalha com ela; a essência, a qualidade da consciência da fada, está sendo revelada por essa determinada flor.

Se vocês pudessem olhar para uma árvore com os olhos do espírito veriam mais do que troncos, galhos e folhagem. Veriam o fogo dentro da terra e nas raízes da árvore; veriam o fogo subindo pelo tronco para irradiar luz através de todos os galhos e folhas, particularmente na primavera. O fogo divino não brilha unicamente no céu, nos raios do sol, mas também na própria Terra e em toda a natureza.

Esse mundo interior ou etérico vibra não apenas com a cor, com o som e o perfume, mas interpenetra todos os raios dos planetas. Certas partes do corpo de vocês vibram em harmonia com certos planetas, pois cada planeta tem seu correspondente no ser humano. Procurem compreender e receber essas vibrações mais plenamente. Quando tiverem aprendido a vibrar em harmonia com toda a vida, terão atingido a maestria.

Nós gostaríamos de elevá-los acima do pessoal, além das limitações da atual consciência da Terra, até a vida eterna.

Usem a imaginação divina e venham conosco em espírito a um templo em que todos nos ajoelhamos ao redor do altar. O arco do templo recebe a corrente de ouro do sol. Vocês não percebem que a corrente dourada de vida é mais do que a luz do sol? Olhem — é a própria vida, carregada da essência vital, com minúsculas partículas de vida rodopiando no espaço. Vemos agora as partículas minúsculas manifestando-se em alguma forma inferior de vida na Terra, e compreendemos que estamos todos ligados a essas partículas minúsculas de vida, nossos irmãos mais jovens, dos reinos mineral, vegetal e animal...

À medida que vocês olharem para a corrente dourada de vida e se virem presos nela, sintonizem-se com a música das esferas da vida espiritual e, enquanto estiverem prestando atenção, vocês ouvirão suas harmonias vibrando no coração de vocês.

Ouçam... ouçam profundamente...

Vocês agora estão banhados numa cor de matizes delicadíssimos. Estão no mundo do espírito, e um sem-número de seres se move em torno de vocês na radiância da luz do sol espiritual.

Pela cor e harmonia reconhecemos os anjos do planeta que trabalham sobre o nosso ser e dentro dele. Cada um de vocês precisa aprender a reconhecer a influência do anjo do planeta que está mais intimamente associado a vocês na vida presente. Depois de ter aprendido isso, seremos melhores canais de serviço para os nossos irmãos mais jovens. No plano superior, cada um de nós atrai os anjos planetários de cuja ajuda particular nossa alma necessita em qualquer encarnação. Na medida em que os centros psíquicos do ser humano se vivificam, a humanidade começa a mostrar-se conscientemente sensível, com compreensão e inteligência, aos anjos do planeta e, quando isso se transformar numa prática geral, estará nascendo outra era de ouro.

De acordo com o nascimento de cada um na matéria nesta encarnação, vocês, a saber, o ego de vocês, terão sido ligados a determinados planetas, e mestres desses planetas entrarão em contato com o Eu superior de vocês. Tudo isso foi arranjado muito antes da concepção física. Antes de nascer uma criança, certas correntes magnéticas e espirituais são dirigidas aos pais escolhidos, que estão ligados às forças planetárias levadas a agir sobre a alma. Os elos que prendem pais e filhos foram forjados na encarnação anterior, pois a alma é enviada do centro da vida sob a direção dos Senhores do Carma.

Os "sete anjos que estão ao redor do trono" de que fala João em seu Apocalipse, referem-se a essa mesmíssima verdade, pois os "sete anjos que estão ao redor do trono" são os seres planetários, grandes Senhores da Chama, que mantêm todas as almas encarnadas no âmbito da sua visão; cada alma volta à Terra com as forças planetárias nela concentradas.

Certas influências agem com certeza na vida e lhe modelam as condições e circunstâncias; mas assim como há forças planetárias, há também o poder superior, a chama sagrada que arde com mais brilho do que qualquer luz planetária que atinge o ego. Essa luz central, sol do ser humano, está centrada no coração. À medida que o centro do coração se desenvolve no curso da evolução, os anjos de cada planeta assistem o candidato para ajudá-lo a palmilhar o caminho de sua alma.

Vocês ainda não fazem idéia da organização estupenda da vida espiritual, e quando o grande Mestre disse: "Não se vendem cinco pardais por dois ceitis? E nenhum deles é esquecido diante de Deus. Mas até os fios de cabelos de vossa cabeça estão contados", essa não foi uma declaração exagerada. A vida está tão perfeitamente organizada e planejada que cada passo é notado e registrado. Não se registram apenas os atos, mas também as aspirações e os pensamentos, como se registram os efeitos produzidos pelos pensamentos e ações nos que cruzam e recruzam o seu caminho de vida.

O corpo físico é constituído sob a direção de anjos planetários e modelado pelas influências planetárias aplicadas sobre ele. Toda doença do corpo pode ser rastreada até a matéria planetária — que é, com efeito, cármica. Cada signo do Zodíaco se relaciona com uma parte especial do corpo físico, e cada planeta se relaciona com um ou outro dos veículos superiores ou corpos espirituais do homem. Cada corpo espiritual, mais sutil, está relacionado, ligado ou preso a um ou outro dos sete centros psíquicos ou sagrados do corpo.

Essas verdades íntimas dos anjos planetários e das forças que atuam sobre a alma eram bem conhecidas dos antigos, pois no princípio da vida neste plano terrestre os seres planetários eram visíveis para os humanos e vistos como homens de Deus, seres mandados por Deus. À medida que se recolheu à extrema escuridão da matéria física, o homem perdeu de vista as hierarquias angélicas. Mas, ao voltar no arco ascendente da evolução, e à proporção que as sete luzes emitirem raios no seu corpo para mostrar-lhe onde ele está no grande plano da vida, ele verá e reconhecerá plenamente os anjos planetários que se ocupam da sua evolução e da sua volta, com plena consciência, a Deus, seu Pai e sua Mãe.

No princípio era o Verbo; era a vibração que causava a Luz. A Luz era o Filho, o primogênito do Pai. Dentro da Luz está toda a vida; e a Luz se divide em sete raios; sobre os sete raios de cor dentro da Luz vêm os mensageiros angélicos planetários para servir a raça humana. E quando vocês dirigem ou concentram certas cores para a cura de seus irmãos, se estiverem trabalhando corretamente, vocês se ligarão aos anjos desse raio.

Os anjos trabalham em certos planos ou esferas do mundo do espírito, dirigindo seu amor para o plano terrestre. Eles trabalham em grupos, até para as minúsculas formas de vida sobre a Terra. Queremos dizer com isso que a mente *instintiva* das formas inferiores de vida trabalha sob o controle e a direção de um desses grandes anjos. Desse modo, um animal responderá instintivamente à influência controladora da mente do grupo; e a mente do grupo do animal subordina-se ao amor e à sabedoria de um anjo. O mesmo se verifica com a humanidade primitiva. Só quando chegamos aos seres mais altamente evoluídos da família humana percebemos a existência de algum grau do livre-arbítrio. Os anjos que dirigem a mente do grupo servem sob a direção de um dos sete grandes que estão ao redor do trono, ao redor da luz central, a Primeira Grande Causa... Deus.

A partir desse ponto central, a Primeira Grande Causa, são enviados milhões sem conta de linhas de vida, como pequenos e finos vasos capilares; talvez pudéssemos comparar, de certo modo, o grande plano cósmico da vida à circulação do corpo humano. Cada raio de vida está em perfeita associação, perfeitamente ligado à Causa central. Nada existe por acaso na criação, tudo é perfeição — ritmo perfeito, forma perfeita, exatidão em cada minúcia. Pensem por um momento na beleza da cor e da textura das asas de uma borboleta, e reflitam que, para poderem ver toda a sua beleza, vocês terão de olhar por um microscópio e concentrar uma luz mais forte e mais potente sobre elas. O mesmo se pode dizer a respeito da menor das flores silvestres em via de crescimento. Peguem uma minúscula flor, semelhante a uma estrela, coloquem-na debaixo de um microscópio, e a verão como se fosse uma jóia, verão todas as cores do arco-íris refletidas em suas pétalas e, se estiverem sintonizados com as harmonias das esferas de luz, vocês a ouvirão soando graças à beleza dessa pequena flor.

Procurem a beleza na vida de todos os dias. Não se limitem a supor apenas. Procurem a beleza primorosa nas flores, na luz do sol, na gota de orvalho. Se puderem, saiam de casa de manhã bem cedo, quando o orvalho ainda está úmido sobre a relva e enfeita a urdidura das teias de aranha. Contemplem a beleza e a complexidade da construção das pequenas teias e sintam então, estremecendo dentro de vocês, um sentimento de fraternidade, de parentesco com toda essa beleza.

Um irmão da Grande Loja Branca tem consciência de sua relação com todas as formas de vida. Identifica-se com o menor dos insetos, com as flores, com a luz do sol e com as chuvas mais finas. Esse é o caminho, meus irmãos. Esse é o caminho por que todos têm de passar para chegar ao Templo. "Flor no muro gretado", diz o seu poeta, "Se eu pudesse compreender a tua vida, eu compreenderia Deus e o universo". E vocês *podem* compreender: não só com a mente, mas também identificando-se com a luz, com as correntes de vida e com a vibração do Sol ou de Deus.

Ao olhar para qualquer forma física, tentem olhar para *dentro* da forma e para o espírito. Vejam-no nas próprias raízes das árvores, no tronco, nos galhos e nas folhas. Vejam erguer-se a luz branca ao mesmo tempo que se ergue a seiva. Vejam esse fenômeno ocorrer nas flores, nas moitas, nas árvores e em toda a natureza. Procurem sempre o espírito que está por trás ou dentro de cada forma. Mantenham-se em harmonia com essa vida de Deus em tudo. Compreendam-na no ar que respiram, na água que bebem e com que se banham; vejam-na no céu, nos ventos, no ar; vejam-na no fogo. Cultivem esse dom interior; chamem-lhe, se quiserem, imaginação, mas não esqueçam que toda imaginação é a ponte que levará o homem, através da matéria física, ao mundo etérico e, na verdade, ao mundo celestial. Usando esse dom, vocês podem ajudar a si mesmos e ajudar a humanidade. Ele criará harmonia em vocês e beleza na vida de vocês, pois terão reinos revelados a vocês, dos quais nada sabem no presente momento.

Aprendam, portanto, a sair da sua personalidade ou do seu eu, como de alguma coisa que limita e confina; afastem-se de si mesmos e das limitações do cérebro físico, aprendam a escapulir nas asas da fantasia. Vocês descobrirão que são livres e, nessa Terra de meditação, que é a verdadeira Terra da luz, verão por trás das cenas na vida física e aprenderão o verdadeiro sentido de fraternidade; ficarão sabendo que não podem servir com todo o coração, toda a alma e toda a mente sem crescer em semelhança com Cristo. Saberão que não podem separar-se do grande oceano da vida; e não poderão ferir um irmão, seja do reino vegetal, seja do reino animal ou humano, sem ferir a si mesmos.

Voltamos ao ensinamento singelo de Jesus, Filho e Luz: "Criancinhas, amem-se umas às outras... *Amem-se uns aos outros.*"

Irmãos, nós nos encontramos com amor, e com amor nos separaremos, mas a corrente do amor sempre nos prenderá coração a coração. Possam vocês amar-se uns aos outros e todos a grande fraternidade da vida. Sejam pacientes e tolerantes com a falhas humanas uns dos outros, falhas que se desvanecerão com o tempo, e vocês se conhecerão como são conhecidos no céu, justos, perfeitos e verdadeiros irmãos da Luz.

PARTE 3

O CAMINHO DOS MISTÉRIOS INTERIORES

Prefácio

As palestras de que se compõe esta parte foram proferidas por White Eagle durante um longo período de tempo. As primeiras datam de 1934, ao passo que outras são relativamente recentes, de modo que uns trinta ou quarenta anos as separam umas das outras. Apesar disso, o que é digno de nota, o ensino é sempre coerente. Embora o que White Eagle tinha para dizer evoluísse e crescesse, à medida que nós, os ouvintes, íamos nos tornando mais preparados para receber e absorver a sua mensagem, não sabemos de nenhum caso em que ele se corrigisse ou se contradissesse.

Todas as palestras, exceto uma, foram dadas nos locais de culto da White Eagle Lodge em Londres ou em Hampshire, na Inglaterra. Nos seus "Ensinamentos Interiores", como eram chamados, White Eagle sempre começava com uma invocação para afastar do cotidiano a consciência dos ouvintes e atrair para si a cooperação dos seres celestiais; e ele nunca nos deixava sem uma forma de bênção. Embora tenham sido feitas algumas adaptações para dar unidade ao livro, procuramos manter, na medida do possível, este padrão.

Os leitores ávidos de grande quantidade de conhecimentos intelectuais não os encontrarão nos livros de White Eagle. White Eagle falou de coração para coração. Falou e fala ao coração humano dos ouvintes; falou para atender a uma necessidade muito humana do coração de cada um. White Eagle costumava, ao mesmo tempo, abrir com bondade pequenas portas para o conhecimento interior, de modo que, se o seguíssemos aonde nos levava, chegaríamos a um conhecimento mais profundo de nós mesmos. Sempre dava ênfase à necessidade do serviço, à busca do desenvolvimento espiritual, não para nós nem para nosso proveito ou para nosso desabrochar espiritual, mas para nos tornarmos melhores agentes de cura — no sentido mais lato de termo. E ensinava que, à medida que aprendêssemos a servir e dar realmente através do desabrochar da percepção interior, de modo que a verdade celeste, o conhecimento dos mistérios divinos, quase impossível de expressar com palavras, seriam revelados a nós ou ao aspirante que estivesse no caminho do desabrochar espiritual.

Os leitores para os quais o livro *The Quiet Mind* é um companheiro constante, encontrarão aqui ocasionalmente a passagem que lhes é familiar. Esperamos que possam deleitar-se vendo ditos familiares no seu contexto original; uma vez que, vistos a essa luz, eles possam até assumir um significado novo e mais forte para

113

vocês. Um curto trecho da *Heal Thyself** também aparece na palestra original. Se isso inspirar o leitor a retroceder e estudar mais esse livro, essa releitura não nos parece desperdiçada.

Quem é White Eagle?, perguntarão vocês. Só podemos dizer que o conhecemos como uma personalidade sábia e carinhosa, ainda muito próxima e real para a sua "família" mundial, que falou conosco a partir do mundo interior, por meio de Grace Cooke, enquanto ela viveu na Terra. Ele nunca fez reivindicações pessoais, exceto dizer que era um mensageiro, um porta-voz de seres maiores que ele no mundo da luz. Ele costumava chamar-se "O velho White Eagle". Mas para aqueles dentre nós que aprenderam com ele, que foram guiados e protegidos por ele, é um sábio e carinhoso mestre de áurea estatura, um dos "Irmãos Superiores", todo feito de amor.

Acreditamos que, se lerem as suas palavras com o coração e com a mente, vocês estarão em íntimo contato com ele, que lhes falará ao coração como falou aos seus ouvintes em anos passados. Seus ensinamentos continuam tão vivos hoje quanto o foram então.

Y.G.H.

**Cura-te a ti Mesmo,* publicado no livro *Os Remédios Florais do Dr. Bach,* Editora Pensamento, São Paulo, 1990.

CAPÍTULO 1

As Antigas Escolas de Mistérios

Seja-nos permitido abrir o coração para o Grande Espírito do universo. Adoramos, louvamos e glorificamos o Teu santo nome e a Tua criação. Aprendemos a adorar-Te como Pai, Mãe e Filho, santa e abençoada Trindade: três grandes princípios de vida. Pedimos-Te, Senhor, sinceramente, revelações maiores da Tua verdade, do Teu amor, do Teu poder. Possam estes Teus filhos, que vêm em busca da verdade, ter removida a venda dos seus olhos, para poderem ver a luz, inundar-se dela e unir-se, em espírito, aos seus irmãos na Terra e aos seus irmãos no mundo do espírito. Que a alegria, o amor e a paz nos unam a todos. Amém.

Séculos atrás, quando o atual ciclo humano estava em processo de nascimento, homens sábios, os que chamamos de "homens de Deus", chegaram a este planeta vindos de mundos cuja evolução ultrapassara consideravelmente qualquer crescimento espiritual concebível por nós. Esses homens de Deus trouxeram o conhecimento dos antigos mistérios à Terra, e aqui vieram a fim de fundar escolas de sabedoria para orientar a humanidade. Construíram-se templos onde os que estavam preparados foram recebidos e instruídos, e aprenderam os mistérios da vida, a antiga sabedoria.

Eles receberam também ensinamentos dos mundos invisíveis. Lembrem-se de que tudo o que se manifesta na Terra nasceu primeiro do invisível, e sobreviveu mais tarde em manifestações físicas ou exteriores. Assim sendo, nessas escolas de saber ou de luz se estudaram, com reverência e admiração, os mistérios da vida antes mesmo que se manifestassem na Terra.

Até hoje, nos lugares secretos da Terra, encontram-se tabuletas de pedra nas quais se inscreveu, em símbolos, o conhecimento antigo; relíquias escondidas nas montanhas, em cavernas ou templos. Esses registros, também impressos no éter, chamados etéricos ou akáshicos só podiam ser lidos por iniciados, pelos que já estavam preparados.

Hoje todos têm liberdade de procurar os mistérios. Quando um homem ou uma mulher anseia por sabedoria, movidos não pela curiosidade, nem para satisfazer uma mente cobiçosa e tampouco para a sua própria satisfação, senão para poder servir, eles põem os pés num caminho que conduz enfim à iluminação. Quando uma alma,

115

em virtude desses grandes anseios e dessa procura encontra o caminho, o ensinamento e a direção vêm do invisível. Tendo achado o caminho, a alma deve permanecer fiel a ele, fiel à luz interior. Sigam o um, evitem os muitos, sejam fiéis à sua luz interior, e os mistérios dos mundos invisíveis lhes serão revelados na medida em que vocês estiverem preparados e pretenderem usar o conhecimento assim obtido no serviço abnegado. E não esqueçam que o serviço pode assumir muitas formas. Vocês não estão presos a esta ou aquela forma especial de serviço, mas devem obedecer à orientação do coração.

As escolas de mistérios do passado serviam a um grande propósito, revelando a vida eterna do espírito. Mostravam ao homem sua origem e seu destino, de onde veio, por que está na Terra e qual é a sua meta. Surgiu, porém, uma época em que a humanidade mergulhou profundamente na matéria física; ela perdeu o uso do "terceiro olho", que revela os mundos espirituais. Principiou a deterioração e registrou-se um abuso do poder espiritual — por força talvez, dos jovens sacerdotes, que, ávidos demais, passaram a admitir estudantes incapazes de enfrentar as provas. Nada disso, porém, estava fora do plano divino, pois o homem precisava desenvolver-se tanto física quanto mentalmente. Ele precisava "ligar-se à Terra"; sua vontade teria de ser desenvolvida e fortalecida.

E assim os mestres da sabedoria se retiraram, recolhendo-se aos lugares secretos da Terra, onde ainda habitam. Contudo, de tempos em tempos, oriundo dos Templos da Sabedoria Antiga, surge um mestre que apresenta a verdade, mais uma vez, à humanidade. Isso acontece em especial no início de cada nova era, à proporção que a humanidade passa para um novo modo de vida e de pensamento. Nessas ocasiões, sempre se registra uma nova exposição da sabedoria antiga e eterna, numa forma adequada à nova era e destinada a ajudar a humanidade na difícil transição de uma era para outra.

Estamos agora no limiar de uma nova era, a era do espírito, do ar, da mente e do poder do pensamento, e um grande e novo saber espera a humanidade para quando os homens estiverem preparados para usá-lo com sabedoria e amor. Este é um momento de maravilhosa revelação. Os céus estão se abrindo e as hostes invisíveis trabalham entre os homens; a luz permeia devagarinho a mente da humanidade. Mas antes que possa vir a maior revelação, a humanidade tem muito trabalho para fazer consigo mesma. Faz-se mister que homens e mulheres fiquem mais receptivos à verdade espiritual e mais espirituais na sua atitude para com a vida. O Cristo interior tem de ser animado a crescer e a tomar posse do coração e da mente. Urge que o intelecto e a intuição trabalhem juntos em harmonia. Há muita coisa para todos aprenderem, mas o fundamento de todo aprendizado espiritual há de ser o amor fraterno.

Mas irmãos, *não existem atalhos*. Existe uma diferença entre acelerar, de um lado, a evolução espiritual, e tentar, de outro, tomar um atalho para o céu. O primeiro é possível — na realidade, a ocasião para fazer isso agora está sendo apresentada à humanidade; mas o segundo não é possível. Não pode haver atalhos no caminho espiritual. Cada lição deve ser absorvida integralmente e posta em prática. Mas com o batismo da luz agora derramado sobre a Terra, os que lograram o ensejo poderão dar um grande passo à frente. Vocês já notam os muitos grupos que se formaram e a oportunidade oferecida às massas, que será oferecida cada vez mais, de aprender a respeito dos seus poderes espirituais latentes. Até aqui só os que ingressavam nas escolas de mistérios podiam qualificar-se para esse conhecimento, ocultando-se os segredos às massas. Ora, nesta nova era de Aquário, as portas da iniciação estão sendo escancaradas para todos — mas aqui reside o perigo. A humanidade tem de aprender a discriminar e a discernir entre o falso e o verdadeiro.

Será tirada a sorte dos grupos de fraternidade para desenvolver a luz interior, que dá o verdadeiro poder de curar os doentes e de oferecer ajuda à alma de um irmão ou de uma irmã. Essa luz, gerada no decurso do desabrochar espiritual, é muito real; irradia-se de um aluno e penetra a alma de outro. Trata-se, contudo, de um poder sagrado, que precisa ser usado com delicadeza, amor, discriminação e discernimento. Por isso se manteve secreto para as massas. Mas a humanidade em conjunto avançou tanto que pode ter acesso ao saber espiritual.

Instamos com vocês para que lutem por discernimento e discriminação na escolha do caminho para o desabrochar, porque surgirão mestres, com conhecimentos limitados, que tirarão alguns do seu curso com um jorro de palavras. As palavras têm o seu lugar e podem abrir portas para a mente, mas vocês não se adiantarão no tempo da iniciação apenas com palavras. No plano espiritual, as senhas não soam só nas palavras, mas no coração. A indicação mais segura do verdadeiro ensinamento é a simplicidade inata e pura que, no entanto, é profunda. Em qualquer revelação feita a vocês, procurem sempre, primeiro, a simplicidade. Em seguida, com diligência, ponham em prática a verdade que encontrarem, que são e virão a ser as belas verdades reveladas, de modo que vocês possam vivê-las.

Muitos que agora lêem nossas palavras já trabalharam em irmandades no passado, particularmente os que ora servem em algum grupo ou centro de luz espiritual da nova era. Os que são atraídos para esse serviço já granjearam conhecimento de certas verdades por intermédio da experiência e do serviço em vidas passadas. Embora termine o período de vida físico e a personalidade, que sobreviveu à morte, seja posta de lado — ou, digamos assim, seja pendurada no "guarda-roupa" lá de cima, para que ali espere até ser requisitada de novo — a sabedoria interior, uma vez aprendida, nunca se perde. Eis por que muitos de vocês sentem outra vez o chamado da antiga sabedoria dentro do peito. Vocês não precisam ser convencidos, vocês *sabem;* a verdade permanece dentro de vocês, embutida na alma de vocês. Talvez tenham falhado em alguma ocasião, desviando-se do caminho; mas não haverá descrédito nisso se tentarem de novo. Deus os ama e oferece a vocês uma nova oportunidade em cada uma de suas sucessivas vidas. Daí que, mesmo que falhem nas provas, sigam em frente com coragem, inspirados a fazer um novo esforço, determinados a fazer o melhor quando chegar a nova oportunidade. Acima de tudo, continuem sendo autênticos.

O templo de treinamento de antigamente, a reclusão e o isolamento forçados já não existem. Hoje, o aluno não é protegido da tentação, vive no mundo, sujeito à influência contínua da mente inferior, das excitações e das paixões da vida física. Antigamente, o estudante vivia em retiro, seguia calmamente o seu caminho, trabalhava, diligente, servindo e curando; e acorriam poderes que afastavam para o lado o véu entre este mundo e os mundos invisíveis. Hoje, esses poderes podem também ser seus, mas vocês terão, primeiro, de batalhar no campo da vida e, ao fazê-lo, aprender a distinguir entre o falso e o verdadeiro, entre o real e o irreal, entre o importante e o sem importância.

São três os passos principais da iniciação nas escolas de mistérios. O primeiro é o do neófito, o do aprendiz. Quando põe os pés, pela primeira vez, no caminho, o neófito atrai a atenção dos grandes. Estes ouvem-lhe o grito clamando por conhecimento, reconhecem-lhe o anseio por ser útil a Deus e aos mestres, por ser digno do serviço, e aceitam-no como aluno. Vem depois o processo de purificação. Os veículos ou corpos mais sutis do homem necessitam muito de limpeza, de muita purificação, porque dentro deles se juntou muita coisa que lhe dificulta a visão, o entendimento. Por conseguinte, podem sobrevir episódios de dificuldades, doença e sofrimento; alguns nascem com deficiências físicas, suportam grandes tragédias, possivelmente até cometem crimes: lembrem-se, porém, de que tudo isso pode ter sido escolha da própria alma, do modo que ela possa se purgar, se preparar, se purificar e se aprontar para receber e servir.

O passo seguinte, o segundo grau, é o do discípulo. O discípulo aprende a obediência absoluta ao mestre, aprende a ser exato e precioso em todo o trabalho porque, para o verdadeiro artífice, não pode haver métodos displicentes. Ele aprende a trabalhar consigo mesmo, modelando e aperfeiçoando o que antes era frágil e fraco. Aprende a ficar atento à voz do mestre, o Cristo que existe dentro do próprio peito; e o Mestre, o seu mestre, ensina-lhe a sabedoria e mostra o caminho da vida. Ele não engana ninguém, nem sequer a si mesmo, pois não pode haver engano no segundo grau.

O terceiro grau é o do discípulo pronto para receber a iluminação, quando lhe podem ser confiados os segredos dos mistérios interiores. É mister que ele seja capaz de atuar nos planos invisíveis sem embaraço ou limitação, pois nesses mundos interiores verifica-se a verdadeira iniciação. Nisso, com efeito, o iniciado, tocado pela mão do mestre, é elevado a um "grau sublime", erguido do túmulo do materialismo e da ilusão, da corrupção da morte, para o renascimento na luz verdadeira do seu lar celestial.

Assim trabalham os Irmãos da Luz, desembaraçados de todos os desejos vis. Eles são os que trajam mantos brancos, coroados com a iluminação; e, no entanto, realmente simples e com profunda humildade, eles sabem que todas as realizações, tudo o que foi conquistado pela vitória sobre si mesmo e pela renúncia, vêm de Deus, e não se destinam à sua própria glória nem ao seu engrandecimento. Como irmãos verdadeiros e perfeitos, estão todos diante do Grande Arquiteto do Universo, para serem usados a serviço da humanidade.

CAPÍTULO 2

"Quando Você Tiver Colocado os Pés no Caminho..."

Nós esperamos, na quietude do espírito, receber a efusão espiritual dos centros de Amor, de Sabedoria e Poder. Nós nos submetemos à luz de Cristo...

No processo de sua evolução, o homem concentrou-se por muito tempo em si mesmo na sua jornada ascensional — e era necessário que o fizesse. Ele precisava ter consciência de si mesmo; mas a consciência de si mesmo dará lugar, a seu tempo, à consciência de Deus, e esta tem três modos principais de expressão — o poder, a sabedoria e o amor.

Muitos, hoje em dia, ambiciaram encontrar um meio de servir que lhes faculte ajudar a aliviar o sofrimento e ajudar os irmãos mais jovens a alcançar a harmonia e a felicidade. No princípio, o caminho não é fácil de se encontrar e, depois de encontrado, é difícil palmilhá-lo com firmeza. Há muitas coisas para confundir o aspirante e, depois que ele encontra o seu caminho, há muitas mais para tirá-lo dele.

Vocês poderão perguntar: "Como se pode encontrar o caminho?" Primeiro, entrando na câmara interior e orando para obter sabedoria. Quando, logo depois, chegar a luz, ela não será resultado de nenhum estímulo mental, mas terá nascido do coração.

Como a alma, às voltas com os problemas da mente e do corpo, pode encontrar essa luz interior e como terá a certeza de que encontrou a verdade? Uma coisa é essencial — pureza de vida. O que queremos dizer com isso? Ascetismo? Um afastamento do contato com toda a materialidade? Não, porque agora atingimos uma nova aspiral da evolução, e o aspirante já não se preocupa com a vida ascética ou monástica, como antigamente, mas é antes chamado para se misturar com a humanidade, para levar a luz ao mundo e à mente de quantos encontra. Essa luz, que brilha no homem ou na mulher, traz a cura e o conforto. Por pureza subentendemos a pureza de todos os veículos ou corpos — o corpo mental (o corpo que pensa), o corpo do desejo (o corpo que sente) e, naturalmente, o corpo físico.

Desse modo, os neófitos de outrora tinham de aprender primeiro a viver de modo puro — a purificar o corpo físico para o serviço, comendo e bebendo corretamente, fazendo abluções diárias e praticando a disciplina física; a purificar os corpos mental e emocional pela oração e pela meditação. Eles aprendiam também a invocar, através da meditação, os grandes anjos dos elementos para que lhes trouxessem à alma e ao corpo físico as forças vitais que existem nesses elementos. Naqueles tempos, os irmãos viviam até uma idade bastante avançada, porque tinham aprendido os segredos íntimos da natureza e tinham sido exercitados na piedade. A piedade é a vida eterna. Aprendiam também a servir correta e perfeitamente; os professores eram bons, mas eram também rigorosos, e aos irmãos cabia obedecer-lhes. A obediência era então uma das primeiras lições e uma das mais importantes para o aprendiz, como ainda é. O funcionamento da lei do carma era-lhes demonstrado de maneira prática na vida diária e eles se compenetraram de que, se violassem a Lei, sofreriam de algum modo. Dessa maneira, chegaram a compreender a importância da obediência e da autodisciplina.

Ora, o treinamento a que tinham de se sujeitar os irmãos daquele tempo no plano exterior, vocês, embora não percebam, também o enfrentam em sua vida física. Muita gente vive na ignorância do verdadeiro objetivo de sua vida, mas, quando obtém um conhecimento, ainda que pequeno, do bem que suas experiências lhes estão fazendo, vocês, meus irmãos, se sentem felizes e agradecidos e vivem alegremente. Quando trabalham com sinceridade e consciência na sua vida interior e na sua ronda cotidiana, purificam o corpo e a mente e estimulam o espírito; pelo trabalho, o corpo, pouco a pouco, vai sendo iluminado. Pois assim como a alma vive em estreita proximidade do Criador, assim, cada vez mais, absorve a essência da vida divina e torna-se uma alma perfeita — o homem que chegou à perfeição.

Na primeira vez em que segue pelo caminho, o aluno ama e quer oferecer-se em serviço. Ora, toda arte espiritual é desenvolvida e fortalecida pelo serviço. O próprio amor, que leva o homem a querer doar-se, a querer servir a Deus e aos seus semelhantes é, por assim dizer, a vela de ignição que lhe ilumina a alma. O amor é a chave de toda a vida. O amor é o poder criativo que dá a vida.

O desejo sincero de desenvolver seus poderes espirituais, para que a luz do Grande Espírito Branco brilhe por seu intermédio e sirva à humanidade, é o mais belo estado de espírito que o homem pode alcançar. Todos os dons do espírito podem ser colocados a serviço da humanidade e são expressos por uma só palavra — cura. Se vocês, por exemplo, desenvolveram a clarividência, ou visão clara, isso significa que desenvolveram o dom de enxergar a parte mais secreta da vida como um todo, o centro mais íntimo do espírito do homem seu irmão, o centro e o princípio da vida — Deus, o Alfa e o Ômega. Estabelecido o contato, nem que seja por brevíssimos instantes, vocês, dali por diante, serão um canal, pois abriram o caminho para que o poder criativo e a luz fluam para dentro de vocês.

O verdadeiro desenvolvimento espiritual vem de dentro de vocês, do espírito, da jóia encerrada no lótus do coração. Quando essa jóia, que é o Espírito de Cristo, a minúscula semente da vida de Deus plantada em vocês, começa a desabrochar, todo o seu ser, com o tempo, se inunda de luz, e isso traz um poder de cura que se irradiará de vocês aonde quer que vão.

Tem-se a impressão, às vezes, quando vocês põem os pés no caminho espiritual, que vocês topam imediatamente com todas as dificuldades e todas as frustrações possíveis. O que é que vocês vão fazer? Vão fugir? Vão virar as costas e arredar o pé do caminho? Ou vão encarar com sensatez cada situação que surge, seguindo a luz de Cristo que existe em vocês? Estamos-lhes falando na sua própria língua, mas estamos falando a verdade. As pessoas dizem freqüentemente: "Oh, White Eagle, White Eagle, por que me foi acontecer uma coisa dessas? O que foi que fiz para merecer isto?" Ouvimos e compreendemos o lamento humano mas, amados filhos, só podemos assegurar-lhes que o que lhes parece uma tragédia se revelará, finalmente, uma oportunidade maravilhosa para aprenderem e desenvolverem as faculdades espirituais que, afinal de contas, os afastarão de toda a angústia, frustração, feridas e decepções da vida física. Uma alma só aprende essas lições vivendo na Terra. Vocês precisam aprender a aceitar o que lhes é dado para trazer à luz o Deus que há em vocês, de forma que vivam a vida piedosamente. E não esqueçam que os anjos estão sempre prontos para ajudá-los.

Apresentamos diante de vocês a vida do Mestre Jesus: uma vida simples, pura, santa, uma demonstração de como a vida deve ser vivida no corpo físico; uma vida de sacrifício e serviço, uma vida de amor — mas uma vida em que Ele tinha também de ser forte. Não pensem que amar significa ser despreocupado e afável. Há momentos em que vocês têm de encarar uma situação com coragem e determinação, e com fé e confiança no Grande Espírito Branco; e, enquanto fazem essas coisas, vivendo realmente a vida, desenvolvem seus dons espirituais, e assim se tornam videntes perfeitos, perfeitos ouvintes e servidores perfeitos.

Que o Grande Espírito Branco os abençoe a todos e lhes dê a paz...

CAPÍTULO 3

O "Eu" e o "Não-eu"

Pai celeste e todo-poderoso, nós nos reunimos em unidade de espírito, em amor fraternal, aspirando aos reinos espirituais da sabedoria. Possamos todos aprender alguma coisa da Tua verdade e levar para o mundo da ação a vontade e o poder de expressar na vida humana a beleza que encontrarmos na comunhão com o Espírito. Amém.

Vocês já ouviram dizer muitas vezes que não basta procurar registros e livros para adquirir conhecimento. Vocês podem ler todos os livros de uma biblioteca, mas o conhecimento mental, por si só, não os levará muito longe no caminho para a luz eterna. Existe apenas um modo de encontrar o caminho e de percorrê-lo depois que o tiverem encontrado, a saber, pela própria experiência interior e pelo trabalho da vida diária. Palavras, meus irmãos, são de escasso proveito final para o discípulo. Na ação — na luta cotidiana, nos períodos de meditação, no descarte de tudo o que não pertence ao que vocês são na realidade, aí está o desenvolvimento.

Nas escolas de mistérios do passado, o aluno era levado pelo guia à porta do templo da sabedoria. Ele batia (vocês hão de se lembrar das palavras do amado Mestre: *Buscai e encontrareis, batei e a porta se abrirá*) e pedia para ser admitido no templo, onde era submetido a provas muito severas antes de poder prosseguir. Hoje, vocês também batem à porta — não fisicamente, mas em espírito. Alguma coisa no coração de vocês estremece. Vocês anseiam por saber, por compreender, anseiam por servir e por descobrir como podem servir. O Mestre ouve-lhes os lamentos e vocês são aceitos como alunos — e, então, sucedem-se as provas. Vocês são quase diariamente confrontados pelas provas que o seu eu superior procurou, mas que o eu exterior, por ignorância, rejeita e diante das quais manifesta desagrado.

O eu verdadeiro, a alma que estremece, desperta, procura, pediu que vocês fossem postos à prova, que todos os tipos de dificuldades viessem atravancar-lhes o caminho. Nas provações que os acossarem lembrem-se sempre de que a consciência superior de vocês pediu luz e busca a iniciação. O primeiro despertar ocorre quando a alma compreende que pode escolher entre o bem e o mal. Depois disso, a necessidade premente, quando ela torna a bater à porta do templo, é de luz. A alma brada por luz para poder enxergar o caminho à sua frente. Ela vem na mais completa escuridão, estreitamente ligada ao mundo material, e brada por luz. Assim entra o homem e, depois de submetido a certas provas, recebe o que sua alma ambicionava: desperta a luz adormecida no seu interior, de modo que entrevê vagamente o seu lugar no grande plano, e pode ter um vislumbre da luz para a qual se encaminha. Fraca a princípio, ela emite um raio, e outros peregrinos que se encontram com ele no caminho e passaram pela mesma prova, reconhecem-lhe a luz, como ele vê a deles. Os Irmãos Superiores, quando baixam os olhos para a Terra, vêem luzinhas tremeluzindo como estrelas; essas luzinhas são as almas em que a luz foi acesa, e vocês, com certeza, estão incluídos entre elas.

Imediatamente, um homem relata a sua busca, é aprovado no exame e anuncia o brilho da luz, quando chega o professor. A luz é um sinal para os mestres, para os professores e para os anjos que zelam pelo destino da humanidade; eles conhecem a necessidade do filho de Deus, e vêm assistir o espírito interior para que ele se fortifique, se torne mais brilhante e conduza todo o ser à perfeição.

Amados filhos, às vezes essa luzinha cresce forte; às vezes, bruxuleia até nos dar quase a impressão de que vai apagar-se de todo, mas isso nunca acontece. Ela é golpeada algumas vezes, e o coração dentro do irmão ou da irmã se enfraquece; mas, enquanto observamos, atiçamos a chama, e tentamos dar força e coragem ao peregrino no seu caminho. E não esqueçam que, embora falemos dos reinos dos espíritos, também estamos percorrendo o caminho, e também caminhamos sobre as pedras mais ásperas, como vocês caminharam e continuam caminhando. O caminho não é mais fácil para uns do que para outros. Todos precisam trilhar a mesma estrada, a estrada do sacrifício de todos os dias, colocando diariamente o próprio eu um pouco mais de lado, resistindo diariamente às tentações do eu inferior. Não pensem que a tarefa de vocês é mais difícil que a dos que a realizaram antes, pois a todos é forçoso trilhar a mesma via.

Ora, são necessárias muitas partes para compor um homem e uma mulher, e existem muitos aspectos seus que vocês imaginam ser *vocês*, mas que, na realidade, não são. Vocês sabem (embora nem sempre se lembrem disso) que vocês não são o corpo, que o corpo físico não é a totalidade de vocês — mas tão-somente os trajes, ou o "instrumento de trabalho". Vocês costumam dizer: "Eu sou espírito; viverei depois que o meu corpo for posto de lado." Existem também outros aspectos do seu ser que sobrevivem à morte física, mas que ainda não são o seu eu verdadeiro. Há emoções, paixões, desejos egoístas; e estes não pertencem ao espírito, senão à mente, ao corpo astral, ao corpo dos desejos. Não são o "eu" verdadeiro; demasiado transitórios, acabarão morrendo, como o corpo físico de vocês é posto de lado. Mas além e debaixo de todos eles ainda resta o verdadeiro "eu", o Filho de Deus, a luz, o eu eterno. Vocês podem se afastar um pouco de todas as facetas do "não-eu" e analisá-las. Mas não podem se afastar do verdadeiro eu, do "eu", o Filho de Deus, a luz. Existe dentro de vocês o "eu" real, a Vontade, a centelha divina, que devia controlar todo o eu, mas, geralmente, as almas se deixam prender e governar pelo "não-eu" e por todo o caos que as rodeia.*

---

* A expressão "não-eu" deve distinguir-se aqui da expressão usada, com um sentido diferente, na análise junguiana.

Sugerimos que vocês passem algum tempo, todos os dias, tentando reconhecer e pondo de lado tranqüilamente as várias camadas externas, a física, a astral, a mental e a emocional, até descobrirem esse "eu" verdadeiro, o eu eterno.

De um lado estão todas as preocupações, medos, raivas, tolices, desejos — todos são o "não-eu". Do outro lado permanece o "eu" equilibrado, polarizado, tranqüilo... o espírito, a luz interior.

Dêem ao "eu" todas as oportunidades nessa meditação diária para se tornar mais forte, uma luz polarizada... e compreenderão que o "eu" identificado na meditação é o verdadeiro eu — um Deus em embrião. Ele nunca os afastará do caminho, nunca os desencaminhará...

As tristezas, responsabilidades, ansiedades que vocês supõem ser suas, não lhes pertencem de maneira alguma. *Vocês* são o eu brilhante, a luz, a essência do ser que encontram nas horas de meditação.

Toda a vontade de fazer o bem está no "eu". "Eu farei o bem, eu farei o trabalho de Deus, eu porei o egoísmo de lado, eu rejeitarei as exigências do 'não-eu'." A razão por que muitos deixam de ver a luz é por estarem tão fechados, tão envolvidos no "não-eu". Mas a luz de Cristo, que arde no interior de vocês, que quer que vocês façam o que é bom aos olhos de Deus, pondo de lado todo egoísmo, também lhes revela a mesma luz nos outros.

O homem foi criado à imagem de Deus; a concepção do Ser Perfeito está dentro da Trindade, é parte de Deus. E vocês, meu irmão, minha irmã, *vocês*, são a concepção perfeita da criança ou filho de Deus mantido na mente do Pai-Mãe. Meditem nisso, nos três santos — Deus o Pai, Deus a Mãe e *vocês*, o filho... o próprio filho de Deus, um aspecto dessa Trindade.

Se, a cada dia, vocês aspirarem a se harmonizar com o infinito, estarão desenvolvendo o Filho de Deus, o Cristo criança no seu coração. Os homens necessitam extremamente dessa relação mais estreita com a fonte de toda a vida, o Deus que é Pai e Mãe ao mesmo tempo e, quando a vida do homem na Terra for construída com base numa compreensão da relação entre filho e pai, entre o homem e Deus, não haverá mais sofrimento, nem doença, nem caos, nem guerra.

Agora nos uniremos, filhos amados, numa ação de graças ao Grande Espírito Branco...

Que a Tua paz, a paz do amor, habite conosco para todo o sempre.

CAPÍTULO 4

Corpo, Alma e Espírito

Acalmemo-nos e procuremos o silêncio do espírito bem no fundo de nós... para que ali possamos manter a comunhão perfeita com os anjos que louvam e glorificam o seu Criador.

Ó Deus, nosso Pai, oramos com profunda humildade para que o Teu espírito fale às nossas almas expectantes; que o fogo de Tua vida cresça em poder e brilho no nosso coração. Amém.

Abrindo sua alma ao divino amor, vocês se libertarão de toda pressão, e a tensão será aliviada. Viemos, com grande amor fraterno, comungar com vocês, trazendo conosco muitos companheiros do espírito de vocês; oramos para que esses companheiros se tornem muito reais para vocês — e não apenas os irmãos humanos desencarnados, mas também os anjos que estão em toda a sua volta. Possam vocês ter consciência do ministério deles, e da luz que irradiam: uma luz que brilha como nenhuma luz até agora, cintilando no seu céu.

Voltemo-nos, porém, para os três mundos do ser humano. Muitos são os termos usados para indicar os planos invisíveis e os corpos mais sutis do homem, e existe muita confusão quanto ao significado das palavras "alma" e "espírito". Enquanto está na Terra, o homem é um ser triplo, constituído de corpo, alma e espírito. Cada um desses mundos ou aspectos tem relação com o triângulo divino formado pelo poder, pela sabedoria e pelo amor. No interior do corpo do homem encontra-se expresso o profundo mistério do universo. Geralmente, enquanto encarnado, o homem considera o seu corpo importantíssimo, e acha difícil se desligar dele. Afinal de contas, é através desse veículo que lhe vêm todas as experiências de vida, e o corpo, portanto, representa para ele tristeza ou felicidade, dor ou alegria, e todas as emoções e sentimentos que experimenta enquanto está na Terra.

Nas grandes escolas de mistérios de antigamente o corpo humano era o primeiro objeto de estudo do neófito. Imagens e modelos dele eram expostos no interior dos templos, com cada parte ou função relacionada com algum signo do zodíaco. O saber astrológico ou astronômico dos professores e sacerdotes ajudava o aluno a compreender e lidar com os poderes cósmicos que o influenciam. Através da aquisição desse conhecimento, o homem começou a compreender a verdadeira cura e a reconhecer as influências estelares que nele se exerciam enquanto estava na Terra. E foi-lhe mostrado que, por meio das experiências da vida terrena, ele estava adquirindo, aos poucos, o domínio da matéria e do corpo físico e desenvolvendo o aspecto de *poder* da sua natureza. Através de muitas e muitas encarnações, o poder criador de Deus cresce no filho de Deus. A princípio, o homem usa o poder que possui para finalidades egoístas mas, por fim, o emprega para a glória de Deus. Ele assume, primeiro, a consciência de si mesmo e, logo, a consciência de Deus.

Juntamente com as influências do zodíaco na alma do homem, o candidato é instruído a respeito dos sete centros sagrados do seu corpo etérico (réplica exata do corpo físico), escondidos debaixo das glândulas de secreção interna; e da ligação ou relação de cada centro com um dos sete planetas. Dessa maneira ele reage às influências ao mesmo tempo planetárias e zodiacais durante a vida física, estando ambas as influências interessadas na sua evolução e no seu desenvolvimento rumo à perfeição. O livre-arbítrio do homem é o precioso dom de Deus; por meio da ação do livre-arbítrio aprende o homem, finalmente, a diferenciar o que é bom, ou positivo, do que é mau, ou negativo.

Isso nos leva ao segundo aspecto do ser humano, à sua alma, pois em sua vida física e pelo uso do precioso dom da vontade, o livre-arbítrio, ele aprende a discernir, a selecionar o material que cria a vida de sua alma, o corpo de sua alma. Não pensem na alma como se fosse algo separado e desassociado da vida física, ou na vida da alma como se fosse um estado pelo qual passaremos com a morte do corpo físico, pois vocês vivem num mundo anímico *agora,* e estão escolhendo agora, por intermédio do livre-arbítrio, o material que está sendo usado para construir o lar da sua alma no mundo do espírito.

Vocês falam em pessoas do espírito, que vivem no mundo do espírito mas, na realidade, elas são mais bem definidas como "almas" que vivem num mundo da alma. No além, encontramos condições manifestas e reais, criadas anteriormente pelos pensamentos, desejos e emoções do homem durante a vida física. O mundo da alma e os que nele vivem não estão muito longe, em algum lugar "lá em cima", mas estão todos perto de vocês agora.

Dissemos muitas vezes que assim como é hoje, assim será o homem depois da morte. Desse modo, se na vida cotidiana vocês embutiram uma substância pura e bela no corpo da alma, quando chegar o momento serão libertados num mundo de beleza e luz, envoltos num corpo de luz. Existem "lá" muitas belas moradas, mas estas nem sempre estarão esperando, já prontas, a alma libertada. Se uma pessoa vive às voltas com o pessimismo, a opressão, as trevas e com ressentimento no que diz respeito à vida, às condições e às pessoas, despertará no além em condições semelhantes — embora amparada sempre por amorosos companheiros do seu espírito e pela orientação da sua vontade, movida pelo Espírito divino que está dentro dela e que a impele sempre para a frente e para o alto. A qualidade da alma de um homem nasce das experiências acumuladas através de muitas vidas na Terra; assim, ao reencarnar, a alma traz de volta à vida física qualidades adquiridas em existências físicas anteriores.

A bondade e o amor são os dois grandes atributos que atraem para a alma a substância mais bela; e, portanto, o corpo da alma que se torna sensível, bela, apri-

126

morada, vibrará e responderá necessariamente à beleza no outro mundo, à qual uma substância anímica mais grosseira não reage de maneira alguma. Quando o homem declara francamente que vive em amor em vez de ódio, em bondade em vez de crueldade, em refinamento em vez de grosseria, a substância de sua alma também se torna mais sutil, por meio das emoções e desejos purificados.

O corpo da alma é o templo a que se reportavam os videntes, sábios e profetas de antigamente, o templo "não construído com as mãos", mas com o pensamento, a aspiração e o esforço pelo mestre pedreiro, o Espírito divino, que trabalha com a tosca pedra da vida e da experiência físicas.

Falamos do corpo e falamos da alma; que significa, então, para nós o espírito? *Nenhum homem viu a Deus,* nem mesmo o espírito. O homem concebe a alma, e até o corpo purificado, que vem a ser o templo do espírito, mas não vê o espírito. O espírito é o anseio divino, o Deus no homem. O espírito fala com ele através do coração. A sabedoria antiga afirma que o lar e a sede do Espírito divino estão no coração do homem. Na verdade, no coração há sete sedes — os "sete anjos que estão ao redor do trono" de que fala São João; pois no interior da vida física, dentro do corpo físico, está contido todo o universo, e os seres angélicos, os senhores da criação, os anjos planetários, todos encontram representação nesse corpo físico. Todo o mecanismo da vida humana na Terra e no mundo da alma é disparado — a única palavra que conseguimos encontrar — pelo Espírito divino que trabalha em toda a vida do homem, do mais baixo ao mais alto, para criar ou completar finalmente o homem mestre, o homem perfeito. O Espírito divino irradia-se através do corpo e da alma, trabalhando em perfeita harmonia com eles. O mestre não usa mal o corpo físico, mas realça-lhe a beleza vivendo harmoniosamente. Não o polui pensando mal ou alimentando-o imprudentemente, mas respeita tanto o corpo como a alma e, por esse modo, glorifica o Espírito divino, Deus, dentro e fora dele. Do divino ele procede como espírito puro; do divino nascemos. O Deus de quem viemos é o nosso verdadeiro lar. E a nós também foi dado o poder de criar e de nos tornarmos o filho perfeito que Deus nosso Pai conserva eternamente em Seu coração, como busca e meta de toda a criação.

A paz profunda da planície aberta e do céu varrido pelo vento, dos rios que fluem, dos vales tranqüilos e das nobres árvores que se erguem, robustas e autênticas, na encosta da montanha, firmes, apesar de todos os ventos impetuosos da vida... a paz profunda de Deus mora dentro de nós, dando-nos uma força semelhante, para nos levar de volta a Ti, nosso Pai. Amém.

CAPÍTULO 5

O Poder do Pensamento no Serviço

Comunguemos, elevando nossos pensamentos, abrindo nossa visão para a luz e glória de Deus nosso Pai... Ó Espírito Divino, que nos deu vida e no qual vivemos e crescemos, que um raio da Tua glória tenha acesso em nossas almas expectantes. Nós Te agradecemos a própria vida e toda a felicidade que abençoa nossos dias. Que também aprendamos, por meio da experiência, a agradecer-Te pelas nossas tristezas e pelo nosso sofrimento, pois a alegria e dor são iguais perante Ti. E assim possamos receber a compreensão e tornar-nos mais perfeitamente equipados para o Teu serviço no plano grandioso da evolução.

Faz que repousemos em Teu amor e em tua sabedoria, agora e sempre. Amém.

Nós os envolvemos em carinhosa compreensão, irmãos, porque vemos que, às vezes, vocês se sentem tristes e pesarosos, achando que falharam em alguma prova a que tiveram de sujeitar-se, ou depois de haverem tentado tão árdua e ansiosamente prestar um serviço afetuoso. Não se demorem nesses pensamentos — expulsem-nos da mente e limitem-se a decidir trabalhar melhor na próxima ocasião. E, se falharem, ou pensarem que falharam, agradeçam a Deus o irmão mais velho que aguarda ao seu lado, que os compreende e ama e que os ajudará a sair-se melhor na próxima vez. Ele ora para que o seu amor os ajude a se tornarem um instrumento melhor.

Vocês todos são como crianças. Vivem na Terra e estão sujeitos a muitas limitações físicas; nós, livres da servidão da Terra, podemos ter um pouco mais de experiência do que vocês e, por certo, existem os que estão acima de nós, tão distantes de nós quanto a Terra dista da estrela mais longínqua! Não obstante somos todos irmãos queridos; estamos todos viajando pelo mesmo caminho, rumo à sabedoria e ao amor infinitos. Damos a vocês o que aprendemos, e o que aprenderem passem vocês a outros que podem estar no caminho, atrás de vocês. Apenas utilizem da melhor maneira possível o material que lhes foi dado — os próprios anjos não podem fazer mais do que isso.

Falamos há pouco do templo da alma que cada um de nós edificou enquanto encarnado. Ora, um dos instrumentos mais perfeitos com os quais nós trabalhamos e trabalhamos o templo da alma que estamos fazendo é o pensamento. Posto que em dias que virão o homem estará principalmente interessado no desabrochar de aspectos mais elevados ou espirituais de si mesmo, no momento presente ele se preocupa amplamente com o desenvolvimento de sua mente, de suas qualidades mentais. A despeito disso, pouca gente atenta para o *modo* como pensa; pensa sem propósito, deixando os pensamentos rodopiar e confundir-se uns com os outros, até que a mente se torne uma verdadeira sacola de trapos, cheia de toda a sorte de estranhas bugigangas. Só de vez em quando encontramos uma mente bem arrumada, com todo o conteúdo limpo e em ordem, sob o controle do espírito.

Depois que começamos a compreender o poder do pensamento, podemos usar os pensamentos para modelar nossa vida, imprimindo-lhes beleza e harmonia. Ora, não advogamos o "primeiro eu" como incentivo para pensar corretamente (na verdade, pensar primeiro em si pode ser tudo menos pensar corretamente) mas damos ênfase ao modo como vocês podem ajudar os outros e aquinhoar os que os rodeiam com o pensamento correto, o bom pensamento. Este seria o motivo que deveria estar por trás de todos os esforços de vocês para pensar corretamente. Entretanto, vocês não podem emitir um pensamento bom, generoso e construtivo sem efetuar a colheita das sementes de pensamento que semearam. Nessas condições, vocês servem a um duplo propósito quando se educam para pensar bondosa e construtivamente. Pois essa é a lei do carma: o homem não se furta a colher o resultado dos seus pensamentos. Eis aí uma consideração séria, pois poucos têm idéia do efeito dos seus pensamentos sobre os outros, sejam eles dirigidos a uma pessoa, sejam endereçados ao mundo em geral.

Vemos que vocês, às vezes, se preocupam com as chamadas moléstias infecciosas e com o que denominam "germes", ou com uma infecção provocada por um vírus mas nunca pensaram na possibilidade de uma infecção produzida pelas forças do pensamento. Pois, se uma pessoa propende para a reflexão superficial ou para o pensamento descontrolado e indisciplinado, ela pode revelar-se receptiva às forças negativas do plano astral, e apanhar provavelmente um "germe de pensamento" que conturbará o seu corpo etérico e acabará achando o caminho para a sua corrente sangüínea, diminuindo-lhe o poder de resistência às enfermidades físicas. Há uma grande verdade no ensino da Ciência Cristã, pois o pensamento contínuo do bem, de Deus, envolve uma pessoa na luz de Cristo como numa armadura protetora. Os que praticam a Ciência sábia e verdadeiramente colherão bênçãos não somente para eles próprios mas também para outros.

Os pensamentos assumem forma literalmente e são visíveis no nível com o qual estão sintonizados. Pensamentos de devoção, por exemplo, ascendem ao plano celeste e criam uma bela forma nesse nível, que os que só operam no plano astral não registrariam. Todo pensamento que sai de você procura no éter, pela lei da atração, alguma vibração de pensamento correspondente. Às vezes, vocês dizem: "Eu estou com uma nuvem negra pairando sobre mim." Talvez de fato ela exista, mas trata-se de uma forma criada por vocês e que vocês mesmos alimentaram! Por outro lado, pensamentos de raiva e de crítica enchem o corpo astral e emocional com as cores mais feias, que reluzem de repente, com chamas aguçadas e ofensivas. Longe de nós qualquer um desses tipos de pensamento! Escolham antes por companheiros formas brilhantes e radiantes de pensamento, prontas para servir a vocês e aos que os rodeiam.

Aqui está um tipo de serviço aberto a todos. Quando estiverem num lugar público — digamos, num meio de transporte público — e virem alguém entrando, no trem ou no ônibus, com uma expressão triste, cansada e deprimida, ou, então, muito zangada, sentem-se tranqüilamente e mandem amor e paz a essa pessoa; procurem imaginar a espécie de pensamento que o Mestre enviaria àquela pobre alma. Um pensamento de amor, bondade e luz, bem formado e bem dirigido, encontrará o alvo, e vocês notarão que o seu vizinho se animará. Vocês o terão ajudado a afugentar suas preocupações e é até possível que ele venha a "começar vida nova", como vocês costumam dizer, a partir desse instante.

Existem almas humanas que lutam, e muitas, como vocês, que se esforçam sinceramente por superar fraquezas interiores, que intimamente reconhecem. Vocês não podem ver nem conhecer as lutas interiores dos outros, nem as dificuldades ou fraquezas que os amarram e, por vezes, os fazem agir de maneira que vocês não compreendem; mas vocês, que agora estão aprendendo, não somente com nossas palavras, mas também com as instigações do seu próprio professor, podem fazer muito para ajudá-los graças aos seus pensamentos generosamente positivos e à visão do Cristo que os habita. Pensem no vizinho como num filho de Deus, como vocês, com os mesmos problemas que os fazem sofrer, as mesmas fraquezas, as mesmas aspirações. Onde este ou aquele homem está, só Deus sabe. Apesar disso, todos são do mesmo espírito e passam pelas mesmas lutas, problemas e necessidades que vocês conhecem.

Por isso, continuem a viver sem condenar ninguém, mas olhando com bondade e amor para todos; não abriguem pensamentos cruéis contra ninguém, nem mesmo contra um pretenso inimigo. Nenhum homem pode ser, de fato, seu inimigo, pois todos são seus professores; e quando vocês forem tentados a se sentir magoados ou ressentidos, em razão de alguma injustiça aparente, olhem primeiro para dentro de vocês e perguntem: "Que tem isso para me mostrar? Que tenho eu para aprender com isso?" Com o tempo, a verdade se revelará e vocês, em vez de pensar hostilmente, serão capazes de dizer: "Obrigado, irmão, porque você me ensinou muito e me ajudou." O motivo da outra pessoa não é da sua conta. Por trás disso está a mão orientadora da sabedoria. Os grandes senhores do carma governam os seus caminhos, e toda injustiça aparente se transforma numa jóia de grande beleza no seu templo, como o sofrimento profundo acarreta a revelação divina. Por conseguinte, descarte-se de qualquer sentimento de mágoa e estenda os olhos sobre o mundo com um sereno amor.

Vocês são todos mais ou menos culpados da tendência para se aborrecerem e se deixarem consumir pela ansiedade e pelos pressentimentos. Se pudéssemos mostrar-lhes os demônios produzidos por essas preocupações, vocês conheceriam os insalubres e miseráveis espectros que eles são! E não concordariam em manter essas companhias!

Meus filhos, não há necessidade de temer *coisa alguma;* pois, ainda que aconteça o que vocês temem, há sempre um poder sábio e amoroso que os sustenta e conduz com segurança, sãos e salvos, pelos lugares difíceis. Leis espirituais governam toda a vida. Deus conhece todas as suas necessidades. Se vocês tiveram de passar por experiências difíceis, elas lhes virão através da sabedoria e do amor de Deus, que é seu Pai e sua Mãe. Por que se sentem então, ansiosos pelo futuro? Levantem a cabeça, endireitem os ombros e aceitem o seu carma com gratidão, sabedores de que ele vem para ajudá-los. Pensem de modo construtivo, saibam que o futuro traz o bem e não o mal. Recusem-se a atrair demônios! Assim como o sol, brilhando através da chuva, cria o arco-íris, assim também acontece com cada vida humana que olha para a luz do sol de Deus. Deus não mandará nada senão o bem, e cuida dos seus entes queridos com um amor infinitamente maior do que o que vocês poderão sentir.

Tomem cuidado para não emitir pensamentos de medo, que empurram outros para o precipício de sua própria fraqueza, mas emitam antes um pensamento constantemente positivo e construtivo, que fará de vocês outros tantos salvadores. Esse é o serviço do mundo.

Pensar é uma questão de hábito e, como já dissemos, o pensamento humano, em grande parte, se mostra confuso e nebuloso; mas vocês, que puseram os pés no caminho, precisam praticar o hábito do pensamento correto, pois a disciplina do controle e da direção mental é absolutamente necessária aos que ambicionam conhecer os mundos invisíveis. Tentem, no começo, governar seus pensamentos por um instante. Comecem deixando a mente diante de uma bonita imagem do Mestre, ou concentrando toda a atenção do coração e da mente em uma bela flor. Outro símbolo que nos agrada é o da tranqüila chama de uma vela. Mantenham o pensamento, calmo e tranqüilo, pelo maior tempo que puderem, procurando alongar-lhe um pouco mais a duração cada vez que fizerem o exercício.

Depois que conseguirem controlar os pensamentos, eles começarão a ter valor para o Mestre e para o seu próprio guia como instrumento da luz. Seu poder aumentará até que a sua própria luz cintile para edificar, inspirar a alegrar as pessoas que os cercam. Até as que vivem no plano astral chegarão mais perto em busca de ajuda e força. É tão verdadeiro, tão verdadeiro! *Eu, se for erguido da Terra* — eu, o Cristo interior — *atrairei todos os homens para mim.* E essa verdade aplica-se a todos nós.

Ó Deus, nós Te agradecemos por todas as Tuas bênçãos, pela presença dos anjos da luz, pela compreensão que chega até nós, pelo amor que sentimos por nosso irmão, pela aspiração e adoração que sentimos no coração. Por todos os bons pensamentos nós Te agradecemos, ó Deus. Possamos ser fortes no Teu amor, na Tua beleza e na Tua verdade. Amém.

CAPÍTULO 6

Mais a Respeito do Poder do Pensamento

Oremos em espírito para a fonte do nosso ser, Pai, Mãe e Filho, Trindade santa e abençoada. Nós Te agradecemos, ó Grande Espírito Branco, por todo o bem, por toda a beleza, por toda a verdade. Possamos ter sempre consciência da Tua bênção e dos eflúvios do Teu amor. Convocamos, em Teu nome, os anjos da luz. Possamos nós ser receptivos à ajuda que eles nos prestam. Possa esse grupo emitir bons pensamentos, boa vontade e luz espiritual. Sejamos nós servidores da luz! Amém.

Filhos amados, nós os saudamos com amor; acreditamos que o coração de vocês seja agitado pela áurea radiância que agora os envolve. Os anjos da luz chegam realmente muito perto dos que buscam, humildes, servir ao Grande Espírito Branco; pois todo serviço desinteressado, prestado livre e amorosamente, é inspirado pelos anjos da luz que trabalham através da alma humana. Nos dias de hoje, é importante que vocês reconheçam o poder desses anjos e o lugar que ocupam no grande plano de Deus para a evolução da humanidade. Em muitos ensinamentos religiosos são feitas referências à batalha da vida e, às vezes, fala-se na alma do homem como num campo de batalha entre as forças do bem e do mal. Vocês todos sabem que, quando o conflito entre o bem e o mal, ou entre a consciência e o eu inferior, se trava no interior de vocês, vocês sofrem. Essas forças são representadas pelos anjos da luz, de um lado, e pelos anjos das trevas, de outro; e os homens devem sempre pedir inspiração aos primeiros.

Vocês todos são responsáveis pelas influências mentais. Quando pensamentos de dúvida, depressão, medo e ansiedade se insinuam em sua mente, vocês dizem que eles são apenas naturais e humanos; mas a verdade é que vocês captam esses pensamentos porque os atraem. O homem é como um ímã, que atrai para si tanto os anjos da luz criativa quanto os anjos das trevas e da destruição. Os anjos da luz aproximam-se dos que, humilde e verdadeiramente, buscam servir ao Grande Espírito Branco.

O propósito da vida do homem é crescer rumo à consciência de suas próprias qualidades divinas; e o modo de fazer isso, para ele, consiste em elevar-se continuamente, em pensamento, na direção das esferas de luz, em abrir-se continuamente para as forças construtivas e para o poder criativo de Deus. Por intermédio da experiência e no silêncio profundo da meditação e da contemplação, o homem cresce para Deus; pela meditação sobre as qualidades do Pai e da Mãe divinos, ele se eleva em estatura espiritual até se tornar, afinal, um perfeito filho de Deus.

Uma coisa é estudar fatos científicos, outra é estudar a verdade espiritual ou oculta; mas enquanto vocês não tiverem, embutidos no corpo de sua alma, os átomos de luz, os átomos construtivos de Deus, não poderão servir à vida como gostariam de fazê-lo. Uma coisa é conhecer com a mente e outra é conhecer com o eu interior; e conhecer com o eu interior supõe um bom pensamento espontâneo e uma boa ação espontânea; emissão espontânea da luz que é amor, que é criativa, que acelera as próprias vibrações do seu mundo e do seu corpo físico.

Dizemos com freqüência que todas as coisas se acabam resolvendo para o conforto, a paz e a felicidade de vocês; mas vocês precisam trabalhar e rezar, e precisam também compartilhar de uma comunhão íntima. Vocês sabem disso; mas as exigências da vida moderna parecem tão urgentes que vocês esquecem a grave importância e a necessidade dessa comunhão íntima, a partilha do pão da vida. Isso, a par do serviço amoroso no mundo, embutirá em seu ser partículas de luz, transmudará a escuridão e suplantará as forças destrutivas que atuam em torno e dentro de vocês. Esse é o segredo da alquimia, a sabedoria antiga que esteve sempre à espera de que os homens a encontrassem — o segredo da transformação do metal escuro, pesado e opaco da matéria grosseira no ouro puro da substância espiritual.

Agora estão sendo construídos instrumentos para registrar as vibrações do pensamento, ou vibrações da alma, que serão os meios de mostrar à humanidade a realidade das forças invisíveis. Quase todos vocês têm, em casa, um aparelho receptor capaz de registrar as ondas que passam pelo éter; quando apertam um botão, ouvem música ou vêem imagens que chegam, talvez, do outro extremo da Terra, e aceitam tudo isso como um acontecimento comum. Falam ao telefone e seus amigos lhes respondem, talvez de muitas centenas de milhares de distância, embora vocês lhes ouçam a voz como se estivesse no mesmo aposento.

Essas invenções estão conquistando o espaço e demonstrando que o éter está cheio de ondas de som, ondas de luz. Mas existem outras ondas que vocês aprendem a perceber. Aprendem a ser conscientemente receptivos às ondas do pensamento. Descobrem que também recebem estações e que, pelo exercício da mente e da vontade sintonizam a estação que desejam. Afinam-se com os raios do reino angélico de beleza e luz, como podem se harmonizar com as esferas da escuridão, do egoísmo e da ganância e, por serem essas forças destrutivas, com a morte final.

Sem embargo, precisamos reconhecer que as forças do bem e do mal procedem ambas da vida de Deus. Muitas pessoas não aceitam a verdade de que o bem e o mal estão ambos dentro do poder de Deus, pois Deus é onipotente, onisciente e onipresente, e o homem vive no próprio coração de Deus. Deus, contudo, tem dois aspectos e, quando estes são compreendidos e encarados corretamente, o homem enxerga o propósito do chamado mal. Pois o mal, em verdade, é o aspecto da vida que não envolveu e não se desenvolveu, e é também a força que consome e destrói, o fogo que soube pôr à prova o valor do homem, absorve e remove o que se tornou indesejável. Muitas pessoas estimam que, se atacarem ajudarão a livrar o mundo do mal, mas nós diríamos que a alma iluminada se abstém de atacar e, em vez disso, irradia amor e luz, beleza e verdade.

Desse modo, quando vocês são chamados pelo seu carma para passar por uma experiência que temem, se puderem entregar-se inteira e tranqüilamente à luz eterna, à vida doce e pura de Cristo, o Filho, e sentirem o calor, a força e o conforto do seu amor, que tudo envolve, verificarão que o problema será resolvido e que vocês passarão incólumes pela experiência. Mas se tentarem atacar o que ameaça sobrepujá-los, vocês lhe darão vida.

Aprendam a viver no espírito, meus filhos. Sejam fortes no seu eu interior, e viverão, naturalmente, uma harmoniosa e bela vida exterior. As pessoas supõem que, se voltarem a atenção para os assuntos espirituais, realizarão pouca coisa na Terra, mas isso não é verdade. Vigorando o espírito no íntimo de vocês, vocês entrarão em sintonia com a grande serenidade do Cristo e dos mestres e santos de todos os tempos, e aperfeiçoarão seus poderes de realização; mas se se deixarem engolfar na confusão e no caos, não realizarão coisa alguma. Por isso permaneçam tranqüilos e conheçam a paz de Deus e a alegria da vida; assim estarão elevando as vibrações de toda a vida e as da própria Terra.

Repetimos: o pensamento é o agente mais poderoso. Tudo tem origem na mente de Deus. Toda forma provém da mente, do pensamento. Queremos deixar bem claro que as mesmas forças se usam na magia branca e na negra, mas é o motivo do operador que as dirige para o bom ou para o mau uso. É sempre o pensamento do operador que cria a magia branca ou a magia negra. Como diz o seu poeta: "Não existe nada bom ou mau, o pensamento é que faz as coisas serem boas ou más."

A magia boa, ou branca, é levada a cabo com o conhecimento e a assistência de anjos da luz. É um ritual executado por um homem bom, um homem de luz, que trabalha desde o centro do coração. Ele ama. Ele não tenta impor sua vontade; não quer nada para si, mas trabalha desinteressadamente para o bem de muitos. Na nova era, inúmeros grupos que operam com a luz branca emergirão em toda a Terra. O trabalho num grupo assim requer o espírito do serviço abnegado e da dedicação, que alia o servidor às forças da luz. Mas quando alguém deseja trabalhar unicamente para si, atrair tudo para si, impor sua vontade, alia-se às forças negativas. O Irmão Branco não pensa em si; seu único desejo, pelo amor e pela luz, consiste em afortunar e erguer todos os homens a um estado mais elevado. Ele dá, sem reservas, das profundezas do seu ser. Esse dar desinteressado distingue a magia branca da negra.

Assim sendo, filhos amados, gostaríamos de deixá-los com este pensamento. Procurem diariamente dirigir pensamentos amáveis, pensamentos bondosos, para o mundo. É tão simples! A vida do verdadeiro homem de Cristo é uma força positiva que influi sobre toda a humanidade. Na medida em que vocês emitirem bons pensamentos atrairão para si as forças do bem, alcançarão a luz e a vida espiritual e, desse modo, estarão construindo o templo de ouro da alma.

A construção ou o desenvolvimento do corpo mental superior, através do qual o Cristo interior pode operar, e operará, depende do pensamento habitual de cada um. Pensem em vocês mesmos descendo, como bebês, a esta Terra, a fim não só de

134

desenvolver em si mesmos as qualidades do Filho de Deus, mas também, para ajudar todas as pessoas a se desenvolverem e encararem a grande luz para sua felicidade e redenção — o que significa a fuga à escuridão da matéria inferior e a volta à liberdade do mundo do sol, o reino de Cristo.

Vocês olham para o exterior e vêem o caos em muitos países. O medo lhes sacode o coração. Vocês se sentem ansiosos. Mas não devem sentir-se nem ansiosos nem temerosos. Não vemos o advento de outra grande guerra, nem de um cataclismo importante; só vemos essa batalha continuada no coração dos homens e das mulheres, junto com um grande desejo, sempre maior, de bem e de luz. Não olhem com pessimismo para as condições atuais do mundo; porém trabalhem, trabalhem, trabalhem desde o seu ser mais íntimo, para transmitir a mensagem da Fraternidade da Luz. Não nos referimos à palavra. Referimo-nos à emissão de raios de luz. Irradiem para o mundo todo a mensagem de que *haverá luz,* de que todas as pessoas serão erguidas pelo poder da luz. Esse é um momento de preparação para a futura encarnação de muitas almas iluminadas, que trabalharão à vista de todos com pessoas comuns. Será o que vocês podem descrever como outro advento dos senhores do sol, ou agentes do logos solar, como homens encarnados, que vêm caminhar e falar com as pessoas da Terra.

⋟   CAPÍTULO 7   ⋞

A Visão Clara

Ó Grande Espírito Branco, que a venda caía dos olhos destes Teus filhos para que eles possam contemplar a companhia dos grandes mestres e seres angélicos que os rodeiam. Que tenham fé e confiança na verdade da vida eterna do espírito.

Que a presença do espírito de Cristo, que brilha através da personalidade do Filho muito amado, abençoe cada um neste santuário do espírito.

Pela Tua bênção, ó Senhor, nós Te agradecemos humilde e simplesmente. Amém.

Amados filhos, antes de lhes falarmos das coisas da mente e da vida física, tornamos a recordar-lhes a oração. Possam nossos olhos abrir-se para a glória dos céus. Quando falamos dos céus, não nos referimos a coisas de natureza imaginária. Falamos de realidades, da única realidade que o homem encontrará, a realidade da vida em Deus, no espírito. Foi por isso que, no princípio da nossa palestra, chamamos sua atenção e sua visão para a glória do mundo celeste.

Nós, que chegamos a vocês vindos do espírito, podemos falar com autoridade porque vivemos no espírito, como vivem todos os discípulos do amado Cristo, o grande mestre de todo o gênero humano, bem longe do estardalhaço e desarmonia da vida física. Por isso descrevemos o mundo de ouro do espírito, onde tudo é harmonia e beleza. A vida no mundo celeste está aberta a todas as almas na Terra. Por mais baixa ou ignorante que seja, pela própria aspiração e serviço prestado aos seus semelhantes, a alma tem acesso ao mundo áureo de Deus. É de suma importância que vocês compreendam e estabeleçam o ideal em seu coração. A vida na Terra puxa-os para baixo; o corpo limita e aprisiona a alma dentro dos cinco sentidos. Mas não se esqueçam de que os cinco sentidos são apenas uma parte dos sentidos que o homem tem à sua disposição; outros, que lhes revelarão o mundo celeste, neste momento e nesta era estão se desenvolvendo lentamente em sua alma.

No transcorrer do tempo, alma e espírito se unirão e se tornarão um só. Agora o espírito está acima da alma; mas esta na verdade é a roupa, o corpo do espírito, e foi construída com o éter mais próximo que envolve a vida física. Vocês já foram inteirados de que, na meditação, podem estender os sentidos físicos aos éteres mais elevados. Podem absorver o poder do seu próprio espírito de modo que estimule os sentidos da alma, deixando passar para o cérebro físico uma consciência de coisas mais elevadas ou celestiais. Vocês vêem com os olhos do espírito. Vêem com o espírito, e o que vêem é refletido para o cérebro físico. Isso tem de ser assim. O cérebro físico é o recipiente ou refletor dos sentidos do espírito, quando o espírito está suficientemente desenvolvido para imprimir nele as vibrações mais finas do mundo celestial.

Queremos que vocês compreendam que cada sentido tem a sua contrapartida espiritual. Existe uma visão espiritual, um paladar espiritual, uma audição espiritual, um sentido espiritual do olfato e um sentido espiritual do tato. Ora, todos esses sentidos, quando estiverem plenamente desenvolvidos, na nova era, porão em ação na humanidade um sexto sentido. Não é fácil para nós traduzir em palavras exatamente o que vem a ser o sexto sentido, mas nós explicaremos isso da seguinte maneira: na medida em que vocês aprenderem a desenredar-se do peso da vida terrena, do corpo terreno e da limitação da mente terrena, serão capazes de erguer-se, digamos assim, num estado sem peso, logo acima do plano terrestre, e chegar ao mundo celestial com plena consciência. Esse é o estado de consciência alcançando pelos santos, os consagrados a Cristo, em todos os séculos — um estado de consciência descrito não só nas escrituras cristãs, mas também em todas as escrituras do mundo.

Alguns de vocês talvez se lembrem do primeiro instrumento que permitiu ao homem ouvir as ondas de som que chegam por meio do éter. Hoje existem instrumentos que não só transportam as ondas sonoras desde lugares distantes, mas que também transportarão as ondas sonoras da música mais sutil e delicada para o homem. Existem ondas de som ainda mais sutis e admiráveis, ondas de som celestiais, que o instrumento humano será capaz de registrar no decurso do tempo. Ondas de luz também serão registradas pelo próprio instrumento do homem — não um instrumento mecânico, mas o instrumento de sua alma, de seu cérebro. Como vêem, em todo ser humano vivo foram construídos centros receptores que até agora, na maioria dos homens e mulheres, continuam inusitados.

Ora, junto com a exploração do espaço, ocorre também uma brecha na consciência humana da vida e da atividade nas esferas circundantes mais sutis. Ainda agora há provas dessa brecha de todos os lados. Algumas pessoas parecem ter um sexto sentido natural, ou uma capacidade natural inata de ver os mundos do espírito, os mundos interiores. Vocês mesmos já tiveram vislumbres disso, e os terão cada vez mais quando conhecerem os verdadeiros valores da vida. Com isso subentendemos, à medida que aprenderem a desviar sua atenção das coisas terrenas para o silêncio, o silêncio de Deus.

Todo homem, toda mulher e toda criança tem o poder, dentro da própria alma, de receber impressões de beleza, de coisas celestiais, vindas de planos superiores. E não apenas impressões de coisas celestiais, mas também impressões de outras pessoas, de outros estados de vida. Repetimos: Deus colocou na alma do homem um maravilhoso instrumento receptor.

Estamos sempre falando em meditação porque sabemos que, pela meditação verdadeira e profunda, a alma toca a verdade e, ao mesmo tempo, aprende a desenvolver os sentidos mais sutis. Dissemos há pouco que algumas pessoas nasceram com esses sentidos interiores despertados. Isso acontece porque a alma assim dotada tem uma oportunidade que lhe adveio de pensamentos e atos passados. O seu carma conquistou essa oportunidade. Pode ser até que, numa existência passada, essa alma tenha cursado alguma escola de mistério.

Gostaríamos de recordar-lhes que os alunos aceitos nas escolas de mistério aprendiam primeiro as regras ou leis que regem a vida física; e acabavam compreendendo que a obediência às leis da vida física é de importância fundamental para o candidato iniciado no caminho espiritual. Por exemplo, todo aluno que ingressava na escola de mistérios da irmandade da Luz iniciava os estudos disciplinando e purificando o corpo físico. Aprendia a ingerir alimentos puros. Aprendia a nunca tratar com crueldade nem infligir sofrimento ao reino animal. Aprendia a conhecer a vitalidade e a vida no ar — *prana*, como lhe chamam nossos irmãos indianos — e a inspirar as forças vitais do ar. Aprendia as propriedades de limpeza do elemento água, não apenas para o corpo físico mas também para a psique, de modo que o neófito fazia um ritual da sua abluição diária.

Aprendia a haurir energia da terra e a absorver conscientemente no seu ser os raios vitalizantes do sol. Em outras palavras, ensinavam-no a purificar-se, a se revigorar e a se sustentar por meio de sua sintonização com os elementos. Os antigos cultivavam os alimentos com conhecimento e compreensão não só da lei física mas também da lei espiritual. Não estimulavam artificialmente a terra, mas cultivavam seus produtos em condições naturais e pediam que descesse à Terra a Grande Luz Branca, o maravilhoso elemento da luz que é o amor, a fim de estimular a vida na terra e alimentar e sustentar a sua vegetação.

À proporção que o homem aprendeu a usar todos esses elementos em sua vida cotidiana, seu corpo físico tornou-se mais puro, mais leve, menos atraído pela terra; permitindo assim ao seu espírito estabelecer um contato mais pleno, através do corpo físico, com outros seres, com toda a grande fraternidade da vida.

Cada um de vocês tem o dom do espírito dentro do próprio ser e, através desse espírito, aprenderá a superar a morte. No caminho da evolução, o homem aprende que a morte é apenas a transição de um nível de matéria para um éter mais elevado, e que, dentro dele, está o poder de construir uma ponte pela qual lhe será possível viajar com plena consciência para as esferas mais altas e comunicar-se com os seus entes queridos, ver a vida que estão vivendo e usufruir com eles as belezas do jardim celestial, provar o fruto celestial, beber o vinho celestial e comer o pão da vida celestial.

Nós deixamos vocês com a nossa bênção: *que a paz permaneça sempre com vocês.*

Não deixem que pensamentos materiais e sombrios os detenham. Recusem-se a ser atados. Afastem-se da servidão do Egito — a consciência física — e ergam-se em doçura e amor nos braços de Deus.

⤳ CAPÍTULO 8 ⤣

Renunciem ao Eu Inferior

Levantemo-nos e escalemos a montanha e, desde os planos mais elevados da consciência, testemunhemos com clareza de visão o amor que jorra sobre a humanidade. Vemos a sabedoria conduzindo toda a vida para o alto, na direção da luz. Ó Grande Espírito, sabedoria eterna, possamos nós demorar-nos na Tua vida, e possa a Tua vida demorar-Se em nós! Amém.

Falamos a vocês, em inúmeras ocasiões, sobre a magia branca e sobre o segredo de todas as escolas de mistérios, que era o conhecimento de como usar o poder mágico que jaz adormecido em todas as pessoas. Os chamados milagres são demonstrações da magia branca, embora devamos acrescentar que nenhum iniciado perderá tempo e poder para satisfazer os curiosos. As demonstrações dessa magia são feitas tão-só para abençoar, defender e ajudar almas a realizarem suas potencialidades divinas.

Nas escolas de mistérios de outrora ensinava-se que nenhuma alma podia chegar depressa ao interior do templo. Com efeito, a própria natureza do desabrochar espiritual, necessário ao ingresso da alma no templo sagrado, torna esse feito impossível. Às vezes, parece uma longuíssima jornada montanha acima, e as almas se cansam, desanimam e pensam que nunca atingirão a meta. Compreendemos o cansaço da carne, da mente e do espírito, mas sabemos também que surge, sem falta, uma graça sustentadora e restauradora, que ampara o viajante fatigado em sua viagem.

O conhecimento como pura consecução mental é de escassa utilidade para a alma quando se trata de desvendar os mistérios. Por isso os aconselhamos a consagrar algum tempo à meditação e à contemplação.

Ora, há quem pense que meditar significa ficar imóvel tendo lindos pensamentos, mas isso, por si só, não os levará muito longe. A meditação correta libera a alma da servidão dos sentidos físicos e lhe permite alçar-se pelos vários planos da vida até chegar ao pico, onde ocorre a iluminação; e, quando ocorre, a iluminação traz consigo o saber. A alma que pratica a meditação aprende a se aproximar dos templos do saber e ali, no silêncio, recebe dos mestres o conhecimento e a compreensão da lei espiritual que procura. Algumas só são capazes de se erguer a uma altura limitada; vêem escritos, vêem símbolos ou caracteres numa língua que não entendem. Os símbolos e caracteres não significarão coisa alguma enquanto a alma não tiver a chave que lhe facultará interpretar os símbolos.

Ora, ensinava-se ao aluno nas escolas de mistério que a chave do entendimento desses símbolos estava na câmara de ouro; e a câmara de ouro é o coração, denominado por alguns o lótus de ouro, em cujo interior está a chave que abrirá a porta dos mistérios. Vocês podem ler muitos livros. Podem acumular muitos fatos. Podem passar por muitas cerimônias. Podem presenciar rituais maravilhosos, ou até participar deles, que lhes comoverão o corpo emocional, ou mesmo estimularão a mente superior até certo ponto — mas nada disso lhes dará o poder para entrar no templo e compreender os segredos dos mistérios interiores.

Tudo o de que necessita o aspirante para ingressar na Grande Loja Branca está dentro de si mesmo. Nenhuma escola no plano exterior lhe dará esse conhecimento. A única escola em que vocês obterão sabedoria preciosa é a escola da vida; aprenderão através da vida, da experiência e das relações humanas no plano exterior, e através da meditação no plano interior. A ação externa e a contemplação e a meditação interiores terão de andar de mãos dadas se o aspirante estiver procurando o segredo perdido, a magia divina.

Nas escolas de mistérios, todo candidato é levado finalmente a uma capela ou cela sem nenhum mobiliário, exceto um espelho, e terá de estar tão preparado e ser tão forte que possa olhar para o espelho e ver o verdadeiro reflexo de si mesmo. A alma tem muitas camadas densas e escuras das fraquezas humanas e do engano de si mesmo, e todos terão de ser eliminadas para que a alma surja completamente nua defronte do seu reflexo. Para quem está procurando realmente este pode ser um momento de iluminação divina, um momento de iniciação, em que a alma se desfaz de tudo o que é insignificante e se eleva e se une à fonte do seu ser.

Agora vocês podem começar a ver por que a meditação e a vida exterior precisam andar de mãos dadas, por que na meditação a alma se inteira da verdade, e a vida vivida há de ser uma demonstração da verdade revelada na meditação.

O céu é um estado de felicidade e alegria supremas, alcançado quando a alma compreende o poder da magia divina. Essa magia, contudo, é tão difícil de se compreender que não se explica com palavras; é uma essência divina, com a qual a alma se enche quase que inconscientemente. O mestre é natural, é todo amor, é gentil. Não domina ninguém, mas ama a todos. Dá, assim, uma demonstração da magia divina, e a magia divina é um poder que removerá todo e qualquer obstáculo, superará todas as dificuldades, endireitará caminhos tortuosos. Trará paz em lugar da tormenta. Isso foi demonstrado pelo Mestre Jesus, quando se ergueu no barco e serenou as ondas. O barco é um símbolo da alma. A Sua presença — a presença divina, a magia divina — debelou a tempestade da emoção.

Estão vendo a razão por que o carma é uma barreira? O carma, meus filhos, compõe-se realmente de lições não aprendidas. Essas lições precisam ser encaradas com um espírito calmo. Rejubilem-se com o seu carma. Agradeçam a Deus as oportunidades que lhes foram concedidas para aprender lições e dispor do carma, pois são estes os degraus pelos quais chegarão à Grande Loja Branca, lá em cima. Cada porção do carma pelo qual tiverem passado significa uma lição aprendida, mas a coisa mais importante de que devem se lembrar não é apenas procurar enfrentar o carma; certifiquem-se de ter aprendido a lição que o episódio pretendia ensinar. Se não a tiverem aprendido e tiverem apenas contornado o carma, não terão feito outra coisa senão colocá-lo na prateleira de modo que ele voltará uma, duas ou mais vezes, até que a lição tenha sido aprendida.

Isso é difícil? Pode ser, mas é verdadeiro, e nós estamos tentando mostrar-lhes as coisas como elas são e ajudá-los, porque os amamos. Somos seus irmãos. Já passamos pelo mesmo caminho. Temos maneiras de viajar além e além da Terra e, quando olhamos para o carma, aceitamos, agradecidos, as lições que constituem obstáculos e são colocadas à nossa frente. Eis aí porque dizemos, em inúmeras ocasiões: aceitem, aceitem, aceitem as condições da sua vida e agradeçam-nas, pois elas são degraus que conduzem à iluminação e à felicidade perfeita.

O segredo da magia divina chegará a vocês quando tiverem sobrepujado os obstáculos, quando tiverem aprendido a dominar o eu interior e a expressar o amor, a delicadeza e a bondade divinas; quando tiverem aprendido a não retaliar ou a não ficar ressentidos. O iniciado renuncia a toda injustiça, por menor ou maior que seja, em favor da lei divina. Sabe que a prensa para a extração do óleo da lei esmaga as azeitonas, e só permanece o óleo da sabedoria. Os sofrimentos, desigualdades, dificuldades, injustiças da vida são todas espremidas na prensa de Deus, e só permanece o puro óleo da sabedoria, o puro vinho da vida.

O homem ou a mulher sábios não procurarão justificar-se, mas entregam tudo, com perfeita confiança e fé, à exata operação da lei de Deus, do amor.

Agora a paz, a verdadeira paz duradoura esteja com vocês. Lembrem-se do modo gentil, da resposta gentil, do abandono de todas as exigências. Seja feita a Tua vontade, Senhor, e não a minha.

Filhos, o Mestre está presente. Abram o coração e recebam-Lhe a bênção. Ele está no meio de vocês, o perfeito Filho de Deus.

Nós nos inclinamos diante dEle.

❧ CAPÍTULO 9 ❧

Aprendam a Usar os Sentidos Interiores

Deus nosso Pai, em que vivemos e nos movemos e existimos, gostaríamos de nos conscientizar de Teu amor e de Tua sabedoria. Gostaríamos de abrir nossos olhos para seguir rumo à luz, e abrir nossos ouvidos para ouvir a voz do espírito, e fazer-nos canais do poder e do brilho da Tua verdade. Que a Tua luz afugente a escuridão da Terra e o Teu amor traga paz ao coração dos homens. Que nesta noite o espírito da paz, da tranqüilidade e da calma reine, supremo, no nosso coração. Amém.

Esta noite, gostaríamos de trazer-lhes mais do que amor; gostaríamos de trazer-lhes sabedoria e poder para encher-lhes o ser de confiança e compreensão das hostes invisíveis da luz que agora ajudam a humanidade. Lembrem-se de que por mais fracos e insignificantes que possam se sentir, vocês podem ser um canal através do qual se manifeste a luz de Cristo. Vocês foram trazidos à condição em que agora se encontram para poderem ser usados no serviço — vocês não estariam lendo estas palavras se assim não fosse. Servidores no mundo, precisam manter-se firmes e leais ao que sabem ser a verdade — ou seja, que a Grande Luz Branca de Cristo cura todos os males do corpo e da alma. Cura o corpo físico; afugenta as sombras do chamado mal. É a construtora de todo bem e, neste momento especial, vocês são convocados pelas hostes do invisível para servir, para agir.

"Como posso servir?", ouvimos vocês perguntarem. Vocês precisam dar-se conta das forças invisíveis que tocam de leve a vida na Terra. Precisam exercitar o corpo e os veículos mais elevados para perceber conscientemente a corrente de luz que entra em seu ser por intermédio dos centros psíquicos; precisam aprender a prestar atenção a essa corrente circulante de luz que vivifica e pode iluminar o corpo e a alma, e passa além de vocês, dirigida pelo seu eu superior, para curar os doentes do corpo e da mente em todo o mundo. Os anjos e os seres espirituais trabalham por meio de canais humanos para construir o céu na consciência do homem. Isso é sabedoria antiga. No templo de treinamento do passado, homens e mulheres eram doutrinados a perceber o mundo de luz dentro da alma.

No Egito usavam-se raios coloridos para curar assim o corpo como a alma. O mestre sábio daquele tempo ensinava o aluno a afinar-se com a primeira grande causa

— o sol; a harmonizar-se com o sol e com a luz; a desenvolver essa atitude mental que não podia pensar nem fazer mal a nenhum ser vivo. Nessas condições, o próprio aluno fazia um canal para si; absorvia a luz do sol através de cada centro, ou chakra, de seu corpo, e chegava, por meio dos chakras, aos corpos mais altos: por meio dos sete chakras aos sete veículos do homem.

À testa dos sete raios da vida, dentro dos quais nascem todas as criaturas, estão os grandes mestres da sabedoria e, além deles, os arcanjos — devemos chamar-lhes anjos ao redor do trono? Irradiando-se através da vida desde o centro, desde o coração, descobrimos esses sete raios, de cada um dos quais partem outros sete, de cada um dos quais partem mais sete, até que, por trás do véu da vida física, se desvela uma infinidade de seres, tanto da linha humana de evolução, quanto da natureza; e vemos manifestar-se a vida de todas as coisas que crescem, sustentadas pelo trabalho harmonizante das hostes incontáveis.

Visualizemos o sol, centro do seu sistema solar, o sol espiritual invisível que está atrás do sol, e os raios espirituais que descem sobre a humanidade, misturando, harmonizando, tecendo um glorioso arco-íris de cor e beleza por toda a criação, trabalhando da maneira mais bela e maravilhosa a fim de transportar para a consciência do homem a glória divina do seu verdadeiro ser. Finalmente, a cor e a beleza voltam de novo àquela luz perfeita, a grande luz branca. Não existe nada que se pareça com o acaso, nada que se pareça com acidente; tudo funciona de acordo com uma lei perfeita, sob a direção dos grandes seres à testa dos raios que se difundem pela humanidade.

Nas escolas de mistérios do passado, ensinavam-se ao aluno os efeitos da cor sobre a alma, sobre a mente, sobre o corpo, os efeitos do perfume, os efeitos do som. Cor, perfume e som. É uma pena que tão pouca gente compreenda hoje com que poder esses três fatores afetam a vida humana.

Alguns são mais sensíveis às vibrações do som, outros às vibrações do perfume, outros ainda às vibrações da cor. Alguns são profundamente influenciados, ainda que, às vezes, inconscientemente, pela cor do ambiente; a outros, a harmonia da música, do som, lhes abrirá a alma para a luz do sol, para a luz branca do sol, do Cristo. A outros ainda, os anjos ou os habitantes da terra da luz transmitirão sua mensagem na fragrância do perfume, por intermédio do sentido do olfato. Certos mestres, particularmente, usam a vibração do perfume para imprimir sua presença no aluno. Às vezes, vocês sentem o cheiro do incenso ou, talvez, o perfume de uma rosa, e dizem: "Que perfume delicioso! De onde virá ele?" Na realidade, vocês receberam um raio, um pensamento, proveniente de um sábio, e essa é a sua maneira particular de reagir. Não a mente consciente, mas a alma reage à estimulação sutil para coisas mais altas. Pode acontecer que um espírito desencarnado, alguém que vocês amaram, lhes traga um perfume que por sua vez lhes traz uma lembrança, uma associação, possivelmente de um campo de feno, de rosas, de violetas ou da terra formosa molhada por uma chuva delicada, talvez o perfume de pinheiros — que despertam em vocês uma lembrança, que os ligará ao ente amado.

Alguns se admiram de que não desaprovemos o costume de arrancar flores da sua raiz. Porque as flores se apresentam como dádivas feitas à humanidade. Os pe-

143

quenos espíritos naturais que trabalham com elas vêm como mensageiros à nossa casa, ao nosso santuário, emitindo vibrações de harmonia, de cor e de perfume para alcançar o coração e tocar a alma do gênero humano. Nós nos atreveremos a dizer que alguns de vocês, num serviço religioso, talvez tenham recebido mais das vibrações das flores no altar do que de qualquer palavra que tenha sido proferida. As flores falam, e suas vibrações ou as dos pequenos espíritos da natureza que trabalham com elas transmitem à alma a mensagem que Deus quer que vocês recebam.

Na meditação, vocês aprendem a desenvolver os sentidos da alma, de sorte que se tornam conscientes, através desses sentidos, da vida interior da alma. Por meio dos sentidos mais elevados, vocês se tornam mais afinados, mais despertos, mais conscientes da vida eterna do espírito.

No tocante aos raios de cor que estamos aprendendo a usar na cura, não gostaríamos de incutir-lhes nenhum ensinamento dogmático. Na vida espiritual vemos a delicada fusão e harmonização de todas as cores, e é difícil separar uma da outra. Apesar disso, nós as vemos como se estivessem separadas, cada qual com sua influência ou efeito particular. Vocês compreendem? Dizer que uma cor específica é usada sempre para o mesmo propósito não é correto. A cor variará de acordo com a receptividade ou o desenvolvimento da alma do paciente. Conforme a necessidade ou a vibração, a cor muda. Temos assim tons de azul, desde o mais pálido até o mais profundo, que se misturam sutilmente, de acordo com a necessidade e a receptividade do paciente. Pode-se dizer que cada cor tem sete aspectos, cada um dos quais se quebra de novo em sete, sete, sete, sete... cada qual produzindo uma fusão diferente de cores? Todas essas sutis vibrações de cor têm o seu trabalho para fazer nos sete veículos do homem.

O mesmo acontece com a música, e as sete notas da escola diatônica em diferentes combinações criam, pela vibração, os sete raios coloridos, que vocês veriam se tivessem os olhos abertos. Na próxima vez em que ouvirem música, imaginem as cores que certos temas produzem. Da música tocada muitas vezes se origina uma vibração que se repete o tempo todo. A música se demora por muito tempo depois que o som morre. Daí que a música executada nesta Loja ajude a criar a vibração que tanto amamos — que cura, estimula, dá saúde à alma que ingressa na Loja.

Certa música moderna parece ter um efeito desintegrador, mas tenham sempre em mente que os sons desse tipo têm um trabalho para fazer na quebra de certas condições mentais, de certas formas. Lembrem-se de que deve haver dissipação assim como há construção. Esse é um fato que se há de ter em mente no tocante à vida em geral. Aprendam a ver o bem até na destruição, reconhecendo-a como processo de limpeza na preparação para o passo seguinte. Muitas vezes é preciso que haja desintegração para haver recriação.

A música tem origem nas esferas criativas da arte e é dirigida através da mente mais elevada do compositor. Embora não se dê conta disso, o compositor recebe a inspiração de grandes anjos responsáveis pela criação da beleza na forma e da vida espiritual dos homens na Terra.

Uma das revelações mais maravilhosas que a alma tem depois de deixar as condições terrenas e despertar no seu verdadeiro lar, no mundo celestial, é a beleza da cor. Vocês todos gostam de um jardim florido; olham para as flores e lhes admiram

144

a cor e a forma. Entretanto, as flores que vocês vêem não são nada comparadas às flores que existem nos mundos invisíveis; na verdade, no céu há cores de que vocês não fazem a menor idéia.

Esse colorido resulta da harmonia espiritual de quem o contempla. Quem vê a beleza das cores celestiais a vê porque se identificou com a luz branca de Deus, ponto focal de toda luz, e dentro da luz branca está a Trindade, base de toda a vida.

Vocês podem trazer consigo o seu próprio mundo de cores. Seus pensamentos e emoções criam as cores que vocês usam. Os irmãos de José tentaram furtar-lhe a túnica de várias cores, mas nem o homem nem a mulher podem furtar de alguém uma túnica de várias cores como essa. Cada qual se veste com sua túnica particular, cujas cores resultam dos pensamentos e da fala, das emoções e aspirações da pessoa, e que vão desde os matizes mais toscos e violentos até os mais finos e celestiais, que indicam o corpo celestial; ou, para usarmos a expressão correta, que formam o corpo celestial e, assim, vestem o espírito do verdadeiro filho de Deus.

Essa vestimenta também tem o seu próprio perfume. Cada cor exala um perfume diferente. Os mestres e os Irmãos Superiores podem perceber o perfume da aura com extrema acuidade e a distância. A aura também contém sons. Emite belas harmonias ou pode também emitir vibrações como uma espécie de música violenta — ou talvez a palavra barulho seja melhor.

Imaginem vocês, se puderem, a assembléia de uma grande quantidade de homens e mulheres no mundo celestial, em que cada alma concorre com sua cota de harmonia, de som, e conceberão alguma coisa da música que uma companhia de almas radiantes pode criar. Esforcem-se por viver um pouco mais perto dessas realidades celestes e verão que essa percepção não os incapacitará de realizar o seu trabalho na Terra. Pelo contrário, na medida em que vocês se aproximarem de Deus e das harmonias dos reinos celestiais, aumentará a sua capacidade de servir às necessidades dos seus semelhantes de um modo prático.

CAPÍTULO 10

O Caminho da Meditação é
o Caminho do Serviço

Queridos irmãos, chegamos a vocês rezando para que cada um possa absorver a luz; que a aura de toda a assembléia se purifique, de modo que receba os raios da vida, da verdade, e ouça não somente as palavras mas ouça também a mensagem no coração. Amém.

É muito difícil para vocês, vivendo num lugar limitado pelo tempo e pelo espaço, compreender a que nos referimos quando dizemos que o tempo não existe; mas quando se erguerem acima do nível da mente terrena e chegarem, na meditação ou no espírito, ao plano da consciência de Cristo, poderão, num ápice, compreender sua unidade com o conjunto da vida e o significado do eterno "agora". Tocarão, então, o que entendem por consciência cósmica.

Este deveria ser o único objetivo das suas meditações — o amor a Deus e a união com Ele, origem do seu ser. Vocês não desejam nada para si, nada que lhes exalte os poderes, ou que os glorifique. Vocês têm apenas um pensamento, um objetivo, que é a adoração do Bem-Amado, o anseio de aproximar-se dEle, de fundir-se nEle e de tornar-se parte dEle. O que é o Bem-Amado? O Bem-Amado é Deus, é a vida universal em todas as suas manifestações. Na meditação vocês se identificam com a vida universal. Como ensinam os professores orientais, é o ato da gota de orvalho que mergulha no oceano.

Para algumas mentes ocidentais, o conceito de uma unificação desse tipo é desagradável, pois o homem ocidental se apega à idéia da individualização e do desenvolvimento da própria personalidade. Quando a alma, porém, se enche de amor ao Criador, já não procura o seu progresso; pelo contrário, o desinteresse, a delicadeza e a abnegação de si mesmo são as qualidades de quem pôs realmente os pés no caminho da meditação, qualidades que vocês reconhecem no Senhor Jesus, no Senhor Krishna, no Senhor Buda e em todos os grandes professores do mundo.

O caminho da meditação é o caminho da devoção desinteressada ao Ser Único, Deus, o Ser Perfeito. Não procurem o poder psíquico nem o desabrochar psíquico no caminho da meditação. Esses poderes podem vir, mas o poder psíquico é sabiamente sonegado em alguma encarnação porque o carma da alma pode tornar perigoso para ela desenvolver-se psiquicamente antes da chegada da iluminação espiritual. Em vez de uma busca do poder psíquico, seja seu objetivo a simples devoção ao Grande Espírito Branco, ao Bem-Amado.

Vocês sabem que têm centros de força nervosa no corpo, a que damos o nome de "chakras". Sabem também que, na maioria das pessoas, esses centros de força nervosa não foram despertados e estão, por isso mesmo, embotados, mas podem ser vivificados por certos procedimentos. Ao tratar do método da meditação, que explicamos, comunicamos um modo pelo qual vocês mesmos podem despertar a verdadeira vida espiritual que está no interior de vocês. O agente de cura ajuda o paciente, o mestre ensina o aluno, mas paciente e aluno precisam também trabalhar por si mesmos. A meditação é um caminho que há de ser fielmente percorrido, pois o aluno pode levar anos, pode levar toda uma vida no corpo ou, na verdade, algumas existências, para alcançar a meta esplêndida. Vocês não podem apressar esse processo. É forçoso prosseguir continuamente com paciência, mas vocês poderão perder muito tempo se não estiverem ligados ao verdadeiro propósito para o qual trabalham, que é, em verdade, a união consciente com o Deus de quem vieram.

A consciência constante da verdadeira origem da alma e a consciência constante de sua relação com Deus são muito importantes. O homem que ama e tem consciência do amor de Deus, que tudo envolve e se manifesta em toda a parte, mesmo que não tenha uma forma estabelecida de meditação, esse homem alcança naturalmente a meta da união consciente com Deus, com o espírito universal.

Uma compreensão como essa pode vir de vez em quando, em lampejos e, às vezes, sem ser procurada. Para outros parecerá um alvo muito distante. Mas se vocês permanecerem puros em aspiração e afetuosos em relação aos seus semelhantes poderão, a qualquer momento de sua vida, ser abençoados com a iluminação resultante da união consciente entre vocês, indivíduos, e o Espírito universal. Saibam vocês ou não, acreditem ou não, durante esta vida *todas as almas* viajam para a união com Deus; e, à medida que progridem, não só através da meditação mas também pela prática contínua do amor em sua vida, pela doação de bondade e serviço a todas as criaturas, vocês estarão desenvolvendo uma vida espiritual em seu interior que lhes permitirá dominar os eventos da vida cotidiana e se tornar senhores de si em todos os níveis do seu ser.

Ora, quando meditam, vocês sobem a um plano muito mais elevado do que aquele em que se mantêm normalmente e, nesse nível, se encontram fora das fronteiras do tempo, de modo que podem reviver para vocês lembranças de uma experiência passada. Nesse nível da consciência também podem tocar o coração da verdade; a evolução da vida torna-se clara e vocês ficam sabendo que o passado, o presente e o futuro são uma e a mesma coisa. Vocês conhecem, então, a eternidade.

Para se atingir esse ponto da consciência exige-se longa prática e perseverança, devoção a Deus, devoção ao trabalho, devoção às necessidades humanas, serviço à humanidade. A meditação os conduzirá por um longo caminho mas, com ela, vocês precisam ter também a vida de serviço e bondade, paz e tranqüilidade. Nessas condições, não deixarão de furar as névoas da Terra e encontrar a verdade.

Depois de se conscientizarem de que são *espíritos,* começa o desenvolvimento e o crescimento rumo a plena percepção em todos os níveis de consciência. As palavras: *Os olhos não viram, nem os ouvidos ouviram... as coisas que Deus preparou para os que O amam,* são, de fato, verdadeiras. A consciência limitada de vocês não abrange essas glórias; tampouco compreende a vida invisível que existe em toda a sua volta. Mas a meditação os ajudará a chegar a essa visão e compreensão interiores. E não esqueçam jamais a sabedoria carinhosa de Deus e dos Irmãos Superiores, que percorreram o mesmo caminho de todas as almas. Eles entendem, e vêm para ajudá-los na senda que conduz à compreensão espiritual, à iluminação e à união com Deus.

CAPÍTULO 11

Transformem o Metal Vil em Ouro

Elevamos nossa consciência ao Altíssimo, ao Espírito Infinito, ao nosso Deus, que é Pai e que é Mãe. Que nos seja dado fortalecer-nos na luz de Seu Filho, Cristo, o homem perfeito na terra e no céu. Que Sua beleza nos inspire a vida e o trabalho; que Sua sabedoria nos dirija a vida e o trabalho; e que o Seu amor torne manifesto Seu trabalho em nós, através de nós, para todas as coisas vivas. Amém.

Falamos sobre a vida do aspirante. O objetivo e a meta dos místicos têm sido sempre os mesmos em todo o correr dos séculos; os irmãos adiantados de todas as raças converteram-se em pioneiros e mestres para que os demais os sigam. Vocês já leram, sem dúvida, alguma coisa do que já se escreveu sobre os alquimistas da Idade Média que procuravam a pedra filosofal, ou sobre os meios de transformar o vil metal em ouro. Diz-se que os Irmãos da Rosa-Cruz conheceram esse segredo.

É verdade, sem dúvida, que, no processo do desenvolvimento espiritual, a alma adquire o conhecimento da constituição da matéria e da sua relação com as qualidades e poderes espirituais. Para o mestre, a produção do ouro é simples, mas nenhum mestre empregaria seus conhecimentos na produção de ouro em favor de pessoas gananciosas e, por certo, muito menos em seu favor. Não teria utilidade para ele; se o ouro, porém, viesse a servir a algum bom propósito, ele o produziria com facilidade para suprir as necessidades da comunidade. A mudança do metal vil em ouro, todavia, é realmente um símbolo, que esconde a verdade mais profunda da transformação da natureza do homem, que de mundana passaria a espiritual.

Ora, todo o propósito de vida está na conversão gradativa dos sentidos físicos, da pessoa material, no santo, no ser espiritual. Ou seja, a conversão do chumbo da natureza inferior no ouro puro do eu espiritual, o mais elevado. E a única trilha que conhecemos para chegar a essa meta é o da verdadeira meditação. No seu agitado mundo ocidental, vocês têm uma tarefa difícil, porque o Ocidente se concentra na ação. O pensamento oriental, o modo de vida oriental, é mais contemplativo e aquiescente. No mundo ocidental a força de tração da matéria é tão forte que a vocês se afiguram difícil reservar algum tempo, nem que seja em sua própria casa, para meditar. Mas vocês serão ricamente recompensados, meus filhos, se reservarem séria e devotamente algum tempo, todos os dias, à meditação. Também lhes será de grande ajuda meditar em grupo. Para alguns é mais difícil meditar a sós, em virtude das muitas distrações, não necessariamente do plano físico, senão do plano astral e do mental. O emprego de um mantra, de uma palavra de poder, ajuda a quebrar essas distrações. O poder do som, da palavra corretamente falada, penetra a mente e dissolve todas as formas indesejáveis de pensamento, incluindo os pensamentos intrusivos, purificando assim a atmosfera mental.

Vocês são instruídos para usar o seu poder de visualização, para criar aos olhos da mente uma imagem, uma forma. Isso se faz para centralizar-lhes a aspiração e ajudar a silenciar a mente atarefada da Terra, a mente inferior. Associada à devoção e à aspiração, a visualização trará a verdadeira comunhão entre vocês e Deus. Quando meditarem, tentem focalizar toda a atenção de vocês na manifestação da forma de Deus; tentem "imaginar" ou criar para si mesmos a forma do Ser Perfeito, o mais alto que se pode conceber. Sintam o amor e a força que emanam dessa bela imagem. O seu próprio eu superior se manifestará no Ser Perfeito que vocês conceberam. É difícil explicar com palavras um estado de consciência que não se descreve, uma experiência que se realiza no coração.

Na medida em que vocês têm amor aos seus semelhantes, na medida em que têm amor à vida, vocês verão a aura e o centro do seu coração expandindo-se para abarcar toda a vida. Quando morrer todo pensamento do eu, vocês compreenderão o êxtase divino, a meta dos místicos e dos santos de todos os tempos; e a alegria que o aspirante experimenta na verdadeira meditação está além de tudo o que o homem mundano compreende ou ganha com o sucesso e o prazer terrenos.

Queremos deixar absolutamente claro o fato de que vocês não alcançam a meta através da busca mental, através da mente, mas tão-só no mais íntimo santuário do espírito, do coração; e quando a tiverem alcançado, encontrarão a expansão da consciência de modo que se tornarão conscientes de todas as esferas da vida. Vocês levarão a cabo sua reconciliação com o Espírito eterno, e o passado, o presente e o futuro serão uma coisa só para vocês, pois estarão vivendo na eternidade. Vocês compreenderão os mistérios do universo. Reconhecerão, enquanto ainda viverem no corpo, a diferença que existe entre o verdadeiro eu e o casulo do corpo. Terão conquistado a liberdade de ação porque, ainda que o carma continue a persegui-los durante a vida física, terão, ao mesmo tempo, aprendido o segredo de transformá-lo. Vocês usarão as dificuldades do carma para levá-los a um serviço maior e mais belo.

Não esqueçam a importância da respiração rítmica e profunda, visto que, quando respiram profundamente, a partir do centro do coração, estão afetando não somente o corpo físico, mas também os corpos mais sutis, particularmente o mental e o astral. A mente e as emoções podem ser silenciadas pelo respirar tranqüilo, lento e suave, mas compreendam que é o hálito da vida divina que vocês respiram. Sentem-se com a coluna reta (porque as forças sobem pelo centro do corpo) e, em seguida, respirando lenta e profundamente, aspirem, conscientes, a luz e a essência da vida. Depois, soltem suavemente a respiração, pensando nela como luz, uma luz que alcança toda a vida. O objetivo é abençoar e elevar todas as formas de vida. Se vocês sentirem esse fogo divino no coração, ele virá como força. Se, quando estiverem cansados, praticarem a respiração iogue, vocês se verão carregados de vitalidade, e não conhecerão a fadiga. A alma que atinge a união com a fonte de todo ser, alcança o domínio de si mesma, da vida e da idade. Quando compreenderem como continuar em sintonia com a fonte de toda a vida, o corpo físico ter-se-á renovado. *Os que atendem ao Senhor renovarão sua força.*

Vocês já nos ouviram dizer que o corpo humano pode ser comparado a um templo. Dentro desse templo há um altar sobre o qual arde uma chama brilhante e clara. Na meditação procurem o altar; tentem imaginá-lo e inclinem a cabeça, num gesto de entrega, diante da chama do altar dentro do templo. Vocês mesmos estão criando o altar ardente e a luz que incide sobre ele. Ele é real, pois está sendo gerado por vocês, está nascendo em vocês; e assim o vêem na forma de um altar incendiado de luz. Isso não é imaginação de vocês; é o que vocês estão realmente criando pela aspiração, pela vontade, pela concentração e direção do pensamento. A chama que vocês vêem sobre o altar pode assumir a forma de uma rosa com uma jóia cintilante de luz que brilha no centro. Se virem essa imagem ao meditar, lembrem-se de que estão olhando para o centro do próprio coração. Ou pode assumir a forma de um lótus branco e puro de muitas pétalas — mais uma vez é o seu próprio eu interior que desabrocha. Em lugar de estar fechados e embotados, os chakras estão se abrindo como flores à luz do sol, por causa de sua aspiração e meditação.

Assim, por meio da aspiração e da vontade do Deus interior, vocês criam na meditação um mundo interior, um templo. Por um empenho da alma, o aspirante constrói o próprio templo que ele contempla, criado por um esforço da vontade, da substância da alma do vidente e da luz interior. Os átomos astrais são tão reais quanto os físicos, mas não terão forma enquanto não forem modelados pela vontade do aspirante. Compreendam que, em sua meditação, vocês trabalham com a substância de Deus, que é eterna; e que, dentro do centro do seu próprio ser, Deus lhes deu o poder de criar a forma. Na meditação vocês usam o poder de criar e moldar a forma no nível interior, no plano astral e no plano etérico; chegará, porém, o momento em que poderão usar o poder criativo no nível físico. Quando uma alma conquista o domínio da vida física pelo poder da vontade espiritual, também conquista o domínio dos átomos do corpo físico. Pouco a pouco, esses átomos se purificam ou, como dizemos, "se transmudam", de modo que eliminam a substância mais escura da Terra. Do mesmo modo, o corpo em que vocês se encontrarão quando abandonarem a forma atual, será feito de uma substância muito mais sutil, mas que terá a mesma aparência do corpo físico. À proporção que a alma cresce, os átomos mais pesados, aos poucos, se desprenderão e a alma se converterá em éter, ficando cada vez mais bela à proporção que sobe para o reino celestial, onde toda a vida é pura e perfeita.

Quanto mais vocês se envolverem na prática da meditação, mais sentirão, de vez em quando, um tremendo poder. A não ser que esse poder se purifique pela devoção, pelo amor e pela aspiração, tenderá a dominá-los completamente. Tentem, porém, calmamente, dirigi-lo para fora, para o mundo, pensando, compassivos, em todos os que sofrem. Mandem-lhes a luz. Essa é a maneira dos iniciados de todos os tempos. Todos dirigem a mesma luz para o mundo. E graças à luz, continuamente emitida por essas almas iluminadas e adiantadas no mundo da luz, a vida humana continua.

Sem ela, a guerra e o cataclismo teriam oprimido o gênero humano. Vocês podem não ter pensado nisso, nem compreendido que, dentro de cada um, como dentro de todo homem e de toda mulher, ao lado do poder criativo do bem existe uma força vigorosa de tração para o mundano, para as trevas. Mas o objetivo da vida do homem se resume em libertar-se do que é profano e dominar a matéria. O homem tem de se elevar na plena glória do Senhor, que, para isso, o dotou de qualidades que, desenvolvidas, o libertarão de todo sofrimento e, por fim, da própria morte.

☆ CAPÍTULO 12 ☆

O Caminho para os Mistérios Interiores

Invocamos humildemente as bênçãos da sagrada, abençoada e Altíssima Trindade, origem de todo ser. Rogamos, ó Pai-Mãe-Filho, que o Teu espírito esteja no nosso coração; e que, erguidos em consciência à fonte de luz e de verdade, possamos manter uma verdadeira comunhão do espírito com o espírito e com os anjos, para podermos sentir nossa reconciliação com toda a vida na terra e no céu. Possam a sabedoria e a compreensão abençoar cada alma. Amém.

Muitos procuram que se lhes desvendem os segredos. Procuram a verdade misteriosa e oculta fora da vista e do conhecimento das pessoas comuns. Procuram-na ingressando em sociedades secretas, lendo muito, ou por meio de outras atividades intelectuais. Mas a chave de todo conhecimento só se encontra na harmonização com o Espírito divino. É o espírito interior que conserva o segredo e, enquanto esse espírito não for tocado e não se revelar através da própria aspiração e vontade da alma, os mistérios continuarão fechados e secretos; continuarão secretos até que o espírito se acelere e a alma ascenda aos salões da sabedoria, ao local da iluminação divina.

Na realidade não há segredos, porque todo o conhecimento está dentro de vocês. Mas esse conhecimento interior, esse poder interior, precisam permanecer cobertos e secretos até que a alma tenha atingido um grau de compreensão da lei espiritual que lhe permita usar sabiamente o poder desenvolvido. Nas escolas de mistério, o método de desenvolvimento era comunicado de forma lenta e gradativa aos que estivessem prontos, e ajudava-se o candidato a se elevar em consciência, através da orientação e do amor dos irmãos nas escolas.

Imaginem vocês como se sentiriam se fossem capazes de ir, agora, a um templo de sabedoria no mundo interior e se instruir nesses segredos. Conduzidos à sala da sabedoria e sabendo que poderiam optar entre estudar música, arte, literatura, ciência, cura, religião, civilizações antigas, astronomia, astrologia — todos esses conhecimentos estariam disponíveis a vocês. Até certo ponto, isso pode acontecer enquanto vocês ainda estiverem na Terra, se bem que, na Terra, sempre parece haver uma névoa que obscurece a maior glória. Em nossos ensinamentos não tentamos tocar-lhes a mente, mas o coração, para que a sabedoria e a compreensão se desvelem diante da mente do coração de vocês e para que o coração se dê conta do amor que tudo envolve e da beleza da vida do espírito. Estamos tentando ajudá-los a compreender que a vida do espírito e a do físico se interpenetram — que então não haverá "aqui" nem "ali" na maneira de pensar, mas que tudo é uma vida eterna. Não há barreiras entre a matéria e o espírito, mas uma interpenetração dos dois. Vocês vestem uma densa vestimenta, mas ao mesmo tempo, vivem num mundo de luz, acompanhados, se assim quiserem, por seres de grande beleza e sabedoria, seres belos não só na aparência mas também no caráter, porque desenvolveram o conhecimento e a sabedoria interiores em plena consciência.

O contato com esses habitantes do mundo da luz não se opera através do cérebro, nem através do plexo solar, mas no coração. Por intermédio do plexo solar são estabelecidos contatos com os planos do sentimento, da emoção e do desejo; por intermédio do centro da garganta e da testa são feitos contatos com o plano mental; mas através do coração vocês ultrapassam todos esses planos e vão diretamente para o centro da verdade. Eis aí a razão por que os místicos, com muita freqüência, são homens e mulheres humildes e trabalhadores, que não tiveram tempo nem oportunidade para levar a cabo uma grande consecução mental; mas amavam o Criador, amavam todas as coisas belas e delicadas, amavam toda a vida e por meio desse amor se aproximavam de Deus; do espírito supremo, Cristo, o Filho. De modo que tinham a sabedoria divina.

O caminho mais seguro para o coração dos mistérios é cultivar o amor, é seguir o exemplo do espírito de Jesus, o Cristo. Se quiserem meditar sobre o amor e sobre a presença amorosa dò Mestre, vocês absorverão a luz de ouro do ser de Cristo no coração e, aos poucos, se modificarão. Saberão o que significa ser feliz; o que significa estar em paz.

Desde o princípio da vida, quando o espírito de Cristo batizou a Terra e nela fez nascer a vida, esse conhecimento íntimo sempre esteve com o homem, mas foi escondido, coberto por muitas camadas de materialidade. A sabedoria antiga, fundamento de todas as religiões, foi trazida à humanidade no início do ciclo pelos que chamaremos de homens de Deus, ou homens do Sol, irmãos da luz que vieram de longe à Terra trazendo sua sabedoria a uma jovem humanidade, pura de espírito; ensinando-lhe a lei de Deus e um modo de vida que a conduziria, através da servidão da matéria física, de volta a Deus, como seres plenamente conscientes de Deus, a saber, homens e mulheres de Deus.

A partir do momento em que foi povoada, a Terra passou por séculos de conhecimento variado. Séculos de ouro vieram e se foram, à proporção que nascia uma raça nova e jovem e crescia aos poucos para a humanidade de Cristo. A raça humana não está hoje muito evoluída, mas voltará a ser grande quando o poder secreto no interior da humanidade houver sido liberado e toda a vibração da Terra, por esse modo, houver sido elevada. O homem encerra dentro em si o segredo do bem e do mal. No momento que passa, tem-se a impressão de que a humanidade responde mais à força de tração do mal ou do aspecto negativo, e tem de vir uma estimulação dessa luz e desse amor em seu coração. Quando isso acontecer, ela se recobrará do egoísmo e resistirá à força de tração para baixo e, então, toda a Terra mudará.

Os seres que temos descrito são de rara beleza e ainda estão com vocês, embora

154

não na forma física. Quando vocês meditam sentem-lhes vagamente a influência e, se perseverarem nas meditações, vocês se tornarão cada vez mais conscientes deles. Esses irmãos, mestres da vida de vocês, zelam por vocês e pelo seu bem espiritual. Eles os amam; e sempre virão quando vocês pronunciarem a senha correta.

Agora vocês pedirão: "Diga-nos qual é a senha, White Eagle." Esse é um dos ensinamentos das antigas escolas de mistério. Mais importante do que qualquer som vocal é a palavra pronunciada no coração. É no coração que soa a verdadeira senha. Vocês não podem deslizar para dentro das salas da sabedoria a menos que façam soar claramente a senha — a vibração da fraternidade pura, a vibração anímica da fraternidade absoluta da vida. Não é fácil, mas vejam bem, meus filhos, vocês estão aprendendo a proferir a senha em seus contatos humanos comuns — em sua casa, em seu local de trabalho, em seu serviço diário; onde quer que estejam, seja qual for a sua obrigação, vocês estão tendo a oportunidade de aprender a senha. Em outras palavras, se vocês estão vivendo corretamente, estão entrando em sintonia com a sabedoria, e o amor infinitos, trazendo-os diretamente para a vida cotidiana com cada palavra, em cada ação.

Vocês podem estar fazendo soar a senha até quando realizam a tarefa mais servil e quando pensam na necessidade do companheiro, bondosa e conscientemente, sem atropelá-lo e sem fechar os ouvidos à ânsia que diz: Faça isto; isso mostra generosidade e valor. Seja atencioso com essa mulher, que está cansada e exausta. Seja bondoso com aquele homem, que teve uma grande tristeza. Aprender a senha significa estar sempre alerta ao espírito do Filho de Deus. Quando vocês puderem fazer isso com atos e pensamentos, darão início na alma a uma vibração que soará através das esferas da vida espiritual. É um desafio, uma ordem, uma vibração emitida por vocês que o Mestre recebe sem falta e que os sintoniza imediatamente com Ele. Vocês se identificam com ele, e a isso segue-se um fluxo cada vez maior dessa magia secreta interior. Depois se expande a compreensão e chega o poder de executar o que as pessoas na Terra chamam de milagres.

Essas coisas eram ensinadas em todas as antigas escolas de mistérios. Elas são ensinadas hoje. Seres daqueles dias antigos estão voltando com mais poder para ajudar o homem a descobrir no seu interior a fonte secreta da vida. Dependerá dele recebê-la ou não. Ele pode receber — *quando* quiser. Mas nós lhes diremos que o mundo chegou a uma fase crítica — vocês todos sabem que o conhecimento espiritual precisa inundar — e inundará — a Terra para preservar-lhe o equilíbrio. Vocês foram convocados para o serviço da luz.

CAPÍTULO 13

O Poder Transformador

Irmãos amados, vocês estão sendo elevados em espírito ao mundo áureo de Deus, onde todos os pensamentos da vida física e material se afastarão de vocês, pois vocês estão abrindo agora o coração para o eterno espírito do amor...

Que a luz de Cristo que brilha através da personalidade do Filho amado os abençoe e encha de alegria e gratidão. Amém.

Gostaríamos de falar-lhes sobre o poder transformador que existe no interior de todos os filhos de Deus, a luz divina que pode transformar-lhes a profanidade e torná-los verdadeiros filhos e filhas de Deus. Nós lhes falamos amiúde a respeito desse sol, a respeito da luz no interior do coração. Vocês talvez se cansem da repetição dessa verdade única; mas, meus irmãos, essa é a única verdade na vida. Sobre essa base se construiu toda a estrutura da vida mortal e espiritual. Por conseguinte, é de vital importância que vocês contenham em si mesmos, cada vez mais, a luz de Deus, sobretudo quando ela se manifesta no Seu supremo Filho, Cristo, Senhor do planeta Terra. Como poderão elaborar uma idéia cada vez mais clara dessa luz dentro de vocês em sua vida diária? Muito simplesmente, colocando em prática as palavras de Jesus — *amai-vos uns aos outros.* Verdadeiramente compreendidas e vividas, essas cinco palavras veriam o mundo inteiro abrasado de poder, felicidade e abundância.

O que acontece quando a alma vive, simples e totalmente, para amar e servir seus semelhantes? Essa alma robustece o elo entre o seu espírito e o Grande Espírito Branco, todo-glorioso, todo-poderoso, onipotente, o sol abrasador da luz. Através do amor, confirma-se o contato entre a alma e Deus, e a luz flui para a alma. Constrói-se então o corpo de luz que é o vestido de casamento de que se fala na parábola. Nenhuma alma, mesmo fora do plano físico, pode entrar na vida celestial se não estiver assim vestida de luz.

Em todas as religiões vocês encontrarão instruções sobre como ativar a luz do espírito que jaz adormecida em todo homem. Todo o propósito da vida na carne consiste em desenvolver esse poder por intermédio do amor; não por intermédio de alguma atividade mental, que é o erro em que muitos incorrem nesta era mental de Aquário. Por isso grupos como este têm um importante papel para representar nesta ocasião. Muitas pessoas lêem um livro atrás de outro e enchem o cérebro de material de leitura. É preciso, porém, algo mais — a sabedoria do coração, e amor; porque o amor é a luz. O seu corpo mental pode ser muito forte; mas a menos que o coração esteja cheio de amor e de serviço afetuoso, vocês não poderão usar o saber que adquiriram. Não poderão sequer controlá-lo; ele os controlará. Ele os absorverá. Eis por que o desenvolvimento da singela luz do amor no coração presentemente é tão importante, pois, sem ela, o imenso poder deste século mental absorverá e destruirá provavelmente os homens. Não se atemorizem com isso, pois nós lhes estamos falando da influência que a neutraliza. Apenas damos ênfase ao perigo da estimulação mental sem a bondade do coração e a correção do caráter correspondentes.

No interior de todos vocês jaz a oportunidade de crescer em espírito, crescer em estatura, até se tornarem feito o Mestre, pois não foi Ele quem disse: *As obras que faço vós as fareis também?* Mantenham o ideal sempre à frente. Sejam fortes no espírito, não se desalentem. É bom reconhecer deficiências, pois a humildade é uma companheira veraz do aspirante no caminho; mantenham os pés na terra, sim, mas ergam o rosto para os céus, pois a luz que os inunda, vinda do alto, lhes firmará os pés e os guiará pelo caminho certo. Tenham confiança na luz divina. Entreguem-se a ela com a mente tranqüila e o coração cheio de amor a Deus. Não estamos falando de uma força nebulosa e incompreensível, muito distante de vocês. O fogo divino está dentro do seu próprio ser, e quando vocês erguem o rosto e abrem o coração para o sol, os raios do sol estimulam a luz divina que os habita. Trabalhem para fazê-la se manifestar em vocês, não às pressas, mas calmamente, suavemente, com a mente e o coração fixos com toda a firmeza em Deus.

Buscai e encontrareis. O Mestre não falou à toa. A alma que procura sempre encontra. Às vezes, a resposta surge no mesmo instante; às vezes, pode-se viver uma vida inteira antes de chegar a resposta, mas ela chegará, pois há sempre uma resposta para a busca da alma.

Às vezes, durante o sono, o seu guia os levará para as salas da sabedoria, onde vocês recebem, em sua consciência mais íntima, uma resposta às perguntas do coração. Mas o espírito tem poderes de contato com o Altíssimo, com o Criador, o grande sol, além do poder da alma. Não há tempo nem espaço nos reinos do espírito. O espírito dentro do homem faz seu contato no mesmo instante. Infelizmente, esse contato, de ordinário, é apenas suficiente para manter a vida fluindo no corpo físico. Mais tarde, à medida que evolui, a alma passa a ansiar cada vez mais pela luz divina, e pede e ora por conhecimento. Os mestres vêm, então, das esferas de luz até essa alma, ou podem utilizar-se de uma alma ainda mais evoluída na Terra para transmitir instruções ao irmão mais moço. As almas aprendem a sabedoria de Deus num sem-número de encarnações. A alma necessita de um longo contato com a matéria física para que possa usar o poder criativo da luz, implantado bem no fundo.

Mas a cada mil anos a Terra recebe de novo o batismo da luz de Cristo, o sol espiritual. Quando isso acontece, os filhos de Deus, os iluminados, os grandes, são mandados para ajudar a humanidade. Mesmo agora estão chegando mensageiros a fim de acelerar as vibrações e recolocar em pé a humanidade caída para que os homens se ergam, eretos, prontos para acolher e reconhecer o seu Senhor quando Ele voltar. Muitas pessoas perguntam: Cristo voltará na forma que usava antes? Ou entrará secretamente no coração das pessoas? Nós respondemos: de ambos os modos. A luz precisa, primeiro, ser intensificada nas pessoas para que elas reconheçam o Filho divino quando Ele vier. *Vigiai e orai,* disse Jesus, *pois não sabeis o dia nem a hora em que o Filho do Homem virá.* Estejam prontos; trabalhem; amem.

Vistam o vestido de luz. Vivam a vida do amor e do serviço. Vivam no espírito. Vivam no contato consciente com os reinos do espírito e vocês não abandonarão o plano físico mas, pelo contrário, executarão suas obrigações com mais eficácia, com maior precisão e perfeita ordem. Os irmãos que passaram antes de vocês trabalham com vocês para esta vinda do Cristo; mas vocês não somente devem trabalhar no serviço e no amor entre seus semelhantes, mas também, dentro da alma, precisam aprender a meditar e comungar com a fonte do seu ser; pois está próximo o tempo em que todo homem será o seu próprio sacerdote e toda mulher a sua própria sacerdotiza, e receberão, genuflexos diante do altar interior, o batismo do fogo de ouro do céu. Terá chegado, então, a nova era de ouro.

As bênçãos do Altíssimo, do Grande Espírito Branco, estão agora com vocês.

PARTE 4

O CAMINHO
PARA A LUZ

Prefácio

Esta parte é uma coleção de ensinamentos de White Eagle, ministrados num espaço de tempo muito longo, sobre o caminho da fraternidade, o caminho da luz. Os cinco primeiros capítulos foram tirados de uma série de ensinamentos espirituais transmitidos em reuniões consecutivas e, conquanto tenhamos, de vez em quando, modificado a seqüência, conservamos o título dado por White Eagle e lhes chamamos "O Caminho nº 1", nº "2", e assim por diante. Formam eles a primeira parte deste livro. Os demais ensinamentos desenvolvem o mesmo tema, e nós rematamos a obra com uma compilação de trechos mais curtos, de encorajamento e sabedoria, destinados ao irmão ou à irmã que estão no caminho.

O início do primeiro ensinamento fornece um ligeiro vislumbre das reuniões em que todos esses ensinamentos foram ministrados. Depois de tocado o trecho de uma música — neste caso a música da Sexta-feira Santa do *Parsifal* de Wagner — White Eagle iniciava com uma oração que ajudava a conduzir a consciência dos ouvintes para longe do tumulto do mundo exterior. Em seguida, saudava-os, e lhes chamava a atenção para os muitos espíritos amigos e seres angélicos que se achavam presentes. Falamos sobre essas reuniões e os lugares em que se realizavam no prefácio da terceira parte da série.

Desejamos a todos os que lerem estes ensinamentos uma felicidade duradoura.

❧ CAPÍTULO 1 ❦

O Caminho nº 1

Deus, Nosso Pai e Nossa Mãe, possamos nós sentir Tua suave bênção no nosso coração e na nossa vida; e possamos, com a Tua força e a Tua graça, ter o poder e a sabedoria de irradiar a luz e a verdade do Espírito. Que a revelação dos Teus mistérios sagrados penetre gradualmente na nossa consciência, e que sejamos pacientes enquanto palmilhamos o caminho da evolução espiritual, de modo que compreendamos, no devido tempo, o propósito profundo do Teu plano. E no Teu nome invocamos os anjos da sabedoria e do amor para abençoarem esta reunião. Amém.

É bom estar com vocês outra vez. Hesitamos em estragar a beleza das vibrações com a voz humana. Não sabemos se vocês se sentem como nos sentimos, elevados ao êxtase pela música. Vem-nos, por vezes, o desejo de poder cantar para vocês em lugar de falar-lhes. Nos velhos tempos, grande parte do nosso trabalho era feito assim; mas não vamos falar sobre essas coisas esta noite. Vocês não querem dar-nos sua atenção e seu amor? Pois gostaríamos de discorrer sobre experiências místicas que constituem o quinhão de cada alma. Todos nós, como indivíduos, passamos por essas experiências; e embora nem sempre sejamos capazes de falar nelas ou descrevê-las, não raro captamos um vislumbre da luz eterna da glória celeste e sentimos a bem-aventurança do lugar celestial que é o nosso verdadeiro lar. De pouco nos servirá formular um plano definido de desenvolvimento dos poderes espirituais, pois a experiência de cada alma é única. Por isso nos damos conta de que, às vezes, cometem erros os irmãos muito amados que tentam trazer todos os conhecidos e amigos para um determinado caminho.

Chamaremos a esta série de palestras "O Caminho", e começaremos a trabalhar desde o nascimento da alma, ao longo da rota secular da experiência humana; e chegaremos, no devido tempo, ao significado da iniciação, pois vemos que muitos estão confusos no tocante à iniciação e, na verdade, no tocante a todo o processo do crescimento e desenvolvimento espiritual.

Ninguém pode dizer que este ou aquele caminho é o certo. O caminho seguido por uma pessoa depende inteiramente da sua alma; da experiência obtida em encarnações anteriores e do carma que ela precisa resolver. Pois o carma terá de ser resolvido num certo caminho, e cada qual terá de seguir a sua estrada individual de treinamento. A luz brilha através de muitas janelas de forma e colorido diferentes mas, no fim, todas as cores se fundem num raio, a Grande Luz Branca.

Deixemos bem claro o seguinte: precisamos seguir um determinado caminho com muita firmeza e rigor, mas o nosso trabalho não é, necessariamente, o do vizinho, nem o trabalho dele é o nosso. É essencial que tenhamos essa visão ampla, a compreensão de que todos os caminhos são bons, de acordo com o nível de consciência e o carma da pessoa que o segue, e de acordo com as necessidades do plano geral da evolução espiritual da humanidade.

Gostaríamos de enfatizar o fato de que o treinamento espiritual vai muito mais fundo do que a mente, e o de que, para ter um valor verdadeiro, ela precisa tornar-se um modo de vida, uma parte real da existência do neófito. Um homem ou uma mulher podem ter um notável conhecimento intelectual de música, mas o conhecimento intelectual não faz necessariamente um músico. Do mesmo modo, o desenvolvimento do aspecto intelectual do ser humano é útil porque lhe permite, no devido tempo, abarcar a magnificência do universo de Deus; mas o conhecimento oculto não faz necessariamente um mestre. É muito para notar que as histórias da vida dos mestres e dos santos indicam, quase todas, que esses iluminados sempre foram homens e mulheres simples, sem pretensões a um grande saber terreno. A vida de Jesus de Nazaré enfatiza isso, embora registros ocultos revelem que ele absorveu conhecimentos profundos de homens sábios, e também que a sua pureza e bondade lhe transportaram o poder a centros de sabedoria e de aprendizado no Oriente, tão necessitado, naquele tempo, da purificação pelo espírito de Cristo.

No momento presente, muitos procuram, ansiosos, o conhecimento; estão desenvolvendo o corpo mental. Isso tudo faz parte do processo de evolução, é um trecho do caminho. Não basta, porém, conhecer coisas com a mente, pois um conhecimento desse tipo pode ser muito limitado. O crescimento espiritual resulta da absorção e da digestão, pela alma, da verdade espiritual e da aplicação das simples leis espirituais à vida diária. Tudo depende da sinceridade e da pureza da vida interior, e da resposta da alma às vibrações mais sutis dos mundos celestiais. É, sem dúvida, divertido e estimulante ler as opiniões dos outros, mas sua experiência é única para vocês. Lembrem-se disso.

Os que são atraídos para a White Eagle Lodge procuram-na porque desejam simplicidade. Alguns podem achar que os conhecimentos aqui ministrados não são muito avançados, mas esse pensamento é induzido por um apetite por alimentos indigeríveis, instinto natural do corpo, pois o cérebro faz parte do corpo. Não desejamos ofender, mas gostaríamos que vocês tentassem enxergar aonde o desejo de alimentos cada vez mais intelectuais e indigestos os está conduzindo. Não é bom precipitar-se alguém para a frente a fim de conseguir segredos interiores antes de terem sido assimiladas e *vividas* as verdades simples. Se tentarmos fazer isso, esbarraremos num instrumento afiado, que nos ferirá. A iluminação e a iniciação subseqüentes não vêm por meio do conhecimento terreno, senão por meio da experiência espiritual. O único caminho do crescimento espiritual é a resposta diária a Deus, ao bem, a prática da recepção pelo estado celestial.

164

Temos visto muita gente passando por amargas experiências humanas e, às vezes, surge a pergunta: "Por que o nosso guia não interfere? Por que ele não nos impede de cometermos erros? Por que nos deixam fazer tolices e sofrer, quando o nosso guia espiritual poderia nos ter impedido? Se soubéssemos o que podia acontecer, não teríamos feito isso." É natural querermos saber o que nos espera, sobretudo com a idéia de que, se o soubéssemos, teríamos conseguido evitar certas ciladas — pois é mais cômodo contornar uma lagoa do que cair dentro dela. Mas se o fato de cair dentro da lagoa os ensinará a nadar, se o fato de cair numa lagoa espiritual lhes trará a iluminação, ou lhes dará algo belo — muito bem! não sigam pelo caminho mais cômodo que margeia a lagoa!

Queremos dizer que, para percorrer o caminho sem se desviar, vocês precisam estar preparados para passar por lugares escuros e por lugares ensolarados. Longe de quererem esquivar-se às suas obrigações, ou de ressentir-se de sucessos difíceis, vocês dirão: "Se tenho de fazer isso, está bem, vamos fazer!" Sejam tranqüilos e corajosos! Ainda que não sejam muito agradáveis, não tentem escapar às suas obrigações, nem fugir às tristezas e decepções da vida humana. Elas se lhes apresentam como oportunidades.

Falamos sobre o bem e o mal. Qual é a diferença entre eles? Ambos são professores.

A alma do homem enceta o seu caminho secular de desenvolvimento quando inicia a vida na matéria física. A alma nasce com a primeira apresentação da vida do espírito como manifestação física. Referimo-nos à alma, não à centelha divina que já vivia muito antes do nascimento da alma. Nessa ocasião, a alma é um pequenino bebê, que, por muitas vidas, continua sendo uma criança, trilhando o caminho sob a orientação e com a ajuda daqueles que são encarregados dela. Vem depois o momento em que ela passa da infância para a idade adulta e vê, pela primeira vez, a luz que deverá guiá-la ao longo da estrada. Com a visão da luz surge uma grande responsabilidade. Ao passo que antes a alma caminhava na ignorância e no escuro, agora avista o caminho que se desenrola à sua frente, conscientiza-se dele. Assim que toma consciência do caminho, torna-se responsável. E põe-se a trabalhar com afinco. Quem rejeita a responsabilidade, quem volta as costas para a luz que avistou, sofre, porque estará infringindo uma lei divina.

Ora, quando uma alma sai, consciente, para o seu caminho, perseguem-na provações e privações — tristezas, problemas, dificuldades e, durante algum tempo, tudo parece confusão. Embora se esforce para proceder direito, o homem sente como se estivesse no meio de um nevoeiro; vê-se como atirado contra pessoas e problemas humanos e, então, dificuldades espirituais começam a amontoar-se, até que ele já não sabe para onde voltar-se ou o que fazer. Nesse momento surge a tentação de jogar tudo para o alto: "Estou farto e cansado dessa luta. Eu estava muito melhor quando vivia apenas no mundo exterior." Esse é o momento da opção, em que vocês precisam decidir "continuar no caminho", serenamente, e com fé e confiança completas no amor de Deus, pois, como disse o próprio Jesus: *Não sabeis nem o dia nem a hora em que virá o Filho do homem.* Vocês não sabem, hora após hora, a gloriosa experiência que será a sua, o grande despertar que surgirá. Esta noite vocês podem estar no escuro, mas amanhã estarão iluminados. Quando alcançarem o verdadeiro lar do espírito, conhecerão a paz, a tranqüilidade, a alegria e percorrerão fiel e tranqüilamente o caminho em que puseram os pés.

A tentação que descrevemos chega para todos, ainda que a experiência do indivíduo seja única. A lição que cada alma precisa aprender é comum a toda a humanidade, embora seja apresentada à alma individual de forma única. Vocês não aprendem com a experiência de seus irmãos, nem eles com a de vocês; tampouco compreenderão plenamente as experiências alheias enquanto não tiverem passado por elas. Toda alma tem de enfrentar os mesmos problemas, aprender as mesmas lições; mas as suas experiências são únicas porque foram sofridas em um conjunto diferente de circunstâncias e, portanto, nunca serão iguais às do vizinho.

Vocês perdem a paciência e exclamam: "Não posso compreender por que o sr. Fulano de tal faz isso, aquilo ou aquiloutro!" Mas procurem lembrar-se de que todos provêm de Deus, são todos da mesma substância, e todos passam por dificuldades, provações e tentações, exatamente como vocês. Mandem a todos seu amor e sua boa vontade. Vocês poderão pensar: "Isso me soa muito infantil; não queremos ouvir isso mais uma vez!" Mas essas coisas são a própria essência da evolução espiritual, da senda mística que todos precisam percorrer a caminho do Templo da Grande Luz Branca, ou o Templo do Graal.

Espírito Divino, nós Te agradecemos por tudo o que é belo, progressivo e amável na nossa vida. Que nunca esqueçamos o Teu amor, nem a necessidade que tem o nosso irmão do Teu amor. Rezamos para ser os mais dignos canais através dos quais Tua luz possa brilhar nos lugares escuros da vida. Amém.

⤳ CAPÍTULO 2 ⤲

O Caminho nº 2

Abramos nosso coração ao amor e à sabedoria do Espírito Eterno, do Qual viemos e no Qual vivemos; Que é onisciente, onipotente e onipresente... Amém.

A onipresença e a onisciência do espírito eterno é uma concepção reconfortante. A alma expirada por Deus conserva sempre o vínculo parental; quando pudermos voltar à consciência mais plena desta vida que nos sustenta, atingiremos a paz eterna.

No processo de crescimento, a alma se esforça para libertar-se, busca a liberdade. Comparamos a alma infantil do homem à alma física da criança. Vemos na criança as lutas pela expressão da própria personalidade, da própria vontade. Ela, às vezes, chorará, gritará e mostrará sua determinação de fazer as coisas a seu modo; e o pai mais judicioso concederá ao filho liberdade para dar pontapés, gritar e expandir os pulmões — mas até certo ponto. Depois a criança sente a força e o calor do pai e, embora possa lutar e protestar, logo se tornará dócil e se abrigará no coração paterno. Eles, assim, crescem juntos, e a criança absorve a sabedoria do pai. Tudo o que é mais belo e mais doce no plano paterno pode ser transmitido ao filho, e os frutos dos últimos anos tornam-se mais amenos e maduros.

O mesmo acontece com o filho de Deus. Chega o momento em que a criança vem a conhecer o amor e a sabedoria de seu Deus, Paterno e Materno ao mesmo tempo, e a confiar nEle; dali por diante já não se rebela, pois sabe que Deus é todo sabedoria e que o plano divino é perfeito.

Imaginemos a criança no caminho da evolução espiritual, expirada pelo Deus Paterno e Materno para habitar, em forma, os mundos mais altos, uma forma semelhante a Cristo, realmente criada à imagem de Deus. Vemos, então, esse filho de Deus descendo pelas esferas mais elevadas da vida até a matéria mais densa. Quando deixa, pela primeira vez, a sua casa, a criança pertence muito mais ao mundo celestial, mas, desde o primeiro contato com a vida no plano físico, tece o seu traje anímico. No princípio, a jovem alma talvez fosse mais aberta, mais receptiva à influência dos professores vindos dos reinos superiores. Ao descer, porém, e ao se vestir mais completamente com trajes mais densos, o espírito interior fechou-se mais, os sentidos tornaram-se mais obtusos e, assim, se viu incapaz de perceber a influência dos mundos superiores. Nesse estado vemos o homem na prisão, amarrado e de olhos vendados — estado em que poderá ficar durante muitas encarnações.

Isso pode parecer terrível aos que não compreendem, pois dá a impressão de que a alma, atada à roda do renascimento, não tem liberdade nem oportunidade. Vocês podem olhar para fora e imaginar ver milhares de almas com os olhos vendados desse jeito e amarradas à roda. Mas *nós* vemos, debaixo dos grilhões e da cegueira, um belo processo que se desenvolve lentamente. Vemos uma luz muito disfarçada e escurecida, mas sempre luz! — dentro dessa forma. Observamos a jornada pelos séculos afora, e vemos a alma passando por difíceis experiências terrenas. Mas vemos também que, em cada vida, a luz é absorvida. Pode ser por meio do amor humano, por mais tosco que seja em sua expressão, que a luz chega à alma; ou do amor dedicado às flores, talvez, ou a animais, ou a uma pessoa. O *amor* ajuda a luz interior a crescer; e a reação correta da alma às circunstâncias amargas faz que essa luz se torne mais brilhante também.

Dessa forma, a alma do homem segue em frente, mas não por uma estrada impiedosa. A alma pode cansar-se da jornada na Terra, mas o amor de Deus a cega, misericordioso, para que ela não conheça nem o passado nem o futuro e viva apenas no presente; existem muitas belezas ao longo do caminho, e a recompensa e a satisfação podem vir num sem-número de formas. Visualize o homem, com a bengala na mão, percorrendo o caminho poeirento e enfadonho, sentindo-se exausto à noitinha (ou por ocasião da morte do corpo físico) e deitando-se para descansar; desperta pela manhã, sentindo-se renascido. Ele renasceu, renovou-se e retemperou-se nos mundos superiores; e, assim, põe-se de novo a caminho para cumprir a jornada do dia seguinte. Encontra, ao longo do caminho, frutas que crescem e lhe satisfazem a fome. Encontra correntes de água cristalina que satisfazem a sede de sua alma. Deus está sempre atento às necessidades dos seus filhos.

Enquanto viaja, no devido tempo e na devida ordem, o homem capta um vislumbre, a distância, de uma cruz erguida diante do céu. A humanidade, a mente terrena, vê nessa imagem um símbolo do sacrifício de Jesus, mas isso não é tudo. A cruz é um símbolo secular que todos vêem em certa fase da evolução espiritual; um símbolo que se encontra na história de todas as raças, de todas as civilizações — o símbolo externo de uma experiência interna, a experiência da rendição, da completa abnegação de si. Quando primeiro lhe tiram a venda dos olhos, o neófito vê a luz e, atrás e dentro dela, a cruz da abnegação. Essa é a primeira grande iniciação.

A cruz é um símbolo da vida, mas da vida conquistada através da morte — da morte não do corpo físico, mas do denso eu inferior. A cruz simboliza a renúncia à natureza inferior, o abandono do desejo pessoal, a completa rendição à vontade de Deus e a resposta à inspiração do amor e da fraternidade.

Isso não é, nem de longe, tão fácil como parece mas, se nossas palavras são simples para vocês, deixem que eu lhes lembre que, assim como o conhecimento técnico não faz necessariamente um músico, assim também um acúmulo de fatos e de conhecimentos espirituais não faz um santo. Vocês podem ter todos os conhecimentos e, mesmo assim, não descobrir a chave do reino. A chave que revelará os mistérios se encontra por meio das simples experiências da vida humana, que fornecem o próprio ouro de que a chave foi feita.

Uma das principais lições do caminho é a do discernimento — discernimento entre o falso e o verdadeiro, entre o real e o irreal, entre o certo e o errado; discernimento também entre os impulsos do eu superior e os do eu inferior. Ninguém pode ensinar-nos; ninguém pode dar-nos o divino atributo do discernimento, que só se obtém por intermédio da experiência e da meditação.

Discriminar e discernir significa escolher os valores certos e aprender a olhar primeiro para o aspecto espiritual de cada situação. Se vocês tiverem um problema, nunca procurem resolvê-lo com base apenas no critério material, mas olhem-no com retidão e perguntem: "Qual é o significado espiritual disso?" Aceitem sempre o valor espiritual. Orem para que lhes seja concedida a visão verdadeira, e lembrem também que, ao ajudar os outros, como vocês anseiam fazer, ajudam seu irmão a carregar o próprio fardo, colocam-se do lado dele quando cruza a sua ponte; não tentem, porém, tirar-lhe o carma, pois esse carma talvez o ajude a chegar mais perto de Deus. Tampouco lhe dêem coisas que só o satisfarão momentaneamente.

Ao mesmo tempo, vocês precisam aprender a não se arvorar em juízes uns dos outros. Não podem julgar, pois não conhecem a história anterior do objeto do julgamento, não conhecem o carma que o faz agir como age, não podem ver que ele talvez seja um instrumento dos grandes Senhores do Carma. O homem não tem, numa vida, toda a medida de livre-arbítrio que vocês, às vezes, lhe atribuem. A alma está colocada em certas condições em sua vida física com circunstâncias que surgem continuamente e lhe darão oportunidades de servir à grande lei. O livre-arbítrio está na reação da alma; na sua aceitação carinhosa das condições que lhe foram dadas, e no esforço por fazer o melhor possível. Essa alma pode falhar — e invariavelmente falha às vezes, ou melhor, muitas vezes. Nenhum aluno de escola faz suas lições perfeitamente, algumas são executadas com displicência. O mesmo se dá com a vida humana. Os Irmãos Superiores vigiam as lutas dos que estão na Terra com amor e compaixão. Não dizem: "Aquele homem está errado!" nem o castigam com o açoite cruel do julgamento; dizem, antes: "Querido irmão, querida irmã, vocês fizeram o que podiam; lamentamos que tenham de sofrer." O irmão ou a irmã são envolvidos assim em compaixão e compreensão de todas as condições e circunstâncias que os levaram a agir como agiram.

Por isso lhes dizemos, como temos dito tantas vezes — *não julguem*. Não ousemos julgar, pois sabemos que aquele que nos sentimos tentados a julgar é tão-somente um instrumento da lei divina. É difícil para vocês compreenderem isso. Mas parte da lição do discernimento consiste em aprender a diferenciar as leis do homem das leis de Deus, entre a vida interior e a vida exterior. Precisamos aprender a encarar cada problema à luz da lei espiritual e à luz do amor. Rezamos por uma compreensão ainda maior da lei e do amor de Deus.

A alma que quiser receber a cruz de luz, que quiser carregá-la dentro do coração, deve ter aprendido a lição do discernimento e da rendição completa do eu inferior ao divino; e quando se trata de colocá-la em prática na vida diária, essa é uma das mais difíceis lições que o homem precisa aprender.

Depois da cruz de luz vem a aceleração do coração do amor. Das cinzas da natureza inferior surge o coração de ouro do puro amor. Não do amor que procura o seu; mas do amor que se dá universalmente à vida. Esse é o passo seguinte do caminho.

Ao encerrar esta palestra, gostaríamos de deixar claro o seguinte: a qualidade da consciência da alma, que se desenvolve em resultado da experiência humana, não se obtém numa breve encarnação; nem uma série de encarnações se esgota numa única lição. Geralmente, numa encarnação, se aprendem muitas lições e se adquirem muitos atributos desejados. Por isso não dizemos que a alma passa por uma iniciação depois de tantas encarnações, e passa pela seguinte depois de tantas outras. É mais provável que haja um desenvolvimento para todos os lados, que muitas lições sejam aprendidas em muitas encarnações, culminando numa série de iniciações na mesma vida. Ou pode ser que se tenha passado por uma iniciação num período distante de vida e, em seguida, sobrevenha uma sucessão de vidas, enquanto a alma adquire ou absorve muitas qualidades necessárias antes de poder realizar-se a iniciação seguinte.

Pense na evolução espiritual como se se tratasse de um procedimento mais perfeito... usam-se as peças e fragmentos de vida e juntam-se de um modo indescritivelmente fascinante, a fim de aperfeiçoar o modelo da vida do homem na Terra.

E ao nosso Deus Paterno e Materno rendemos todas as homenagens e toda a adoração: nosso coração está cheio de gratidão pela visão do Mundo de Ouro e pelas oportunidades de servir a Deus e ao homem. A paz e o amor do Grande Espírito Branco estão sempre conosco. Amém.

⊁ CAPÍTULO 3 ⊀

O Caminho nº 3

Onipotente e Eterno Espírito da Sabedoria, Amor e Poder, aspiramos a Ti; rezamos para poder ser fortalecidos e ajudados no caminho que leva a Ti. Que a bênção dos santos anjos desça sobre esta reunião e cada coração seja tocado pelo amor de Cristo. Amém.

Estas palavras são muito singelas: "Que cada coração seja tocado pelo amor de Cristo." Todos ouvimos, muitas vezes, palavras semelhantes e, no entanto, as esquecemos no calor e na tensão da vida exterior, sobretudo quando nos perturbam ansiedades, medos e tribulações. Se pelo menos nos fosse dado trazer a mente de volta a essa simples verdade, veríamos toda a cólera consumida, todos os medos dispersos, todo o cansaço afastado de nós por esse mesmíssimo pensamento ou pela íntima compreensão de que o amor de Cristo nos toca o coração. O Seu toque endireita tudo. Quando tivermos experimentado em nós o poder curador e reconfortante do amor, teremos conhecido o poder do amor para ajudar outra alma.

Antes de lhes falarmos sobre o coração do amor, gostaríamos de dizer outra vez que a visão da luz de Cristo nos céus, resultante da experiência que assemelhamos à crucificação, é um passo importante no caminho do crescimento espiritual. O eu inferior recua diante desse sacrifício; homens e mulheres preferem continuar envolvidos nas vestes do materialismo e não admitem a existência de uma vida espiritual. Sabem intuitivamente que, tanto que admitirem a vida do espírito, que é a vida eterna, terão de alterar os seus valores, o seu padrão moral, toda a sua atitude mental com relação à vida.

Essa é uma das razões por que o homem se recusa a atentar para os ensinamentos espirituais. Mas devemos lembrar também que outra razão pode levá-lo a rejeitar o caminho espiritual. Existem dois tipos de materialistas: os que, de alma jovem, não são despertados para a luz interior; e os que *sabem,* bem no fundo, mas se sentem instigados a seguir um caminho no plano exterior à conta de um serviço especial que podem prestar. É impossível julgar, pelo aspecto exterior, o motivo, o que há por trás das ações de outrem.

Talvez seja necessário a uma alma voltar em determinada encarnação com outras qualidades de caráter mais proeminentes, porque ela pode ter de prestar serviço num plano menos espiritual. Se lhe cumpre servir à humanidade, por exemplo, no mundo do comércio, será mister que os instintos e os dons correspondentes entrem em plena atividade. A luz do céu a teria ofuscado e desviado do seu curso. Daí que a luz seja misericordiosamente velada por enquanto, o que revela ser impossível para quem quer que seja julgar outra alma.

Todos aceitamos com alegria, no devido tempo, essa cruz do sacrifício, ou renúncia ao desejo do corpo, da mente e, acrescentemos, do espírito. Acrescentamos "do espírito" porque esse caminho é como a lâmina de uma navalha, tão sutis são as suas tentações. Só mesmo conservando o propósito puro e a luz de Cristo ardendo firmemente poderemos manter os pés no caminho. As tentações que provêm do eu inferior brotam em todo o percurso. Até no topo da escada podemos dar um passo em falso e cair e, nesse caso, teremos de voltar a subir todos os degraus.

Não deixem que isso os desencoraje; tenham em mente a realidade da luz interior e, por mais que se sintam tentados por sua própria fraqueza e insucesso, continuem, continuem... continuem em frente. Ponham-se em primeiro lugar. Não desistam do esforço, pois a desistência é fraca e fútil, e não os ajudará. Vocês não podem voltar ao lugar da cegueira no plano material; depois que os seus olhos tiverem sido abertos, só lhes restará um caminho, e este será para a frente. Acautelem-se contra a tentação da ambição egoísta que os empurrará para a frente e para o alto no caminho espiritual apenas em razão das glórias que colherão. Isso de nada lhes adiantará.

Ora, certas influências planetárias exigem renúncia. Elas dão com uma das mãos, e tiram com a outra. Essas influências os despojam, e vocês não terão alternativa. Mas conquanto essas influências lhes roubem, no plano exterior, propriedades e condições que vocês apreciam e acham boas, lembrem-se sempre de que Deus nunca tira sem dar, e o que é tirado com uma mão é dado, de forma diferente, com a outra. Essa é a generosidade de Deus, a misericórdia de Deus e o amor de Deus.

Nessas condições, o candidato que percorre o caminho conducente aos portais da iniciação precisa estar preparado para receber bem a cruz da renúncia, ou crucificação. A alma que se avigora, a alma em que a chama principia a arder e brilhar, enfrentará toda e qualquer renúncia filosófica, tranqüila, alegremente, pois essa alma judiciosa *saberá* que o que se perdeu serviu ao seu propósito, teve sua utilidade; e que alguma coisa melhor agora a aguarda. No plano espiritual ou no plano material, ela não sabe, mas, com certeza, algo melhor a espera. Temos de aprender a encarar a cruz com tranqüilidade, sabedores de que das cinzas do passado nasce uma vida nova.

A dor e o sofrimento vêm com tanta freqüência porque a alma se apega a uma situação que, obviamente, precisa ser afastada. Mas, tendo aprendido a lição, estando dispostos a renunciar, recebemos novos ensejos e maiores bênçãos. Podemos dizer até que a mão do Mestre está posta sobre a cabeça do aluno, com um: "Muito bem, irmãozinho..."

Perguntam vocês: "Como pode uma alma renunciar ao mundo e às relações humanas quando ambos são necessários à vida?" Irmão, irmã, filho, filha, pai e mãe — se essas relações não fossem necessárias Deus não as teria criado. Dizemos, portanto, que as relações humanas são necessárias, que a vida material é necessária.

Servem a um propósito divino. Ensinam e dão a vocês experiência através da emoção humana. Mas — e este é o ponto crucial — vocês não devem escravizar-se à personalidade, às relações pessoais, às propriedades, à posição ou ao desejo dessas coisas terrenas. Renúncia não significa afastamento do mundo; pois o homem pode renunciar a tudo e ainda viver no mundo e manter relações humanas, mas ser livre *dentro* de si mesmo porque, bem no fundo do coração, subsiste apenas o desejo de saber mais a respeito da Grande Luz Branca, de aproximar-se ainda mais da Grande Luz Branca e de juntar-se a esse fogo e a essa luz divinos. Renunciar significa colocar as coisas externas, materiais e pessoais da vida em sua perspectiva correta. Elas têm sua utilidade: usem-nas, mas não se deixem escravizar por elas.

"Estou querendo, ó Deus Paterno e Materno, seguir Tua luz e Tua vontade em todos os momentos. Usa-me como quiseres. Nada desejo para mim; nada que a vida terrena possa me dar tem poder sobre mim. Apenas desejo a Tua vontade, ser uma forma de expressão de Teu Filho. Eu quisera ser uma rosa que crescesse no Teu jardim, irradiando o suave perfume do Teu amor. Eu quisera crescer, despercebido, não reconhecido pelos que passassem por mim. Eu me contentaria em ser uma rosa no Teu jardim."

Isso é a renúncia de todo o eu inferior, de todos os desejos e ambições do mundo. Vocês podem viver no mundo sem ser do mundo. Não há arrogância no que renunciou, somente humildade e abnegação de si. Mas não há fraqueza, meus irmãos, não há fraqueza, senão uma grande coragem e uma força dinâmica, usada a serviço de Deus.

* * *

Olhemos, pois, para a frente, para o passo seguinte, simbolizado pelo coração flamejante de amor, o coração incendiado com o amor de Cristo. Quando se sentam para meditar, vocês aprendem, aos poucos, a se conscientizar do coração como uma luz que emite raios. O centro do coração é como o sol; é, com efeito, o sol do *seu* sistema solar. A humanidade do futuro aprenderá a pensar com o coração. Atualmente, as pessoas pensam com a mente da cabeça, que se desenvolveu de tal maneira que quase extinguiu a luz do coração. Mas os homens e as mulheres da Nova Era pensarão com a mente de Deus, que mora no coração. Quanto mais vocês responderem aos impulsos do coração nas suas relações humanas, tanto mais seguramente estarão palmilhando o caminho do desabrochar espiritual. A mente do futuro funcionará no coração. Ela já começou a funcionar nos homens e nas mulheres que ouvem a intuição, que são capazes de reger de tal maneira a mente na cabeça que ela se mantém aquiescente quando assim comandada. Vocês também descobrirão que em qualquer perplexidade, se quiserem aprender a silenciar e deixar falar o coração, receberão a direção de que precisam. Mas ela virá em forma de *sentimento*, de intuição. À medida que o centro do coração começar a se abrir e a se desenvolver, vocês começarão a reconhecer a verdadeira orientação da mente no coração e a segui-la.

Um dos segredos mantidos por uma antiga irmandade era o paradeiro da chave que revelaria o reino de Deus. "Onde está pendurada a chave?" era a pergunta; e a resposta não tardava: "A chave está no coração."

173

Nesse caminho do amor ainda há muitas ciladas e decepções. O sentimentalismo se confunde, muitas vezes, com o amor. O sentimentalismo tem o seu lugar, mas não é amor. O amor mal colocado — ou sentimentalismo — pode cegar o homem no tocante ao serviço real que ele é capaz de prestar a seu irmão; pode levá-lo a dar sem critério, a ceder às vontades não só do seu irmão mas também às suas, indiretamente. Vemos o exemplo da mãe devotada, que dá ao filho tudo quanto ele lhe pede, imaginando que isso é amor. Qual é o resultado? Longe de proporcionar ao filho as oportunidades de ser feliz, de crescer, a mãe está-lhe roubando todas as possibilidades de expressão própria e desenvolvimento. A mãe criteriosa abstém-se de gastos pródigos. Isso não quer dizer que ela deva ser fria e indiferente; senão que o seu amor é tão grande que vê com clareza a necessidade de experiência do filho, que precisa aprender a tomar suas próprias decisões. Conforte e console seu irmão, seu filho, sim; mas ajude-o a ser forte, ajude-o a tomar suas próprias decisões, a adquirir sua própria experiência. Um excesso de doces pode levar uma criança a adoecer. Se vocês cederem às vontades de seu irmão e lhe derem tudo o que ele deseja, supondo ser isso o amor, estarão, provavelmente, dando a ele o equivalente a um ataque de bile, e causando-lhe mais mal do que bem. E, se forem sensatos, dirão: "Já errei bastante; não tornarei a entulhar de guloseimas quem eu amo. Quando eu o vir precisado de compreensão e ajuda, eu lhe darei o que tiver de mais sábio e melhor."

O melhor auxílio que vocês poderão dar a seu irmão consiste em serem carinhosos, compreensivos, simpáticos, apoiar-lhe as metas e aspirações e, se ele quiser seguir por determinado caminho, não lhe dizer: "Eu não faria isso", mas, antes: "Se você acha que esse é o caminho, farei o que puder para ajudá-lo. Estarei com você durante todo o trajeto, meu irmão, com simpatia e amor. Mas você terá de conquistar a sua própria salvação. Não posso fazer isso por você." Teremos exposto com suficiente simplicidade essa lição de amor para que vocês possam compreender-lhe a sutileza?

Quando aprenderem a amar, a sabedoria começará a crescer dentro de vocês. Sempre associamos a sabedoria ao amor, porque o amor verdadeiro gera sabedoria. Não se pode separar a sabedoria do amor. Amor de verdade é colocar a necessidade de seu irmão à frente da sua; e ver com clareza qual é a sua maior, a sua real necessidade. Vocês querem vê-lo crescer em espírito, em caráter, em força de propósito. E mirando a esse fim lhe dão tudo o que têm.

Querem que lhes indiquemos um jeito frívolo e simples de amar? Vocês podem ser muito atarefados, muito cheios de compromissos, com tanta coisa para fazer que não sabem como poderão dar conta de tudo. Surge alguém ao longo do caminho, alguém obviamente necessitado, que é pobre — pobre de amor, pobre de saúde. E porque vocês andam tão ocupados, talvez lhes sobrevenha a tentação de deixá-lo de lado, de não se incomodar com ele. Mas o amor intervém: "As outras coisas podem esperar. Esse é meu irmão; seus problemas são tão reais para mim quanto os meus."

Não consintam, porém, que esse irmão lhes *desperdice* o tempo. Induzam-no, delicadamente, a desabafar-se; dêem-lhe atenção, envidem os seus melhores esforços para ver a verdade por ele e para lhe dizer as coisas bondosas, gentis, construtivas que possam suscitar a mudança necessária na sua vida. Recusem-se a ficar tão assoberbados de trabalho que não tenham tempo de ouvir um irmão necessitado, de ajudá-lo de modo prático, se necessário for. Ao mesmo tempo, contudo, guiem-se pela sabedoria, não se deixem esmagar pelo sentimentalismo. É tão simples! Tão simples que pode não lhes parecer muito importante. Mas são essas pequenas coisas que nos ajudam a nos aproximar do coração do amor universal.

Quem se dispõe a amar precisa ser muito cauteloso para não magoar outra pessoa com uma palavra descuidada. Fale delicada e ponderadamente. Um golpe de espada pode ser muito doloroso. O aluno do Mestre do amor não fere ninguém de maneira alguma, e essa bondade e inocência abarcam toda a vida. Façam tudo o que puderem para não ferir nenhuma forma de vida. Isso é amor. Há tanta crueldade na vida! Há a crueldade intencional, que nasce do egoísmo, da ganância e da emoção violenta e há também a crueldade que nasce da ignorância e da falta de consideração.

Usemos um exemplo muito simples. Vocês têm um animal de estimação, digamos um cachorro. Se gostam desse amigo não se limitam a acariciá-lo, exagerando nas carícias, mas compreendem-lhe a verdadeira necessidade e cuidam dela. Gostar do amiguinho é prover às suas necessidades. O mesmo sucede com as flores — outro detalhe: o reino da natureza é colocado aos cuidados do homem, que se encarrega de cultivar flores, ou de cortá-las e usá-las para decorar sua casa. As flores são sensíveis; elas têm força vital e precisam do seu amor. Precisam de uma atenção carinhosa; querem sentimento de vocês. Quem está no caminho ama o animal e a planta, compreendendo que são formas de vida, partes de Deus como ele. Respeita o reino animal e o reino da natureza, como respeita seus irmãos humanos e os ama.

Dirão vocês: "Como poderemos respeitá-los quando eles fazem coisas que violam todas as leis da vida?" Respeitem o que vocês sabem existir dentro do seu irmão — a luz de Deus, que luta por crescimento e expressão. As crianças desenham, e os resultados dos seus esforços nem sempre são bonitos, mas elas fazem o que podem. Nosso irmão pode estar desenhando, ou mostrando ao mundo uma imagem despida de atrativos; mas é uma forma de expressão e de crescimento; e, de um jeito que nem sempre apreciamos, uma forma de serviço. É difícil para vocês compreenderem que o que chamamos de mal e de feio podem ser uma forma de serviço. Mas são. A atitude de quem ama é tentar reconhecer sempre o *bem* que colabora com a vida.

Já lhes demos algumas comparações singelas; temos sido simples tentando mostrar-lhes o que significa amar, mas todas essas qualificações são necessárias antes de serem possíveis as iniciações maiores. Entretanto, não basta renunciarmos, nem aprendermos a amar de modo simples e humano. Precisamos ter consciência também de um desenvolvimento interior, da abertura das janelas da alma, os tais centros ou vórtices de energia psíquica, conhecidos no Oriente como chakras, situados em certos pontos ao longo da coluna vertebral, ligados às glândulas de secreção interna e aos principais gânglios nervosos. Alguns nos dirão que as qualificações de que vimos falando não são necessárias ao desenvolvimento das faculdades interiores. Mas o único caminho seguro, até onde podemos ver, é o da autodisciplina no plano externo, juntamente com o desenvolvimento interior das faculdades psíquicas e espirituais.

Lamentamos precisar deixá-los, mas nós os envolvemos em amor; aconchegamos

175

cada um de vocês a um grande coração que os ama. White Eagle não fala de si, mas do coração ainda maior que há por trás dele. Esse grande amor os envolve e, enquanto estiverem dispostos a ser envolvidos nesse coração de amor, ele os reterá e lhes dará suavidade, bem-estar e força; dar-lhes-á nobreza de caráter, inspiração para prosseguirem corajosamente pelo caminho que lhes foi reservado; dar-lhes-á companheirismo, amor e alegria indescritíveis; e, a seu tempo, lhes revelará a glória da vida de Deus.

Nós Te agradecemos, Deus Paterno e Materno.

Nós nos banhamos na luz. Inclinamos a cabeça, reverentes. Agradecemos ao Ser Supremo a nossa vida, a nossa alegria de crescimento e de serviço. Não conhecemos outro Deus senão o Deus do amor. Reconhecemos também todos os irmãos sábios que serviram a humanidade desde a fundação do mundo e, acima de tudo, louvamos a Deus pela revelação do Seu espírito no Filho, Cristo, o Senhor.

Invocamo-Lo, em nome do Pai, para que Ele possa usar-nos a nós, Seus irmãos mais jovens, no serviço da criação. Amém.

CAPÍTULO 4

O Caminho nº 4

Aproximemo-nos, unânimes, com simplicidade de mente e de coração, do trono do Altíssimo, de Todo o Bem, nosso Deus Paterno e Materno. Rezamos para poder compreender como servir a Deus e ao homem nosso irmão. Pedimos que a nossa visão seja clara, nosso propósito firme e verdadeiro, nosso amor compassivo e delicado. Tenhamos todos consciência da grande irmandade do amor, os irmãos na luz que amam e servem à humanidade. Amém.

Antes de prosseguirmos no nosso tema, gostaríamos de propor que vocês imaginassem a figura de uma rosa perfeita. Suas pétalas estão abertas para a luz do sol; e o orvalho rebrilha sobre as pétalas. Inspirem, se puderem, o perfume fragrante da rosa e, ao inspirar, sintam a bênção e a inspiração que vem da substância de que a flor foi criada...

Queremos que vocês compreendam que todos os sentidos físicos têm sua contrapartida etérica. Com a contrapartida etérica da sua visão, da sua audição, do seu olfato, do seu toque e do seu paladar, vocês podem ter consciência de belas formas que vivem por um momento, quem sabe até por toda a eternidade, nos planos superiores.

Símbolo do amor de que falamos na última vez, a rosa é amiúde retratada como se estivesse sobre a cruz — a rosa da vida, que florirá no coração da cruz da humanidade quando esta completar sua evolução espiritual e se tiver regenerado, renascido, no homem crístico. A rosa, então, simbolizará o homem perfeito, o homem crístico.

Jesus Cristo respondeu ao homem rico que lhe perguntou o que devia fazer para ganhar a vida eterna: *Vende o que tens, e dá aos pobres.* O moço afastou-se, pesaroso, porque tinha grandes propriedades. Isso costuma ser interpretado como significando propriedades materiais — mas o Mestre não especificou o tipo de propriedades a que se referia. Não significa isso na verdade que o homem deve estar preparado para abrir mão de tudo o que mais preza realmente? Todo o orgulho das propriedades precisa se desfazer — sejam as propriedades bens terrenos, consecuções mentais ou jóias espirituais. São João descreve no Apocalipse o modo com que os 24 anciãos depositaram suas coroas diante do trono de Deus. Todo homem precisa, um dia, chegar ao ponto em que diz: "Deus, deposito a minha coroa diante de Ti, pois não há proveito em adornar a minha cabeça. Devolvo-Te tudo o que tenho e tudo o que sou. Meus irmãos precisam do meu serviço — isso é o que me interessa agora. Irei, desordenado, servir à vida.''

O orgulho das posses é uma tentação sutil, que todos enfrentam de muitas e variadas maneiras. Todos nos aferramos às nossas posses, de uma forma ou de outra, mas temos de chegar finalmente ao ponto de crescimento em que sabemos que todas as posses, todas as prendas, todas as consecuções, pertencem a Deus. Por nós mesmos não somos nada; vivemos, movemo-nos e crescemos apenas na consciência de Deus, nosso Pai.

Nessa compreensão o homem é rico além de todos os sonhos terrenos; chegando à compreensão da verdadeira riqueza, torna-se, conscientemente, parte do grande poder universal, que está a seu dispor, não para uso próprio, mas para o bem do todo.

Tentamos deixar claro que a meta da busca espiritual do homem é a compreensão da consciência de Deus. Para atingi-la, cumpre que ocorra a entrega do eu, o ato de "vender tudo o que tens" ou de "depositar a coroa da glória diante do trono de Deus". O homem não pode reter *nada* para si; isso é contra a grande Lei. Mas doando-se verdadeiramente a si próprio, identifica-se com Deus, a força de vida universal. Essa verdade deve ser aplicada aos menores particulares da vida do aspirante.

Alguma coisa acontece no aspirante quando ele aplica as regras simples da renúncia, da compaixão, da sabedoria, do amor e do serviço à vida diária. Muitos métodos eram e são usados no Oriente e, até certo ponto, no Ocidente, para abrir os centros de poder ou as janelas da alma nos corpos mais sutis do homem. Esses métodos podem, por certo, liberar poder e trazer certo grau de iluminação. Mas com a estreita aplicação das regras do caminho espiritual à vida cotidiana, as janelas da alma não podem deixar de ser limpas e naturalmente abertas para a vida celestial. Com a prática da verdadeira fraternidade, por exemplo, o centro do coração é estimulado; o centro da garganta começa a se expandir e a irradiar luz, e o centro da cabeça começa a estremecer suavemente, a se abrir e a se tornar um instrumento da inteligência divina. Os centros do triângulo inferior do corpo também assumem uma forma mais bela sob o controle e o domínio do triângulo superior... de sabedoria, amor e poder do homem de Deus, do homem crístico.

Seguindo o caminho místico da meditação, do desenvolvimento e do crescimento através da vida diária, as janelas da alma se abrirão natural e suavemente. Isso não é crescimento forçado; no caminho do desenvolvimento há grandes tentações e perigos e o *crescimento forçado* exige extremo cuidado. O crescimento forçado pode ser delicado, e a flor assim produzida pode murchar, e a planta de que ela nasceu talvez tenha de ser cuidadosamente cultivada para recobrar o viço e o vigor. Mas a planta que cresce em condições naturais, que resistiu à tempestade, ao vento e às chuvas, tem boas possibilidades de produzir flores fortes e fragrantes, além de bons frutos.

Nessas condições, existem dois caminhos abertos diante da alma: o caminho do amor, místico, e o caminho do crescimento oculto, mais forçado. Alguns conseguem suportar o segundo e chegar ao fim em estado excelente e bem treinado. Trata-se, porém, de um caminho difícil, cheio de perigos. Não diremos que o caminho místico também não seja difícil. De certa maneira, pode ser sumamente desgastante. Achamos, portanto, que no caminho místico o mais importante é a calma. Vocês se tornam muito sensíveis; sentem agudamente os efeitos das palavras e dos atos dos seus semelhantes e precisam aprender a aceitá-los com prudência e serenidade. Como são estimulados, até certo ponto os centros do coração, da garganta e da cabeça, vocês ficam sensíveis aos pensamentos e palavras dos outros. É, pois, importantíssimo que desenvolvam a força interior e o equilíbrio; vocês precisam aprender a cultivar a calma e a dirigir os pensamentos para fora, para o bem-estar dos outros, em vez de ficar pensando interiormente em suas próprias feridas, faltas e fracassos. Muitos gastam um tempo exagerado em introspecção... ficam imaginando se isto ou aquilo está certo, se isto ou aquilo está errado, tamanho e tão ansioso é o desejo de progredir. Mas essa é uma fraqueza que precisa ser superada. Uns poucos equívocos não têm importância. Mais importante é o que vocês estão pensando, a sua contribuição em amor, compaixão e generosidade para com a humanidade.

Principalmente, não se voltem para dentro de si mesmos, meditando sobre malfeitos imaginados. Saibam que todos os homens são, ao mesmo tempo, alunos e professores. Vocês podem ser alunos de um homem ou de uma mulher; e podem ser professores de outro. Não se deixem desconcertar nem mesmo influenciar pelo que acontece à sua volta, mas continuem, serenos, sabendo que todos se esforçam (do mesmo modo que vocês estão se esforçando) para desenvolver a consciência de Deus.

Quando tiverem aprendido a controlar as emoções, parecerão aos Vigilantes um instrumento firme e seguro, apto a ser usado pelos Irmãos Superiores, os mestres da sabedoria. Se for necessário, estarão prontos; apresentam-se como servidores. Sua luz resplandece; vocês serão vistos a grandes distâncias e designados para realizar um trabalho construtivo entre os homens. Como poderiam ser utilizados enquanto não tivessem atingido essa calma, essa firmeza? Os Irmãos Superiores não sabem quais serão suas reações em determinadas circunstâncias. Mas depois que vocês tiverem sido testados, depois que tiverem passado pelas suas provas, fortes e robustos, poderão ser encarregados pelos Irmãos Superiores de qualquer trabalho que eles lhes destinem — e o executarão como soldados bem treinados que obedecem às ordens do oficial superior.

Vocês precisam estar preparados. O oficial superior transmite suas ordens por meio da pequena voz silenciosa. E o homem ou a mulher que aprenderam a responder, ouvirão essa voz acima do barulho e do clamor do mundo. A prática da calma, da tranqüila imobilidade no peito, fará com que o aspirante ouça, com clareza, a voz do Mestre cujas ordens espera.

Perguntarão vocês: "Como posso ter certeza?" Essa é sempre a pergunta — "Esta voz é, *de fato,* a do Mestre?" Jesus disse: *Pelos seus frutos os conhecereis.* Se uma voz lhes diz que façam alguma coisa que a sua consciência sabe ser boa, amorosa, bondosa e prudente, isso quer dizer que a voz é verdadeira. Mas se a voz atormenta, preocupa, confunde, isso quer dizer que ela não procede da fonte verdadeira, e vocês podem desprezá-la. A voz do Mestre é uma voz de amor, justiça, bondade e sabedoria, desprovida de crítica ou condenação.

Repetimos que quem deseja fazer jus à iniciação no templo dos mistérios precisa aprender a ser impassível, imperturbável pelas coisas que, de ordinário, causam a menor compreensão, ou tornam o irmão caçula temeroso, colérico ou confuso — estados de espírito que deverão excluí-lo das bênçãos de Deus, as quais, na verdade, são os seus direitos inatos. O homem perde esses direitos quando sucumbe a uma paixão violenta.

No início da nossa palestra sugerimos para sua meditação a imagem da rosa. Agora, ao encerrá-la, pedimos a vocês que visualizem a forma do nenúfar. Vejam essa flor, branca e pura, repousando na superfície da água imóvel, com raízes estendidas até o lodo que descansa debaixo dela. Vejam nesse símbolo uma imagem da alma que está em paz, imóvel, ainda não tocada pelas agitações e paixões da vida, a alma que aprendeu as lições da calma.

Esse símbolo, na medida em que o enfeitamos, deve trazer ao nosso coração expectante o estado de calma que procuramos. É um símbolo da renúncia, da rendição. Anuncia aos Vigilantes Silenciosos o momento em que a alma, já pronta, espera ser guiada para as portas do céu...

Grande Espírito do amor, só rezamos para ser mais conscientes da Tua glória; para que a nossa luz cresça mais brilhante e mais firme, a fim de que os outros que realizam a jornada da vida vejam a luz e sejam bem recebidos no lar singelo do amor que gostaríamos de construir para todos os transeuntes do caminho da vida. Amém.

CAPÍTULO 5

O Caminho nº 5

Tendo passado pelas lições da renúncia e da calma, e tendo aprendido alguma coisa sobre como amar, a alma está pronta para avançar rumo ao grande portal da iniciação. Classificaríamos as iniciações em dois tipos: as menores e as maiores. As primeiras estão sendo experimentadas de contínuo na vida humana, e podem passar sem o reconhecimento do seu verdadeiro valor para o candidato. As segundas são experiências espirituais definidas, que não poderão ser enfrentadas se o candidato não tiver consciência delas. Toda alma iniciada na sabedoria celeste passa pela iniciação com plena percepção da experiência, embora sua absorção possa levar algum tempo. As iniciações menores são aquilo pelo qual todas as pessoas passam nas suas inúmeras encarnações, experiências que interessam profundamente a alma e abrem o entendimento do neófito para os verdadeiros valores da vida e suas relações corretas com os seus semelhantes.

Grandes transformações na vida humana, as mudanças e decisões que surgem no decurso dessa vida podem ser consideradas como iniciações menores. A alma aprende igualmente com a tristeza e com a alegria, e todas as experiências devem trazer à alma uma sabedoria e um entendimento cada vez maiores de seus semelhantes e de si mesma. As iniciações menores se realizam continuamente no decurso de uma encarnação. Mas se a lição não for registrada, se o aluno não conseguir aprendê-la numa encarnação, a alma se confrontará com a mesma lição, uma e muitas vezes, nas vidas subseqüentes, até que a lição seja bem assimilada. Convém que estejamos alertas às lições que os grandes Senhores do Carma nos apresentam, e que as agradeçamos à proporção que forem aparecendo, pois assim prosseguiremos no caminho da evolução espiritual em nossa viagem de regresso à casa de nosso Pai Paterno e Materno.

As que palmilharam o caminho da provação passaram por iniciações maiores, que provocam uma estimulação do triângulo superior dos centros do coração, da garganta e da cabeça. Não devemos, todavia, separar do triângulo inferior esses três pontos, formados pelos centros do plexo solar, do sacro e da base, na sua relação com as iniciações maiores; todos os pontos de luz no homem podem, pouco a pouco, crescer em vida e poder na jornada ao longo do caminho.

Não dividiremos as iniciações maiores em compartimentos estanques, e tampouco diremos que na primeira iniciação acontece isto ou aquilo, na segunda acontece outra coisa, e assim por diante. Diremos antes que ocorre uma estimulação geral da *bondade* na alma individual, um crescimento em muitos níveis ao mesmo tempo, mais do que uma estimulação isolada em qualquer ponto.

No princípio, quando é um bebê que estréia no longo caminho do crescimento e do desenvolvimento dos poderes espirituais de que foi dotado, a alma deve ser vista, sob o aspecto espiritual, qual uma chama minúscula, uma "luzinha". (Para os que têm lembranças dos ritos egípcios, a "luzinha" tange uma corda da memória.) O homem veio de Deus, e a Deus regressa. O espírito do homem é como uma "luzinha", uma pequena centelha de vida vinda do sol, não do sol que vocês vêem em seu céu, mas do eterno sol universal, o sol por trás do sol. Somos todos pequenas chamas expiradas por esse sol e, durante o processo de evolução, a "luzinha" cresce e acaba se tornando uma rútila estrela solar, um Cristo.

Assim, à medida que a alma prossegue ao longo do caminho, a luz vai ficando mais e mais brilhante; mas só depois de haver transposto um percurso muito longo essa luz interior começa a se espalhar e a se irradiar para fora da forma que a encerra. Visualizem uma sala escura, dentro da qual está aceso um pequeno abajur. Tal é a aparência de alguém cuja luz ainda não cresceu, brilhante e forte. Aqueles que vigiam o gênero humano, à procura dos que têm probabilidades de prestar serviço, os Vigilantes Silenciosos da humanidade, vêem imediatamente quando a luz está suficientemente forte para conduzir, para guiar outros, e quando ela pode ser usada, estimulada e avivada até se converter em fogaréu. Pela luz interior o homem é conhecido pelo seu professor e pelo seu mestre.

Imaginem, por outro lado, uma casa inteiramente iluminada, com todas as janelas abertas e a luz jorrando para fora e estendendo-se pelos arredores tranqüilos; ou talvez por uma grande cidade em cujo interior ela tenha sido colocada. Comparem as duas: a primeira, o pequeno aposento com a luz tênue, apenas visível; e a segunda, a casa que é um resplendor de luz e calor, um farol que brilha de um lado a outro do campo ou projeta uma grande luz sobre a cidade. Essa é a enorme diferença entre uma alma jovem, cuja luz ainda está escondida, e uma alma mais antiga, que lança seus raios de luz espiritual a grandes distâncias.

A Deus regressamos!... Deus é a luz interior: estamos regressando a ela, crescemos à sua semelhança, filhos e filhas de Deus, da luz. Cada "janela" da casa é um chakra sagrado, gradualmente estimulado e aceso por muitas iniciações de menor grau e levado, por fim, ao poder pleno e à plena radiância pelas iniciações maiores, pela experiência e iluminação espirituais.

* * *

Muitos de nossos amigos na Terra, sobretudo os que "viram a luz", são impetuosos, entusiastas: tão ansiosos por progredir que querem "arrombar as portas do céu". Mas os muito apressados esbarram num instrumento, invisível mas afiado, que obriga o impetuoso a parar. Não pode haver precipitação no caminho da iluminação espiritual. As lições que interessam todos os planos do ser humano precisam ser muito bem aprendidas. Elas podem ser interpretadas em termos astrológicos como as do elemento Terra, do elemento Ar, do elemento Fogo e do elemento Água. Vocês não podem esperar vencer, tornar-se mestres em qualquer um desses elementos numa encarnação apenas, de sorte que a alma solta um novo balão de ensaio a cada encarnação e, de acordo com suas necessidades, a Terra, o Fogo, o Ar ou a Água, nos seus respectivos aspectos de vida, são enfatizados para que a alma ganhe força e experiência por meio das lições desse determinado elemento.

No corpo físico, o tempo é o seu senhor e, não raro, um senhor difícil; mas é também um grande mestre, e talvez vocês estejam agora aprendendo a sabedoria do Pai Tempo. Apresentado, às vezes, como Pai Tempo, Saturno é rigoroso com os alunos e não admite lições apressadas, nem recapitulações rápidas, nem ensaios superficiais. Insiste em que se dê o devido tempo a cada lição. Os que gostam de passar ligeiros pelas lições "pouco agradáveis", devem se lembrar do professor venerável, bondoso e sábio.

Quando chega, a iniciação significa não só uma grande expansão da consciência mas também traz um aumento de poder, e o poder pode ser destrutivo. O mau uso do poder pode atirar de novo uma alma no caminho. A Bíblia nos fala de Lúcifer, o qual, tendo ganho grande poder, passou a ser uma luz no céu, mas foi alijado dali em virtude do mau uso que fez do poder. Reconhecemos que pode haver mais de uma interpretação da queda de Lúcifer, mas usamos essa história para ilustrar as possibilidades da alma que, tendo chegado ao poder sem a sabedoria e o amor correspondentes, tornou-se passível de uma grande queda.

Vemos, assim, a sabedoria de Deus, pois se uma alma se precipita para a frente, está destinada a topar com o instrumento afiado e ser repelida. É muito melhor prosseguir simples, lenta e naturalmente. Nunca tentem apressar nem forçar o avanço espiritual.

Na estrada do desabrochar espiritual precisamos reconhecer três caminhos distintos, que correm paralelos uns aos outros, mas também se sobrepõem uns aos outros. Primeiro vem o treinamento e a preparação do corpo físico; em seguida, o treinamento e a preparação da alma; e, por fim, o treinamento, a disciplina e o despertar do espírito. Chegados a esse ponto do caminho onde principia a iniciação, encontramos testes na preparação para a dita iniciação em cada um desses planos — corpo, alma e espírito. Sempre aconselhamos moderação e um desenvolvimento suave, mas existem verdades que temos de conhecer em nosso treinamento para a iniciação.

Na vibração da alma encontramos o que talvez seja o primeiro e o maior dos testes — o da *serenidade*. Emotiva por natureza, a alma se deixa facilmente indignar, conturbar e ferir por coisas insignificantes. Tornar-se sereno em nossa opinião, é uma das lições mais importantes: uma afirmação que merece ser repetida. A alma precisa aprender a manter o equilíbrio e a não se perturbar. Não se deixem levar pela cólera porque alguma coisa não lhes agrada, ou porque alguém os feriu; não se deixem levar pela depressão, mas lutem por atingir e conservar uma vibração regular e calma.

Muitas outras lições sutis vêm pôr à prova e testar pretensos aspirantes no caminho. Somos testados com relação ao medo. Somos testados no tocante ao discernimento, e muitos de nós caímos nessa armadilha. Não conseguimos discernir o falso

183

do verdadeiro. Não conseguimos discernir o bem do mal. Não compreendemos sequer o que são o bem e o mal. Mas essas lições precisam ser aprendidas. Se vocês deparam com uma experiência da qual, para escapar ou para alterá-la fariam qualquer coisa; e se a lição se revelar demasiado difícil de suportar, encarem-na com espírito paciente e firme, cientes de que, através da experiência, a sabedoria lhes cresce no coração, cientes também de que vocês estão limpando o caminho para um novo crescimento e pagando uma dívida anterior. E, mais do que isso, a vocês está sendo concedida uma oportunidade de aprender a lição da serenidade. Por mais difícil que possa revelar-se, a experiência humana valerá a pena.

Outro ponto da máxima importância no caminho espiritual é o da arrogância espiritual. Quantas vezes o Mestre Jesus destacou essa lição em todo o correr do Seu ministério, mostrando, uma porção de vezes, a hipocrisia dos fariseus. Essa mesma lição se apresentará, por força, a todas as almas e em muitas formas sutis. A alma que entra com ímpeto no caminho espiritual pode ensoberbecer-se com seu progresso e seu poder espiritual. Tendo começado com um desejo puro de servir à humanidade, e tendo chegado a certo ponto do caminho, começa a se sentir um ótimo sujeito, em via de fazer um trabalho magnífico. Notem que essa espécie de coisas é favorecida por outros, que, para adulá-lo, estão sempre dizendo: "Como você é maravilhoso!" O que recebe os elogios imprudentes põe-se a pensar: "De fato, estou me sacrificando muito..." e assim por diante. Vem, então, o teste; a alma tem de enfrentar uma prova inesperada de sua lealdade e veracidade espirituais e de sua humildade espiritual.

Somente se a alma empregou todos os seus esforços para seguir as pegadas de Cristo; somente se o espírito desse homem ou dessa mulher tentou deveras refletir a suave humildade do Cristo, nunca se perderão eles na glorificação de si próprios, pois sabem que não são grandes nem maravilhosos e que, por si mesmos, não poderiam curar, nem ensinar, nem confortar; sabem que qualquer fluxo bom que passe por eles é de Cristo, é de Deus. A prova, meus queridos, é a do Espírito de Cristo; e se vocês puderem sentir realmente que o espírito humilde e bondoso do Filho de Deus caminha ao seu lado, que sua mão está na mão dEle, vocês não falharão.

Nesse sentido, gostaríamos de enfatizar o valor do treinamento nos três planos, através da meditação. Não se excedam, mas não se esqueçam da meditação diária. Procurem reservar um tempo, nem que sejam só cinco minutos, de manhã e à noite, para esse propósito. Procurem não falhar jamais no contato diário com a Fonte eterna da luz e da verdade, porque a meditação diária os ajudará em três níveis; exercitará o autocontrole do *corpo*, obrigando-o a fazer o que o seu espírito deseja, em vez de permitir que ele faça o que quiser; treinará e controlará a *mente*, e ajudará a submeter o corpo, a mente e as emoções ao poder orientador do espírito.

Como já dissemos, as iniciações maiores que se aplicam à humanidade relacionam-se com os quatro elementos — Terra, Ar, Fogo e Água. Essa é uma explicação (posto que não seja a única) do antigo símbolo da cruz dentro do círculo. Os povos dos continentes perdidos tinham grande reverência por esse símbolo, pois respeitavam e adoravam os anjos dos quatro elementos que ele representa.

Ao submeter-se a essas iniciações, a alma do homem passa por todas as provas do Fogo, da Terra, do Ar e da Água. A alma precisa estar em comunhão, em frater-

184

nidade, com todas as formas de vida nesses raios — com todos os elementais e espíritos da natureza, anjos e deuses que controlam os quatro elementos. Enquanto está na Terra, o homem aprende humildemente a controlar esses elementos em seu próprio caráter, em sua própria vida, e a dominá-los. Ao fazer isso, obtém a cooperação dos espíritos da natureza, aprendendo a andar em harmonia com eles. Se vocês quiserem estudar os milagres e parábolas de Jesus, verão demonstrado o seu domínio sobre os espíritos desses elementos e sua colaboração com eles. O Irmão Superior não os antagoniza, mas procura-lhes a cooperação através do amor e da sabedoria, através da fraternidade e do domínio dos elementos em si mesmo.

A lição do elemento Ar é da fraternidade. As pessoas que a aprendem descobrem que não basta viver para si, mas que a sua humanidade precisa expandir-se para tocar todas as vidas. Precisam trabalhar em harmonia com toda a vida: não apenas a vida humana mas também com os espíritos do ar, as sílfides e os grandes anjos do ar, que controlam as correntes de ar, as tempestades e os ventos e trabalham, às vezes, em colaboração com as ondinas e os grandes espíritos da Água. As almas que aprendem a lição do elemento ar têm de aprender também a controlar a poderosa mente humana, quebrando-lhe a arrogância, deixando-a sob o controle do espírito, ensinando-lhe humildade. O homem verdadeiramente grande e sábio é tolerante, simples e humilde.

A lição do elemento Fogo é a do amor. O amor é o fogo mágico, a grande força da vida e, dentro desse elemento, vem a magia. (Não faremos distinção entre magia negra e magia branca, porque ambas são a mesma, residindo a diferença no modo com que se usa o poder mágico.) O próprio amor é mágico, até na sua forma humana mais simples. A alma que ama realmente irradia certo magnetismo através do amor. Os homens dizem: "Há qualquer coisa em Fulano de Tal, sinto-me atraído por ele." Essa força mágica de fato é o amor, o elemento Fogo. Os que aprendem a lição do elemento Fogo aprendem a usar o poder branco e mágico do amor.

O amor é um princípio mágico, um operador de milagres. Os que se acham debaixo dessa influência ardente precisam tentar usar esse princípio mágico para dar luz, conforto e alegria aos seus irmãos e irmãs na Terra. Eles também terão "dedos verdes" para cultivar plantas, e o fogo responderá a eles num momento.

O amor é uma força criativa. Possui, todavia, tamanho poder que também pode ser destrutivo se não estiver aliado à sabedoria. É mister que amor e sabedoria andem de mãos dadas, pois a emoção desgovernada (que não é o verdadeiro amor) pode ser nociva e destruidora. As almas que têm um forte elemento Fogo não devem esquecer que todos os espíritos do Fogo, desde a salamandra até os grandes espíritos do Sol, estão dentro da sua órbita. As salamandras, os pequenos seres do fogo, trabalharão com vocês e os ajudarão a fazer depressa uma fogueira; mas se vocês as ofenderem, elas poderão fazê-los queimar os dedos e, se as ofenderem gravemente, poderão queimar alguma coisa mais valiosa do que os dedos!

A Água ensina a lição da paz. Belo elemento, bela influência! (Não suponham, porém, que algum elemento seja *melhor* do que outro. Lembrem-se da cruz dentro do círculo; todos os elementos têm um lugar exatamente equivalente no grande plano da evolução humana, assim como no grande plano da criação.)

A influência da Água interessa particularmente a alma, o plano astral, a psique e as coisas ligadas à psique. O candidato que trabalha com o elemento Água tem de aprender a controlar as formas e elementos astrais, as emoções e desejos do corpo astral. Os desejos, com efeito, podem ser deveras importunos, e o corpo emocional e dos desejos lhes farão muitas exigências. Vocês terão de aprender a controlar esse elemento *dentro de vocês,* para poderem dar o passo seguinte e governar as forças e a vida astrais.

Finalmente, a lição do elemento Terra é a do serviço e do sacrifício. Quem percorre o caminho rumo à iniciação da Terra aprende a trazer a luz, a magia divina, diretamente das alturas espirituais até a ação e a expressão perfeitas na Terra. A alma precisa saber que, finalmente, tudo o que foi aprendido sobre a verdade espiritual, tudo o que foi conquistado, tem de ser entregue, devolvido em serviço afetuoso e humilde sobre a Terra. A nota tônica do elemento é a humildade.

A alma que aprende a lição do elemento Terra aprende a trabalhar com exatidão e perfeição para lapidar a pedra bruta do seu ser.

Para alcançar a maestria, o espírito do homem há de obter o domínio de todos os planos inferiores da vida. Terá de ser senhor de seu corpo físico, emocional e mental. Cumpre-lhe assegurar o comando sobre os veículos inferiores, como um capitão comanda o seu navio. Obtida uma medida de controle, tendo ele passado com segurança pelas provas terrenas, esse homem é convocado para se apresentar no grande Salão da Iniciação (e não se passa para trás ninguém que está pronto para a iniciação no conhecimento da Grande Luz). A alma é conduzida pelo guia por muitos caminhos intrincados, de muitos corredores sombrios — que é o que vocês estão percorrendo agora em sua vida terrena, quando não sabem para onde os leva a estrada, nem quando vão fazer a curva, nem o que encontrarão depois que tiverem passado por ela. Sua vida humana é, de fato, como uma passagem através da qual o ser, o homem, está sendo levado pelo guia, através de muitas encarnações, até chegar, afinal, a um lugar ameno e belo, e ser conduzido ao altar da luz, tão brilhante que será indispensável vendar-lhe os olhos. Mas no fim da grande cerimônia, os olhos se abrem e contemplam a estrela flamejante, a estrela de seis pontas externas e uma ponta central, perfazendo sete ao todo. A estrela de sete pontas corresponde aos sete grandes raios da vida, os sete raios provenientes dos sete anjos ao redor do trono de Deus. Através da sua longuíssima jornada, o homem também aprendeu, educou-se, ganhou o poder de emitir a luz de cada um dos sete centros sagrados de seu corpo e de atrair as sete forças planetárias sagradas, que trabalham com os signos do zodíaco. O homem perfeito não somente vê a estrela flamejante em sua iniciação, mas compreende, num momento de suprema iluminação, que ele mesmo é a Estrela.

E para o Grande Espírito Branco voltamos o nosso rosto, e recebemos na nossa alma o Seu amor, a Sua sabedoria e o Seu poder... e O louvamos e Lhe agradecemos. Sejamos nós cada vez mais dignos de caminhar na Sua luz. Amém.

CAPÍTULO 6

O Segundo Advento

Grande Espírito Branco, nós nos curvamos, em oração, diante da Tua glória. Que as Tuas bênçãos caíam sobre a obra da iluminação da humanidade. Que todos os corações se reúnam nesse espírito de amor. Que eles recebam a iluminação de seus corações e mentes e conscientizem a multidão de seres espirituais, angélicos e humanos, com os quais vivem, mesmo que não saibam disso, e com a graciosa presença de nosso Senhor Rei, o Filho Cristo. Amém.

Já lhes falamos, muitas vezes, do grande desenvolvimento que está chegando à Terra, quando a vida será harmoniosa e bela, e quando homens e mulheres viverão juntos na fraternidade do espírito. Às vezes, contudo, vocês desanimam com o que vêem; olham para os sofrimentos da humanidade e sentem, de fato, que estão olhando para outra crucificação do Cristo. Não desanimem, caros irmãos, mas olhem para cima, e procurem ver a companhia de inúmeros espíritos cintilantes, homens e anjos, cuja luz penetra, aos poucos, as névoas que circundam a Terra. Essas infelizes condições, que tanto os deprimem, passarão. Lembrem-se de que esses espíritos têm um propósito para executar na matéria; e chegará o dia em que vocês se encherão de alegria e gratidão pela execução do plano divino.

Pois ou terão de aceitar a onipotência e a onisciência do Grande Espírito, a grande inteligência que guia e dirige a vida humana, ou terão de rejeitá-las e negá-las. Já aconteceu tanta coisa em sua própria vida, que vocês não podem, honestamente, negar a Inteligência suprema, amorosa e sábia que lhes guia o destino. Por conseguinte, precisam dar tudo a essa sabedoria e a esse amor, e não ter dúvidas. Vocês dizem: "Não duvidamos do amor e da sabedoria de Deus, mas duvidamos da sabedoria do *homem*, que, em certas ocasiões, parece não existir." Não obstante, se aceitam a onipotência e a onisciência do Espírito divino, terão de reconhecer que o plano de Deus para a criação também é perfeito e que, no interior de todas as criaturas de Deus, jaz a semente de uma flor perfeita.

Devemos todos trabalhar juntos, vocês no corpo e nós no espírito, para proporcionar à humanidade o alimento por que ela anseia. Precisamos dar para o homem o que ele necessita para o seu sustento e crescimento. É comum no mundo, entre vocês, criticarem-se uns aos outros; é fácil ver os erros que os outros cometem. Mas o Mestre Jesus teria preferido que vocês, em vez disso, concentrassem sua atenção em seus próprios atos e pensamentos, e delicadamente os adverte que olhem para dentro de si mesmos antes de censurar os demais. Sejam rigorosos consigo mesmos, porém complacentes para com os outros. Isso não é fácil; mas cada pensamento e cada ato de vocês ou ajudam o restante da criação, ou retardam o seu progresso. Vocês exclamarão: "Ora, os meus pensamentos e atos triviais são engolidos pelo todo e não podem ter muito efeito sobre a vida, se é que têm algum." Os antigos sábios sempre ensinavam aos seus alunos que tudo depende do pensamento e da ação individuais, do esforço humano individual; e que cada alma é responsável pelo progresso ou pelo malogro da vida na matéria.

Em tempos passados, a humanidade tocou as profundezas e foi encerrada na matéria como numa caixa de ferro. Agora, aos poucos, ela está sendo libertada. Lembrem, também, meus irmãos que, para muita gente, a mente terrena é como uma caixa de ferro que ninguém pode quebrar. O homem começa, pouco a pouco, lenta mas seguramente, a se livrar da servidão. Ele *precisa* se libertar. A chave da libertação é a luz que Deus semeou no seu coração.

Vocês aguardam com ansiedade o Segundo Advento de Cristo, pois está dito claramente que Cristo voltará. Já nos ouviram dizer, em muitas ocasiões, que esse Segundo Advento ocorrerá no coração de cada homem e de cada mulher. Será o despertar da luz. Quando a luz brilhar, cintilante, na alma humana, ocorrerá a purificação da matéria, do corpo físico, da Terra; o controle do corpo emocional, do desejo; e, talvez, uma tarefa ainda maior, o controle do corpo mental. Depois disso virá o nascimento do divino, do homem crístico. A Lua representa a alma, o Sol representa o espírito. Antes que o homem possa alcançar o domínio da Terra cumpre que se processe o casamento, ou união perfeita, entre o corpo mental e o corpo espiritual. Essa é a diferença entre o homem da terra e o homem do céu.

Já nos referimos às iniciações dos elementos: a iniciação da Água, que significa o controle do corpo emocional, a purificação do corpo emocional; a iniciação do Ar, que é o controle e a purificação do corpo mental, e o domínio dele; a iniciação do Fogo — o elemento Fogo através do qual a alma aprende a usar a magia branca que é o amor; e a iniciação da Terra, que significa o controle do corpo e também a crucificação da natureza inferior. Lembrem-se de que a iniciação é um desabrochar ou uma expansão do entendimento, uma expansão da percepção espiritual; mas ela não precisa ocorrer, necessariamente, por via de alguma cerimônia oculta ou religiosa. Em nossa vida cotidiana ocasiões há em que, por uma razão qualquer, vocês passam por uma expansão da consciência. Vocês podem ter algum problema que os intriga e para o qual não encontram solução; e, talvez, enquanto pensam no caso ou meditam sobre ele, vão a uma biblioteca ou a uma livraria, e se surpreendem escolhendo um livro ao acaso; ou, quem sabe, um amigo acerta de emprestar-lhes um livro, e como resultado da leitura desse livro, ou talvez até no meio de uma conversa ocasional, uma idéia lhes acode de repente. E onde antes vocês se sentiam confusos, terão a impressão de que uma grande luz lhes inundou a mente de improviso, e em conseqüência dessa luz, que lhes impregna a mente, toda uma nova visão se abrirá diante de vocês. Em outras palavras, ocorreu uma expansão da visão, da consciência.

Mais uma vez se pode associar a expansão da consciência a um determinado evento de natureza material, que provoca uma mudança muito grande em sua vida. Vocês podem sentir uma alegria intensa ou ter de sofrer uma tristeza profunda, experiência essa que lhes trará uma compreensão da vida mais profunda e mais ampla. Isso é o que subentendemos por iniciação realizada na vida cotidiana.

Por outro lado, existem iniciações que ligamos ao trabalho espiritual, certas cerimônias pelas quais podemos passar, como a iniciação numa Loja Maçônica, por exemplo, ou em qualquer Loja associada à verdade espiritual. Depois, mais uma vez, alguma coisa acontece à sua alma; ela é tocada por certos poderes espirituais, que ajudam a acelerar as forças espirituais de vida no corpo da alma. Isso pode causar também um momento de iluminação, uma expansão da consciência.

Compreendam, entretanto, que vocês mesmos precisam *trabalhar* em sua vida cotidiana; são suas reações à matéria física e às condições da vida que na verdade produzem a harmonização, a consecução. De pouco lhes servirá ouvirem White Eagle, ou qualquer outro, se não trabalharem para obter o domínio de si mesmos. O início do trabalho é a percepção da vozinha interior, ainda fraca, da luz que aumenta cada vez mais em vocês e que os faz reagir como um irmão bondoso a todas as condições e a todas as circunstâncias da vida.

A abertura da visão e o despertar da consciência ocorrem por meio da meditação. Meditação, para nós, é chegar ao nível da vida espiritual passando por *debaixo* de todo pensamento; é ter consciência da luz e do poder que está dentro de vocês e que os antigos sábios chamavam de energia solar. Essa energia solar é sagrada e só deve ser estimulada quando a pessoa procura a verdade e a vida de Cristo com seriedade, e não por motivos egoístas ou por mera curiosidade. Nos templos do passado, nas escolas de mistério, esse conhecimento era guardado com o máximo cuidado. Ainda é recusado às massas. Mas na nova Era de Aquário, embora ainda sagrado e secreto, o conhecimento está sendo revelado aos verdadeiros buscadores, humildes e puros de coração. O princípio da estimulação está na oração e na meditação, que, como já lhes dissemos, significa uma respiração calma e rítmica, uma imobilização da mente exterior, uma visita ao templo interior e, ali, a busca do Senhor da Luz. Esse processo afeta o corpo inteiro.

Ao se aproximar dos mundos invisíveis, o homem há de ter um amor puro no coração, primeiro pelo seu semelhante e, em seguida, por toda a criação. Ele tem de amar os elementais, que desempenham um papel muito grande ajudando o adépto ou o mestre em seu trabalho em prol da humanidade. Atualmente há guerra entre o homem e os elementais; mas, à proporção que o homem avança, é forçoso que haja paz, amizade e, diremos, quase um casamento entre os dois. Não queremos dizer casamento no sentido humano, senão no sentido celeste. Cumpre que se estabeleça a amizade, a harmonia entre o homem e os elementais.

Vocês têm uma demonstração dessa verdade vital nos milagres do Mestre Jesus. Referimo-nos principalmente ao milagre de Jesus caminhando sobre as águas e de Jesus acalmando a tempestade. Admitimos que esses fatos têm mais de um sentido mas, por enquanto, digamos que o seu caminhar sobre as águas simboliza o controle completo do elemento água, das emoções — pois esse elemento afeta as emoções.

Ele não afundou. Seus irmãos, os espíritos da água, sustentaram-nO e Ele, por sua vez, sustentou o discípulo que se agarrou com firmeza à confiança e à fé no seu Mestre. O mesmo aconteceu quando Ele acalmou a tempestade. Os espíritos do ar, as sílfides, vieram em Seu socorro, obedeceram às Suas ordens. Para obter o verdadeiro domínio sobre os elementos da Terra, do Ar, do Fogo e da Água, o homem precisa ser como o Filho de Deus, todo amor, todo ternura e, portanto, cheio de energia solar. Precisa conquistar-lhes o respeito e o amor.

Lembrem-se de que o propósito de sua vida é crescer, em primeiro lugar, na consciência de si mesmos, depois na consciência de grupo, na consciência de toda a irmandade da vida. Vocês expressaram algumas vezes, na meditação, a intensa alegria que sentiram ao compreender a fraternidade espiritual — que, naturalmente, é a verdadeira comunhão do espírito, ou o desenvolvimento da alma rumo à percepção das necessidades dos que o rodeiam. Na mesma medida em que o indivíduo progride, toda a raça se avizinha, coletivamente, desse ponto de irmandade e percepção. Depois, em vez da guerra e da luta perpétuas, a fraternidade dos anjos e dos homens terá se tornado uma realidade viva.

Hoje em dia, uma afirmação dessa ordem parece incrível. Entretanto, repetimos que a próxima fase para a consciência de si mesmo é o estado em que o homem adquire consciência de sua verdadeira relação com seu semelhante; segue-se, então, uma expansão ainda maior no sentido da consciência de Deus ou da consciência cósmica; e, depois, o próximo passo é a consciência solar, a consciência do Logos Solar. Isso é levá-los muito longe. Leiam, todavia, nossas palavras e meditem nessa verdade, porque a visão da vida futura os fará sentir que o seu empenho atual vale todo o sofrimento e todo o esforço. Se estão escutando a voz do espírito, lembrem-se de que são pioneiros que trabalham para o grande dia em que a consciência cósmica e a solar serão compreendidas por todas as pessoas. *Saibam* que o mundo não permanecerá em seu estado presente de caos.

Nós os levaríamos para a gloriosa cerimônia nos céus da manifestação do Logos Solar, o espírito de Cristo, o Filho de Deus.* Vocês são capazes de falar fluentemente sobre o Filho de Deus e sobre o Cristo. Aceitam o Cristo como um ideal; alguns reconhecem no espírito de Cristo a bondade, a mansidão e o carinho, algo inteiramente identificado com alguma coisa dentro de vocês. Não compreendem a imensa glória desse Logos Solar, que é a vida de todos os homens e a vida deste planeta e dos sistemas solares. Não compreendem, meus queridos, que esse jorro de luz de ouro desce e pode alcançá-los, se vocês forem suficientemente humildes e simples e abrirem o coração para a bênção.

Lembrem-se que a força solar está dentro de vocês em menor grau. Está dentro de vocês, profundamente enterrada, e ali jaz adormecida. É melhor que as coisas continuem assim até que o homem se eleve por seu próprio livre-arbítrio para adorar a verdade, adorar o Filho de Deus, profundamente, desde o âmago do seu ser. Quando

---

* Estas palavras foram ditas na época da festa de Cristo, por ocasião da lua cheia, com o sol no signo de Gêmeos.

a alma sente adoração pelo Logos Solar, pelo Sol em chamas no céu, pelo Filho unigênito de Deus Paterno e Materno, sente um estremecimento interior, como a mãe sente os primeiros movimentos do feto. Virá depois a ascensão da força solar no corpo etérico, no corpo físico, em todos os corpos; e cada centro se tornará vivo e se abrirá como a flor se abre à luz do sol. Vocês, a seguir, progredirão da compreensão da fraternidade com os seus semelhantes à compreensão da sua reconciliação com o Cristo, e uma nova consciência de Deus raiará em seu coração.

Iogue é aquele que atingiu a consciência de Deus ou a união consciente com Deus, e pouco importa que ele tenha pele amarela, mulata, negra, branca ou vermelha. Vocês também poderão alcançar esse grau de consciência de Deus, de união com Deus; e, a partir dessa fase, partam para a consciência solar, que é uma condição além da sua compreensão, mas alguma coisa que espera por vocês no futuro.

No correr dos séculos, formaram-se as escolas de mistério para ajudar as almas simples e sinceras a compreender os mistérios da vida e da "morte". Elas ensinavam tanto os menores quanto os maiores mistérios da vida. Para receber esse conhecimento fazia-se mister que a alma fosse pura e simples porque, de outro modo, o conhecimento dos mistérios poderia se revelar perigoso para ela. Mal usadas, as forças espirituais podem produzir resultados terríveis. Por isso nunca era fácil ingressar numa escola de mistério. Só mesmo depois de muitos testes e provas o candidato, admitido, aprendia a estimular o fogo solar, a força solar, e usá-la para a glória de Deus e para a bênção e edificação dos homens, não só vivendo a vida mas também realizando as obras do Pai e da Mãe no céu.

Há muita coisa para aprender, meus irmãos. Um mundo de beleza que desponta se abrirá quando vocês se derem ao trabalho de percorrer o caminho seguindo o processo da meditação, da prece e da devoção; não se arredando da vida comum, mas vivendo no mundo como filho, ou filha de Deus. A meditação os levará, através de todos os planos, à luz celestial, àquele mundo celestial dos filhos e filhas perfeitos de Deus. *Os olhos ainda não viram, nem os ouvidos ouviram, as coisas que Deus preparou para os que O amam.* Este, meus irmãos, é o caminho que a Era de Aquário nos descerra, de beleza, harmonia e fraternidade da terra do céu. Aí, então, a escada de Jacó será erguida sobre a Terra e todo buscador cuja visão se avive verá os anjos que vêm e que vão "entre o céu e a terra". Vocês aprenderão por si mesmos que estamos falando a verdade. Não podemos dar-lhes a prova, mas a prova está esperando que vocês a encontrem em sua própria evolução. Não se contentem em ouvir as nossas palavras nem em ler os escritos dos iniciados, místicos e sábios. *Procurem por si mesmos a verdade* e acabarão encontrando, sem sombra de dúvida, a jóia, um tesouro de grande preço.

Deus os abençoe. Recebam a bênção de Deus — agora.

Reunamo-nos agora como um todo para agradecer ao Grande Espírito Branco a revelação da verdade da energia espiritual que está vindo para a humanidade. Rezemos para ter a coragem de aceitar essa verdade e transmiti-la pela vida, pelo serviço, ao espírito de nosso irmão. Possamos prender-nos no fogo do amor divino, o espírito de Cristo, e ficar encerrados para sempre no Seu coração. Amém.

CAPÍTULO 7

O Homem — Humano e Divino

Nós lhes trazemos o amor da companhia do espírito que está conosco...

Escolhemos para tema da nossa palestra o homem, humano e divino. Alguns de vocês talvez pensem que a humanidade parece não ter em si uma porção muito grande da divindade, mas nós, em espírito, estendemos nossos olhos pelo mundo e vemos muita coisa para amar na humanidade. A humanidade é muito sensível de coração e bom seria se nossos irmãos na Terra se esforçassem por reconhecer a divindade no seu irmão. Pois o homem *é* divino. Os elementos da divindade se encontram tanto no corpo físico quanto na alma do homem. Tomem a forma humana: quando ela se apresenta ereta, com os pés na terra, a cabeça nos céus e os braços estendidos para servir, dar, amar, tem-se o símbolo da cruz. O cubo também é um símbolo do homem na encarnação — a pedra tosca (em linguagem maçônica, a pedra tosca de cantaria) que precisa ser aparada e aperfeiçoada para se incluir na construção do templo. E quando se abre o cubo, temos de novo a forma da cruz.

Antigamente, as pessoas tomavam o corpo humano como símbolo para o estudo do universo. Aprendiam que, no corpo humano, encontrariam todos os elementos do universo, que cada parte do corpo físico — cérebro, garganta, coração, sistema circulatório, órgãos da reprodução, mãos, pés, dedos das mãos, dedos dos pés, o corpo todo, tinha alguma ligação com as estrelas, os planetas e o universo divino. Assim os homens da Antigüidade aprendiam a estudar o corpo humano para conhecer os segredos do universo e de Deus. As palavras: "Homem, conhece-te a ti e conhecerás a Deus e ao universo" estavam registradas num brasão acima da entrada dos templos do passado, e todo candidato tinha a obrigação de seguir o caminho do conhecimento de si próprio e estudar os mistérios do corpo humano. Lembrem-se, portanto, de cuidar do corpo físico, que é o templo de Deus; a própria essência de Deus pulsa-lhes nas veias. O corpo é a vestimenta do espírito; e o espírito, centrado no coração do homem, permeia cada átomo físico.

Vocês podem ter perguntado a si mesmos por que, em certas imagens do Mestre Jesus, o coração é representado com uma luz jorrando dele. Isso acontece porque o centro do coração é o lar, a sede da centelha divina, do verdadeiro eu, o eu de Cristo. Os outros dois centros, que os sacerdotes da antiga sabedoria ensinavam aos alunos, eram o centro da cabeça (o cérebro, o intelecto) e o centro da criação, o centro da geração. Se o homem for governado pelos centros inferiores, será materialista — viverá para o prazer do corpo e para esta vida. Se for governado pelo centro da cabeça e for um intelectual, viverá para as coisas da mente. Mas se for governado pelo centro do coração, centro da sabedoria e da luz, será um iniciado. O centro do coração, o centro da sabedoria e do amor, deve controlar e equilibrar os outros dois. Se vocês pudessem ver com visão clarividente a forma do verdadeiro iniciado da sabedoria antiga, veriam que ele é como um cone de luz. Desde o ápice do cone jorra luz sobre a forma do homem, controlando a mente, o cérebro e os centros inferiores do seu ser.

A cada encarnação, novas oportunidades se oferecem a vocês para que façam a luz divina se manifestar fisicamente. Cada um de vocês é um filho ou filha de Deus. Somente uma parte do seu verdadeiro eu se manifesta através do corpo físico; embora se tenha afastado da matéria física, o eu superior ainda está ligado à sua personalidade. Ao aspirar à verdade, à pureza, à semelhança de Cristo na acepção mais ampla da palavra, vocês estão levando esse eu superior, o eu divino, a manifestar-se plenamente. Todo o propósito da encarnação do homem é que ele possa, afinal, manifestar a vida divina, a vida de Deus, através da matéria física. O homem na Terra precisa, em conclusão, proclamar a glória de Deus.

É um equívoco pensar que, logo que deixarem o corpo físico, vocês estarão livres para adentrar os céus, ou ganharão, automaticamente, todos os atributos espirituais; pois quando passarem do corpo físico ainda conservarão na alma grande quantidade do elemento terreno. Terão de aprender a entrar no estado celestial de consciência enquanto ainda estiverem aqui num corpo físico; terão de trabalhar, enquanto estiverem encarnados, a fim de desenvolver os atributos espirituais e usá-los para afortunar a humanidade. Este é um período muito importante da história do mundo, e vocês são pioneiros. Foram convocados para cumprir uma grande missão. Sejam quem forem, todos terão a mesma oportunidade de promover a manifestação do aspecto divino da vida na Terra.

Embora precise se desenvolver no seu caminho solitário, a pessoa nunca está só. Um paradoxo! Embora cada um de vocês esteja separado, cada qual tenha a sua própria linha particular de desenvolvimento e iniciação, vocês são trazidos para uma vida coletiva, ou irmandade, por meio da qual, em comum com outros ali reunidos, recebem o benefício do poder e da luz coletivos, que são atraídos para lá pelas almas coletivas. Mais cedo ou mais tarde, a alma adquire consciência de todo o grupo. Até aquele momento ela parece viajar sozinha, pelo menos em sua própria percepção. Chega, porém, a hora em que o indivíduo, de súbito, conscientiza-se da sua participação no *grupo*. Isso é de vital importância. A reunião dos muitos no grupo é puramente governada pelo carma de cada pessoa. Os que constituem o grupo não se encontraram apenas numa vida, senão em muitas. Daí terem vocês ouvido dizer que muitos têm estado juntos num grupo, ou irmandade, semelhante a esta. Pode ser que vocês tenham esquecido; mas a voz silenciosa, que iniciações sucessivas lhes fará ouvir, dirá a vocês: "Sim, eu me lembro, eu sei; ainda não me recordo de tudo, mas eu sinto." Como é valioso esse sentir! Os anjos ajudam na evolução humana por intermédio dele...

Por conseqüência, a alma que se prepara para a iniciação tem de reconhecer as necessidades dos seus irmãos, ter consciência da cooperação da alma do grupo. Quando a iniciação acarreta a expansão da consciência para o candidato, fazendo com que ele se conscientize do seu próprio grupo, ele já não vive para si, por si, mas reconhece que todo pensamento, toda ação, diz respeito não só a si mesmo, mas também inspirará e ajudará, ou ferirá e degradará (conforme o caso) todos os irmãos do grupo. A responsabilidade, portanto, se torna muito grande. Ele já não está livre, por assim dizer. Na realidade, nunca esteve, mas se julgava sozinho. Agora já não está livre, porque tem consciência de que não pode fazer mal a nenhum irmão de seu grupo sem afetar todo o grupo, incluindo ele mesmo. Na verdade, nenhum homem age realmente para si, ou por si. Ele pode se orgulhar do seu isolamento, mas não pode prejudicar outra pessoa sem prejudicar a si mesmo. O que estamos tentando transmitir é que, após a iniciação nesta consciência do grupo, a responsabilidade da alma passa a ser muitíssimo maior.

Quase todos vocês sabem alguma coisa a respeito dos que nomeamos Irmãos Superiores, ou mestres. Talvez alguns de vocês tenham sido levados a um contato muito íntimo com esses seres gloriosos, e saberão como eles são belos. Como puderam chegar a esse grau de poder espiritual e glória? Através da vida humana na Terra; através da autodisciplina, do autocontrole, do serviço ao seu semelhante; deixando a vontade divina que está dentro deles se elevar e tomar posse da sua vida. Eles abençoam por meio da sua divindade, por meio do Cristo interior que resplandece entre os homens.

Lembrem-se do objetivo da vida — não se trata de evadir-se da Terra e perder tempo num lugar mais bonito de pensamento ou de ser consciente; trata-se, antes, de aprimorar a capacidade de enfrentar as exigências cotidianas da vida restaurando, numa manifestação prática, a beleza e a harmonia desse estado celestial, e prestando, assim, o melhor serviço aos seus semelhantes. A consciência interior de Deus se expandirá na perfeição que reside na mente de nosso Deus Paterno e Materno. Pois o homem foi criado à própria imagem de Deus; a concepção do Ser Perfeito está dentro da Trindade, faz parte de Deus. E vocês, meu irmão, minha irmã, *vocês* são essa concepção perfeita do filho de Deus conservada na mente do Deus Paterno e Materno. Meditem sobre isso, na santa trindade — Deus o Pai, Deus a Mãe e vocês, o filho... o próprio filho de Deus, um aspecto da Trindade.

Se anelarem, todos os dias, a sintonia com o infinito, estarão desenvolvendo o Filho de Deus, Cristo, no coração. O homem necessita muito dessa relação mais estreita com a Fonte de toda a vida, o Deus Paterno e Materno e, quando a vida do homem sobre a Terra for construída sobre o entendimento de sua relação de filho e pai, de homem e Deus, já não haverá sofrimento, nem doença, nem caos, nem guerra.

Gostaríamos que compreendessem, meus caros irmãos, o poder da divindade dentro de vocês. Não consintam que a vida mundana os leve para baixo e os esmague. Levantem-se, meu irmão, minha irmã! Levantem-se acima da servidão da Terra! *E a luz brilhou na escuridão; e a escuridão não a compreendeu.* A escuridão é a do homem, preso à matéria física, inconsciente da luz da divindade interior.

Há outro aspecto da luz e das trevas que nos agradaria vê-los entender. Aprendemos nos templos de antigamente que o lado direito do corpo era a parte da luz. Todo ele era luz. O lado esquerdo era a escuridão. Mas isso não significa exatamente o que vocês podem estar pensando. A escuridão do lado esquerdo indicava o aspecto invisível do homem. Vocês provavelmente já sabem que, na cura, a doação se faz com a mão direita — um símbolo exterior. Vocês oferecem a mão direita como sinal de camaradagem e de boa vontade. Recebem com a mão esquerda, o lado negativo, que indica o lado invisível. Vocês absorvem o invisível com a esquerda; entram em contato com o mundo da matéria com a direita. Assim a luz e as trevas estavam juntas, eram uma só. Esse é outro segredo dos mistérios, o equilíbrio perfeito — o perfeito equilíbrio dos dois aspectos da vida.

Vocês leram muitas vezes o que escrevemos sobre o templo, que simboliza o corpo do homem, o lugar onde reside o espírito divino. Os dois pilares que sustentam a vida, que sustentam o ser do homem, são o coração, centro do amor e da sabedoria; e a mente, centro do poder, da energia e da vontade; e o que une os dois, a chave da abóbada, é o espírito de Cristo.

Deixem-nos também comparar os dois pilares do templo à alma dual, ou ao espírito dual, masculino e feminino, ou pai e mãe, se preferirem, aspectos duais de Deus; e quando os dois se casam, quando há um equilíbrio perfeito entre coração e mente, ou quando há um matrimônio místico perfeito, dessa união nasce o sagrado Filho de Deus, Cristo. Isso nos sugere mais uma interpretação esotérica da imaculada concepção, a fusão perfeita da intuição e das qualidades espirituais da mãe com as do pai, a mente; e da fusão perfeita, do perfeito enlace no interior do ser mais íntimo do homem, nasce o perfeito filho de Deus, o homem perfeito.

Tragamos isso diretamente para o plano físico; e o que vemos no mundo de hoje? Caos, crueldade, sofrimentos terríveis? E por quê? O que foi que produziu esse estado de coisas? Porque a humanidade passou fome por muitos séculos em conseqüência da falta de compreensão do princípio materno. Houve dominação, primeiro pelo corpo e depois pelo intelecto ou mente do homem. Ambos tenderam a aprisionar, senão matar, o divino princípio materno, que é a sabedoria e o amor. No futuro virá, terá de vir, essa iluminação, essa iniciação, essa expansão da consciência espiritual. Vocês verão o aspecto materno (não apenas a mulher — estamos nos referindo a princípios divinos) vocês verão esse princípio divino da mãe influindo lenta, mas seguramente, no mundo. Em resultado disso haverá um influxo muito maior de amor e sabedoria, um equilíbrio do aspecto do poder, o qual, por si mesmo, traz a destruição.

Quando o espírito da mãe se mover em perfeito equilíbrio com o princípio do pai (que é a mente superior, a mente divina) retornarão a sensatez, a harmonia, a felicidade. Diríamos que, se bem não estejamos lidando inteiramente com os aspectos masculino e feminino da humanidade, falamos muito a sério com as mulheres em particular, por serem as retardatárias no trabalho posto diante delas nesta encarnação. Não nos reportamos unicamente ao parto; a mulher deve ser mãe de toda a raça humana.

Se toda mulher se detivesse para pensar na sua verdadeira missão, que é expressar a maternidade divina no mundo através do amor, da bondade e da sabedoria, atributos da santa mãe; se todo homem se valesse da sua oportunidade para expressar a paternidade divina — não pelo poder nem pela dominação, mas pela energia divina e pela vontade de contribuir para a evolução da raça, ocorreria o verdadeiro equilíbrio entre as duas forças, que elevarão a humanidade. O cérebro do homem precisa ser usado, não para obter poder sobre seus semelhantes senão para compreender e trabalhar em harmonia com a lei espiritual e a física, e para restaurar nobres e belas invenções que concorrerão ainda mais para a evolução da sua alma. Muita coisa espera para surgir quando o homem puder harmonizar-se com o pensamento divino, tornando-se um canal bem preparado.

Começamos falando do símbolo da cruz, que era um símbolo do homem bem equilibrado, com a cabeça no céu e os pés na terra. Todos precisam aspirar ao perfeito equilíbrio da vida, para que a luz da divindade resplandeça na escuridão ou na inconsciência do homem, irradiando a vida, produzindo uma iluminação completa e perfeita. A seguir, findo o tempo de serviço na Terra, o homem passará por uma experiência nova e mais gloriosa. É preciso dar, um por um, cada passo da jornada, porque não existem atalhos; e vocês, meus irmãos, receberam a bênção de saber que não farão sozinhos a viagem; ao seu lado estará o companheiro do espírito de vocês. De mãos dadas com anjos, ou com o verdadeiro companheiro da sua alma, percorrerão o trajeto que medeia entre a inconsciência, ou escuridão, da vida humana e a glória e a luz do divino. Não pensem que não poderão alcançar esse elevado estado da consciência. Ele está dentro de vocês; o poder de Deus está em vocês e os eleva ao mais alto pináculo da vida espiritual. Sigam a luz interior. Vão com Deus! Vão com Deus!

CAPÍTULO 8

O Caminho de um Irmão

Irmãos, abrimos nosso coração para o influxo do amor, da paz e do poder do nosso Pai celestial, para tudo o que é bom, puro e santo — benfazejo, saudável. Grande Espírito Branco, nós Te agradecemos o sustento de nossa vida, as alegrias que a vida nos traz. Agradecemos também pelos testes e pelas provas, pelas tristezas, pois através dessas experiências a nossa consciência se abriu para a glória do Teu mundo celeste, para a suavidade e beleza do Teu amor. Sabes, Senhor, a necessidade de todos os Teus filhos, que anseiam, humildes, ser receptivos à Tua sabedoria, que lhes transmites de acordo com Tuas leis. Que os raios da Grande Luz Branca, o Christos, abençoe esta comunhão. Amém.

Queridos irmãos (e nós lhes chamamos irmãos porque todos vocês estão seguros dentro do amor do Grande Espírito Branco, no qual todos vivemos e crescemos); queridos irmãos, falamos desde o mundo do espírito e gostaríamos de chegar não só à mente mas também ao coração de vocês — chegar ao âmago do seu espírito.

Alguns de vocês gostariam de saber mais a respeito da Fraternidade da Luz, a Fraternidade Branca; ou, como outros a conhecem, a Irmandade da Cruz de Cristo. Essa Irmandade, naturalmente, não se limita a cristãos, segundo a interpretação que vocês dão à palavra. Os Irmãos da Grande Luz Branca se manifestaram em todas as religiões durante todo o tempo. Mas fora da grande irmandade das almas humanas, queremos que vocês pensem também na irmandade de toda a vida — formada por seres humanos, do reino animal, do mundo da natureza, do mundo do espírito, do reino dos anjos. Pensem também em todos os elementos naturais, que tem cada um deles, ligado a si um ser, ou seres angélicos, interessados no seu elemento particular. Vocês não se lembram de como o nosso muito amado Francisco de Assis se refere ao Irmão Ar, à Irmã Água, ao Irmão Fogo e ao Irmão Sol, como se todos fossem, para ele, parte de uma grande família? O próprio Irmão Francisco era uma das muitas almas altamente evoluídas que vieram à Terra desde tempos imemoriais para ajudar a humanidade a conscientizar a infinita vida universal.

Posto que a Irmandade nunca se tenha restringido ao Cristianismo ortodoxo, todos, naturalmente, são irmãos na Luz de Cristo.* Nesse sentido eles precisam ser irmãos cristãos; mas quando vocês estudarem os registros secretos de raças passadas, constatarão que irmandades pacíficas e secretas existiram em muitos países no Oriente, no Ocidente, no Norte e no Sul, em todos os tempos. Eles sempre se estabeleceram em lugares remotos, onde os irmãos viviam de acordo com o que entendiam ser a lei de Deus. Antes de ser aceito e iniciado no trabalho secreto da irmandade, todo candidato tinha de enfrentar testes e provas rigorosos — testes em sua experiência de todos os dias, e provas também da qualidade do seu amor a Deus, de sua devoção à irmandade, de sua força de propósito e dos seus motivos.

Os irmãos eram obrigados a passar por esses testes porque tinham de mostrar-se preparados e capazes de usar os poderes inatos que a iniciação estimularia. Encarava-se a iniciação, portanto, como um passo muito sério e importante.

Ora, existem perigos no caminho do serviço espiritual. Não queremos assustar ninguém, só pretendemos fortalecê-los na sabedoria. Nada obstante, entendam que quando o olho interior do homem está aberto, ele tem de encarar certos perigos. Daí o motivo por que os irmãos de outrora eram postos à prova para mostrar coragem, sabedoria, solidez mental e sanidade física. Precisavam viver sabiamente, fisicamente. Tinham de aprender a se disciplinar, a controlar os desejos e os instintos do corpo; a comer alimentos puros, a respirar conscientemente o ar puro, a purificar o corpo diariamente como sua Irmã Água, a pensar com retidão. Tinham de se provar capazes de executar todos os ritos disciplinares que deles se requeriam no serviço. Como vocês vêem, não era fácil o caminho.

Mas não é Deus que mantém o homem fora do céu existente no coração da irmandade; é o próprio homem. Dentro de vocês há tudo o que precisarão durante a jornada através de muitas vidas, que os conduz para cima e para a frente, na direção do mundo dourado de Deus. Mas se fosse fácil para o homem entrar na Terra Prometida, se ele não precisasse disciplinar-se e exercitar-se, nunca compreenderia a sua radiância. Todas as escrituras contam a história simbólica do crescimento e do desabrochar da alma do homem; a sua fuga da terra do Egito, sua renúncia aos prazeres ou às tentações da carne. Na corte do Faraó reinava o culto do corpo e dos sentidos. Em certos estágios o homem passa por essa fase profana. Depois ouve um chamado e encontra um líder, como foi Moisés para os israelitas, que lhe explica como deixar para trás os aspectos negativos da vida, erguer-se e seguir seu mestre à Terra Prometida. Dessa forma guiou Moisés os filhos de Israel — que tinham sido escravos do Faraó, ou da vida física e material, e procuravam "Isra", o Grande Sol — fora da servidão do Egito.

Primeiro, como vocês devem estar lembrados, eles atravessaram o deserto e ficaram muito descontentes, porque tudo se lhes revelava opressivo e difícil. Comparem esse quadro com o da sua própria experiência, vocês que ouviram a convocação, e notam que também encontraram um trabalho mais fatigante do que outra coisa qualquer e se sentiram acorrentados a tarefas de que não gostavam, de modo

---

* Isto é, a luz divina universal.

que não podiam sair do deserto. Moisés, contudo, ouviu a voz de Deus; subiu a montanha (foi elevado, na consciência, a um estado de êxtase espiritual) e recebeu do Criador pedras em que estava inscrita a lei de Deus. Quando ele desceu, o povo, que se rebelara, estava adorando um bezerro de ouro (mais uma vez, a materialidade). Tão horrorizado ficou ele que jogou as pedras no chão e elas se quebraram. Chamado de novo ao topo da montanha, recebeu nova exposição da lei. Esse fato significa, em nosso entendimento, que só se pode dar ao homem o que ele é capaz de entender e aceitar num determinado momento. Ele só pode receber aquilo que lhe é dado compreender. Vocês terão notado que recebem somente um pouco de cada vez e, não raro, se sentem tentados a pensar: "Já conheço tudo isso! Quero dar agora o passo seguinte." Mas, vejam bem, vocês não terão uma nova revelação enquanto não tiverem aceito e absorvido no seu próprio ser os ensinamentos mais simples. Vocês precisam absorvê-los totalmente e vivê-los. Não adianta ler livros, não adianta ouvir palestras. Vocês precisam *sentir*. Precisam conhecer e sentir a verdade bem no fundo do coração. Quando realmente tiverem se *tornado* a luz, por meio do serviço prestado a um irmão, estarão prontos para a revelação dos mistérios mais profundos.

Portanto, meus queridos e jovens irmãos, vocês estão dispostos a ser pacientes e a continuar em frente? Não se arrombam as portas do céu; terão de continuar conformadamente, quem sabe cumprindo uma tarefa muito enfadonha, e podem até achar, às vezes, que fariam muito melhor do que o seu irmão se estivessem no lugar dele. Mas a verdade é que, se pudessem fazer melhor, a vocês teriam sido dado esse lugar.

Sabemos como se sente cada irmão, sabemos que, às vezes, o caminho lhes parece tedioso e difícil. Vocês acham que, se pudéssemos oferecer-lhes algo emocionante, talvez até sensacional, tudo seria muito mais atraente! Mas poderia haver escasso sabor no fruto que vocês cobiçam. Um irmão precisa ver claramente a escolha entre a vida material e a espiritual, pois não é possível servir a dois senhores. Cumpre-lhe enfrentar a verdade. Por conseguinte, se vocês anseiam, de todo o coração, de toda a alma e de toda a mente, seguir a verdade, então, sejam vocês quem forem, seja qual for o serviço, quer se trate de um serviço puramente espiritual, quer se trate de um serviço no mundo material (e lembrem-se de que podem prestar um grande serviço nesse nível), estarão preparados para abrir mão de tudo o que tem sido desejável no sentido mais amplo e seguir esse caminho único? Estarão? Muito bem! Nesse caso serão aceitos, mas sabem o que isso significa? Significa trabalho incessante. Existe, porém, uma compensação, e a compensação está na alegria inerente ao serviço, a alegria inefável que chega ao servo de Deus. E ele não sente nenhum arrependimento; as propriedades nada são para ele, que possui a maior de todas elas, a alegria de estar apto a servir a Deus e ao seu semelhante.

Vocês podem supor que pintamos um quadro sombrio demais. De maneira nenhuma. Olhem para os grandes de todos os tempos e vejam que a vida deles foi sempre uma vida de serviço. Não se recordam de que Jesus, às vezes, se cansava e, apesar disso, os discípulos Lhe rogavam: "Há um homem aqui que precisa de vós", ou ainda: "A multidão veio de muito longe e quer ouvir-vos falar?" No mesmo instante, Jesus esquecia o cansaço e saía para exercer o seu ministério.

Eis aí o que entendemos por serviço incansável. Vocês verão, portanto, por que terão de ser, necessariamente, muito vigorosos e fortes de corpo, alma e caráter. Se não forem realmente sadios, acabarão sofrendo um colapso e, justamente no momento em que o seu povo mais precisar de vocês, estarão incapacitados de servi-lo.*

Em razão das grandes provas e do fardo colocado sobre os ombros dos que estão dispostos a servir, estes precisam ser rigorosamente treinados e disciplinados.

O verdadeiro irmão procura levar uma vida saudável, ou seja, de santidade e pureza. Procura viver carinhosa e alegremente; vive para irradiar a luz e a beleza, o amor e a verdade de Deus, e ama a todas as criaturas. Não poderia, conscientemente, infligir sofrimento. Toda a vida é uma só e toda a vida é governada pela lei divina, o amor; e todo detrimento, toda crueldade infligida à vida, qualquer que seja a sua forma, serão sofridos pelo próprio homem, que, na realidade, os infligiu a si mesmo. Reconheçam e compreendam, de uma vez por todas, que vocês fazem parte de uma vida universal infinita, e saberão que não podem ferir *coisa alguma*, porque ela está em vocês e vocês estão nela.

Neste momento, a consciência de vocês pode ser limitada mas, sem dúvida, se expandirá no curso de muitas encarnações. O desabrochar espiritual tem de ser lento, por força, mas a recompensa pelo desabrochar espiritual e pelo serviço está além de toda e qualquer descrição. *Os olhos não viram, nem os ouvidos ouviram, as coisas que Deus preparou!* Queridos irmãos, ambicionamos ajudá-los a ir para a frente e para o alto e, conquanto o caminho pareça, às vezes, pedregoso e cansativo, vocês receberão, durante todo o trajeto, a inefável suavidade e felicidade que farão todas as experiências de sua vida valerem muito a pena.

Toda alma tem sua tarefa para cumprir. Nenhuma pode fazer o trabalho de outra. Cada qual fará o seu próprio trabalho. Nós lhes dizemos, pois, que a aceitem. Peçam ao Grande Espírito Branco que não os deixe falhar em nenhuma tarefa que lhes for apresentada.

A Irmandade deixa-os com o seu amor, a sua paz; e recorda-lhes que, embora vocês tenham de trabalhar duro, o trabalho também pode ser alegre. Tentem compreender que, embora a vida espiritual pareça difícil, traz bênçãos celestiais. Deus nunca fica devendo nada a ninguém. Ele sempre paga as Suas dívidas. Diz-se que o trabalhador é digno do seu salário — em linguagem maçônica, o irmão é enviado ao templo para receber salários justos. Se lhes pedíssemos que declarassem solenemente se alguma vez foram enviados ao templo e receberam salários justos pelo seu trabalho, muitos de vocês poderiam erguer as mãos e declarar: "Sim, sim, sim! Recebemos salários justos."

Elevemos agora o coração ao Espírito infinito, ao Pai celestial e à Mãe divina e terrena, aos Irmãos Superiores e aos grandes anjos da vida. Vemo-los na luz de ouro de Cristo, o Filho, e sentimos a bênção desses raios dourados derramando-se a cântaros sobre nós, enchendo-nos o coração de alegria e de gratidão... Amém.

---

* Em nosso entender, White Eagle fala aqui de um ideal de saúde e, particularmente, da vitalidade *interior*. Ele sublinhou muitas vezes como aqueles que sofrem de enfermidades debilitantes, prestam, na verdade, grandes serviços aos seus semelhantes.

CAPÍTULO 9

Advertências do Irmão Bondoso

Tolerância, humildade, amor.

Amados irmãos, trazemos a cada um de vocês amor e grande compreensão das dificuldades e trabalho, dos ideais e aspirações de vocês. Lembrem sempre que vocês não percorrem sozinhos o caminho da vida terrena, porque o mestre de vocês, em espírito, nunca lhes faltará, está sempre ao seu lado. Quando rezarem pedindo compreensão, ela lhes virá; mas virá primeiro à mente do coração, e não à mente da terra. Por isso tentamos trazer-lhes de volta toda a compreensão da luz de Deus, a luz que é chamada o Cristo, em toda a humanidade: a luz em seu coração que faz de vocês filhos e filhas de Deus e fala através do amor que vocês dedicam aos seus semelhantes, o amor à vida e a todas as circunstâncias da vida.

Lancem a vista para o mundo e para os seus companheiros sem inveja, sem julgamentos, sem crítica — somente com amor, reconhecendo que todos estão num caminho semelhante, que todos precisam uns dos outros. Vocês não podem julgar outra alma, por mais que lhe pareçam evidentes seus erros ou fraquezas, pois não podem ver o fardo de carma que ela carrega, nem o que está por trás dos seus atos. Olhem para todas as pessoas com compreensão, sabendo que todas têm suas mágoas secretas, sua fadiga da carne — todas, inconscientemente, estão procurando ouro. Nos níveis inferiores o ouro é uma substância, metal duro. Nos níveis superiores é uma percepção espiritual.

Que o amor lhes inspire a vida em todas as ocasiões. Essa é a escolha do seu livre-arbítrio. Lembrem-se, contudo, de que seus semelhantes têm o mesmo livre-arbítrio. Não forcem a entrada no coração de um irmão, mas fique ao lado dele, com amor no coração, de modo que ele aceite esse amor, se estiver pronto para recebê-lo.

A lição do discernimento é importante, pois o irmão de vocês tem a opção de se mostrar sensível ao seu amor e ao amor de Deus, que o curará e o ajudará a encontrar a felicidade, assim como pode virar as costas para a luz e seguir na direção oposta. Vocês não poderão intervir, pois se trata de uma escolha dele. Essa lição de discernimento e da livre-escolha do homem é muito sutil, mas vocês precisam entendê-la; e, com o entendimento, virão a tolerância, a humildade e o amor.

O real e o irreal

Ao Mestre agradaria que vocês cedessem nas coisas pequenas, sem importância. Cedam uns aos outros nas coisas pequenas. Não prestem atenção em si mesmos. Mas sejam muito fortes quando estiver em jogo o direito, e esse direito for uma questão de princípio. Tampouco façam tempestades num copo d'água. Adquiram uma perspectiva clara e equilibrada para poderem ver todas as coisas como elas são. Se seguirem essas regras serão muito auxiliados na vida diária e poderão trazer uma bênção maior aos outros.

O excesso de minúcias irrita, mas essas minúcias costumam ser trivialidades sem importância. Aprendam a diferenciar o real do irreal, o que tem relevância do que não a tem e, dessa forma, se tornarão grandes de coração e de alma. Uma grande alma não dá abrigo a insignificâncias nem trivialidades.

Esta mensagem é dirigida a todos e vem do próprio Mestre. É transmitida com amor e compreensão do modo com que vocês pensam e sentem, muito além da compreensão que têm de si próprios. Ele os abençoa e se diz agradecido por vocês lhe terem procurado a ajuda, por voltarem o rosto para Ele — só o Pai no céu pode saber como ele está agradecido.

Surge uma visão, uma imagem do Mestre ajoelhado... Ele se aproxima de cada um que o ama. Banha-lhes os pés... Poderão vocês, no seu coração, fazer o mesmo pelos outros? Poderão, ajoelhados aos pés de seu irmão, prestar-lhe ajuda (até em pensamento) com um espírito de humildade verdadeira e profunda? Quando puderem se sentir e continuarem a se sentir assim em relação aos outros, terão chegado muito perto do Mestre... e ele de vocês.

A transmutação do carma

É muito fácil julgar os atos dos outros, mas procurem abster-se de julgar, pois, ao condenar alguém, vocês condenam a si mesmos. Esforcem-se por ser tolerantes e dar, do seu coração, o espírito bondoso da alma do mestre. Jesus, o Cristo, é uma alma de mestre, o homem perfeito; e essa alma, sumamente evoluída e aperfeiçoada, encarnou para revelar a cada homem aonde poderia chegar se seguisse o caminho simples e bondoso do Cristo.

Perdoem, meus filhos, perdoem. Haja o que houver em seu coração, por mais duros que se sintam com relação a qualquer alma, talvez até justificadamente segundo os critérios materiais, orem para perdoar, como Jesus ensinou em sua singela oração: *Perdoai as nossas dívidas assim como nós perdoamos aos nossos devedores.* Vocês não percebem que, perdoando os outros, estão se libertando? Enquanto persistirem em julgar severamente os seus semelhantes, recusando-se a perdoar, estarão chamando o mesmo julgamento para si, pois a vida é governada pela lei espiritual: assim como deres, assim receberás. Mas logo que sentirem o perdão no coração, vocês se livrarão da servidão do carma.

O carma se transmuda quando vocês aprendem a pensar e a agir a partir do espírito, com amor.

Jesus indicou o caminho. Ele viveu para demonstrar essa verdade profunda porque Ele era todo compaixão. Olhava para a alma dos amigos, dos que se aproximavam dEle, via-lhes o sofrimento e via até mais do que o sofrimento presente; via-lhes a vida inteira, o carma das pessoas e o que as fazia agir como agiam. E Jesus se compadecia. Perdoava muito. Mostrava o Caminho.

O perdão, às vezes, é difícil, meus filhos; mas assim que se instala no coração, o espírito se liberta; a alma que estivera em servidão e talvez estendida na cruz do sofrimento, já não sofre.

Aprendam a olhar para dentro do coração, a amar — e a perdoar.

A simplicidade

O Mestre procura humildade nos discípulos — procura a alma simples, a alma fiel, a alma amorosa... e, se começarem com essas qualidades, vocês darão o melhor que têm dentro de si e serão usados de acordo com a sua capacidade.

Vocês serão submetidos a provas, serão testados, mas aceitem os testes com humilde gratidão. A mente inferior os tentará; os puxará para baixo, fará com que duvidem, com que se sintam cansados. Mas não cedam à tentação, pois é a mente inferior que os tenta. A mente superior, através da qual trabalhamos, lhes trará alegria e segurança, e fará todo o seu ser pulsar de felicidade.

Nada é tão belo que vocês não possam acreditar; e se a mente inferior e a falsa razão os tentarem a repudiar nossas palavras, lembrem-se de que essa é a mente do tentador, das trevas. A força destrutiva sempre deseja segurar, retardar o progresso. A mente superior, a mente espiritual, sempre os anima a ver o bom, o verdadeiro, o belo. A mente inferior incita-os a ver com pessimismo, mas entre o otimismo extremo e o pessimismo extremo há um nível estável de pensamento equilibrado. Seu símbolo, a estrela, deve ensinar-lhes o equilíbrio, o equilíbrio entre as duas forças, entre o céu e a terra. Conservem sempre o pensamento positivo, o bom pensamento, o pensamento de Deus; e vejam à sua frente a luz infalível, manifesta, do Criador.

Não esqueçam que estamos com vocês, olhando com muito amor, às vezes com humor. É sim! Vocês sabem que temos um grande senso de humor! — mas um humor bondoso. E sugerimos que vocês cultivem esse tipo de humor. Mantenham os olhos brilhando — isso será de grande ajuda.

Nunca olhem para trás! Nunca olhem para baixo! Olhem sempre para cima! Olhem para cima! E da estrela que cintila acima de vocês receberão tudo o de que necessitam, espiritual, mental, física e materialmente. Vocês jamais fitarão um ponto alto demais.

Elevo os olhos

Há momentos durante a vida terrena em que o corpo fica pesado para se carregar e o caminho se torna fatigante. Gostaríamos de ajudá-los nessas ocasiões, e poderemos ajudá-los se vocês nos permitirem. Isso quer dizer que vocês devem desviar o pensamento da servidão da Terra e do corpo físico, e olhar para as alturas, para o cimo das montanhas, onde há paz, força e vida eterna.

Quando vocês são alçados a esse plano superior de compreensão espiritual, as preocupações materiais lhes parecem tão insignificantes! Com efeito, nem parecem reais, e toda a incapacidade física recua para o segundo plano. Ora, se vocês pudessem manter sempre o contato com o nível espiritual da vida, descobririam que a vida terrena se tornaria saudável, santa, harmoniosa. Sabemos que é muito fácil para nós falar desse jeito, mas vocês também sabem, irmãos, que, em raras ocasiões, quando estabelecem um contato verdadeiro com a vida do espírito, toda a desarmonia e toda a dor se retraem e vocês passam a viver, nesse breve momento, um êxtase de felicidade espiritual. Era isso provavelmente o que o Mestre Jesus tentava ensinar-lhes quando disse: *Eu e meu Pai somos um só. O Pai que habilita em mim, faz os trabalhos.* Não é impossível a nenhuma alma tocar esse reino de harmonia e perfeição.

Agora, meus filhos, quando depararem com problemas e perplexidades, procurem primeiro o reino dos céus, o reino de Deus, procurem o contato diário com a Fonte do seu ser espiritual e físico. Levem seus problemas para a sua capela particular no mundo do espírito, no plano etérico. Criem com a imaginação sua própria capela particular — vocês poderão fazê-la muito linda — e, então, ajoelhem-se com simplicidade diante do altar e façam o pedido; seu Pai os ouvirá e a luz lhes brilhará no coração e lhes revelará a verdade, mostrando o que fazer. Sigam a verdadeira luz e não a luz do seu próprio desejo. Ponham de lado os desejos e procurem com simplicidade e verdade. A luz os guiará. Sejam fortes na luz.

EU SOU o caminho

Vocês ainda não compreendem plenamente como é importante procurar cultivar continuamente o bom pensamento, o pensamento em Deus; pois isso não é somente construir o templo, o corpo espiritual, o corpo celestial da pessoa, mas é também aperfeiçoar o corpo físico. A alguns de vocês agrada o pensamento de que a vida é lei; sentem que são, num certo sentido, títeres, presos à lei da natureza, e não podem fazer nada para evitar esse fato. Isso não é verdade. Todas as pessoas têm, dentro de si, o poder de Deus; e assim como vocês aprendem a usar esse poder, que lhes pertence, assim recriam a vida que vivem e também criam um mundo mais bonito ao seu redor.

Se vocês conhecem alguém cuja vida é controlada pelo bom pensamento positivo, guiada pelo coração, pelo espírito do Filho, ou do Cristo, sabem que essa vida é bem ordenada, pacífica, harmoniosa, feliz. Nada a perturba. A lei e a ordem funcionam suave, bela e harmoniosamente, renovando e aperfeiçoando todas as coisas. Por outro lado, a vida sob o domínio de pensamentos negativos ou destrutivos é desgovernada, descontrolada, infeliz, desarmoniosa, cheia de caos.

Mas como disse Jesus na cruz: *Pai, perdoai-os, porque eles não sabem o que fazem.* A ignorância provoca esse caos. A própria ignorância é a escuridão caótica, indisciplinada. Depois que busca com seriedade o conhecimento ou a compreensão, a alma se coloca num caminho que conduz ao templo da sabedoria e do conhecimento.

204

O homem que segue o caminho da luz entra na plenitude da vida eterna, não em uma vida muito distante, em algum futuro remoto, mas aqui e agora. Passa a ter uma profunda compreensão do poder da vida de Deus dentro dele, que lhe controla a mente e as emoções, e que é sustentada pela luz eterna de Deus; e ele a usa para abençoar e curar toda a humanidade. O próprio Jesus demonstrou esse poder em sua vida, e a ele se referiu quando disse: *EU SOU o caminho, a verdade e a vida*. Jesus, ou o Cristo pelos lábios de Jesus, referia-se à vida que cabe por herança a toda alma humana; à vida que é o sol espiritual além de toda manifestação física; à glória espiritual que o homem recebe em seu próprio ser e que lhe transforma a existência, passando das trevas para a luz.

Sejam fiéis a si mesmos

Nunca se esqueçam do contato sereno, puro e verdadeiro, dentro do santuário do seu próprio ser. Sejam fiéis ao seu eu, ao seu espírito pois, se forem fiéis a si mesmos, também serão fiéis a Deus e à Irmandade universal.

Muitas pessoas na Terra e muitas fontes no plano etérico sentirão prazer em tentar afastá-los do centro calmo da verdade. Não deixem que os afastem; seguerm-se com firmeza na pura visão da bondade, da verdade e do amor. Sejam vigilantes, estejam alertas e não se iludam com falsos valores. É muito fácil escorregar para fora do caminho estreito.

Tendo-se oferecido, com sinceridade e fé, para a obra de Deus e da Irmandade, lembrem-se de que *o ponto de partida dessa obra são vocês mesmos*. Só podemos dar-lhes princípios ou indicações e vocês precisam resolver da maneira mais simples cada problema que se apresenta em sua vida diária, de acordo com os princípios que lhes foram dados. Não viemos para livrá-los das oportunidades. Viemos para trazer-lhes poder, sabedoria e amor. Nós, da Irmandade, não esperamos de vocês mais do que podem dar na atual etapa do caminho, mas todo irmão, em determinados momentos, busca afinar-se com a Luz Eterna, comungar com Deus, adorar a Deus. Isso vocês farão da maneira que melhor se ajuste a vocês, pessoalmente. Muitos raios vão da periferia para o centro mas, seja qual for o raio em que está a sua alma, dirijam-se para Deus, de cujo coração flui o sangue da vida. No Templo, os Irmãos estão sentados em círculo, de mãos dadas, e seu coração se estende para o coração no centro. Essa, na verdade, é a távola redonda dos Cavaleiros do Templo. Vocês todos estão lutando para tornar-se verdadeiros cavaleiros.

O Mestre lhes ensina, de maneira muito simples, as regras da Irmandade e vocês precisam esforçar-se por compreendê-las e aplicá-las à sua vida.

Procurem distinguir entre as limitações da personalidade e a ausência de limites da vida de Deus. Vivam para emitir luz, e isso quer dizer ver o bem em tudo. Se as coisas não lhes parecerem boas, *façam-nas assim*. Elas se tornarão boas porque todas as coisas trabalham juntas para o bem. Tudo será bom e dará certo se vocês concentrarem sua visão em Deus, porque Deus sempre evolui, cria, tira o bom do mau, a ordem do caos, a luz das trevas.

Libertação da escuridão

Meditemos, cientes da luz do Cristo que é gerada no nosso coração e nos envolve. Sentimos um completo bem-estar quando nos banhamos na Luz de Cristo... Não somos nada e, no entanto, *sabemos que somos uma chama dentro do fogo eterno.*

De que deveríamos ser mais cientes no mundo celestial? Da luz do sol. No céu, todavia, há luzes menores — as dos anjos ao redor do trono, cada um dos quais representando inúmeras hostes de seres, todos vibrando no seu raio particular de vida. Cada corrente de vida está ligada, nos céus, a outros mundos; e nós, como seres humanos, recebemos poder e influência diretos de um anjo em particular e, em geral, de todas as vastas hostes. Dentro desta vida vivemos e crescemos; este é o poder, a sabedoria e o amor em que estamos encerrados. Fisicamente, porém, permanecemos na sombra porque estamos vestidos da escuridão da Terra. Mas nenhum homem tem, por força, de continuar prisioneiro; basta-lhe a vontade para aspirar e conhecer a sabedoria do divino — e eis o prisioneiro libertado!

E assim ascendemos em espírito, e tendo-nos elevado até o topo de um monte, damos um passo rumo a uma vida celestial em sua beleza e uma multidão celestial nos circunda. Temos consciência da proporção e exatidão perfeitas da vida: temos consciência da cor — das sombras, névoas, nuvens, volumes de cor primorosa, perfeitamente combinados, que se interpenetram e assumem forma. Todos os céus estão cheios de cor e luz, visto que a cor e a luz são as verdadeiras substâncias usadas na formação ou criação das diferentes formas de vida. Podemos tomar consciência da música — da música delicada, suave, doce, além de qualquer descrição — que pode desenvolver-se num grande crescendo para abarcar a música universal de toda a criação. E sabemos que somos parte da grande orquestra.

A fé

No meio do caos aparente dos destinos humanos, vocês nunca devem perder a fé no amor e na sabedoria do Grande Arquiteto do Universo. Já lhes incutimos a idéia do poder da fé — se tiverem fé, nem que seja do tamanho de uma semente de mostarda, disse Jesus, vocês moverão montanhas. Por trás de toda lei oculta está o poder da fé.

Vocês também não se lembram de que, na vida humana convém ter uma atitude mental flexível? Queremos dizer com isso que é impossível acorrentar ou limitar a verdade. Não é prudente dizer: "Vejam, aqui está a verdade; vejam, lá está a verdade"; mas sintam antes que em toda a parte está a verdade. E se a vida humana ou os contatos humanos ficam aquém do ideal que se propuseram, lembrem-se de que o seu ideal pode ser falso, incompleto; e estejam preparados para descartar-se dele, e ver a verdade atuando em todas as experiências da vida. Nunca sejam rígidos demais; e lembrem-se também de não julgar homem nenhum. *Nenhum homem te condenou? Tampouco eu te condenarei.* Chegamos à fase do ser em que só sentimos amor e benevolência para com a vida; começamos a perder a sensação de separação — pois não há separação no amor.

Chega então à alma a maravilhosa interpenetração, a fusão dos raios de cor, os raios do arco-íris que se fundem no verdadeiro raio, que é a pura luz branca. Rezamos para que nos trabalhos de grupo, nos trabalhos de irmandade, vocês possam sentir, ainda que apenas fugazmente, a beleza da fusão da alma de todos, de modo que sejam uma só alma, um raio de pura luz branca. Não há separação no amor, não há condenação nem irritação, senão poder, alegria, êxtase até; e vocês sabem que Deus é Tudo. Sabem que Deus está em vocês e que vocês estão em Deus. Sabem que não pode haver erro em Deus; sabem que, se tiverem paciência, fé e confiança, todos os problemas serão solucionados. Sabem que Deus é Amor.

A VIDA INTERIOR

Charles W. Leadbeater

Há muito tempo Charles W. Leadbeater é reconhecido como um dos maiores clarividentes do século XX. *A Vida Interior* é um exemplo clássico do discernimento com que Leadbeater usou seus raros talentos. Naturalmente, nenhum clarividente pode afirmar algo de modo peremptório. Neste livro, porém, o autor mais uma vez demonstrou ter tomado precauções incomuns para evitar possíveis incorreções. Além disso, ele escreveu mais do que um simples tratado sobre fenômenos espirituais, visto que imprimiu aos eventos parapsíquicos dramáticos que analisou uma conotação de bom-senso filosófico racional.

No mundo literário, C. W. Leadbeater é conhecido principalmente pelo seu livro, *Os Chakras*, um verdadeiro *best-seller* entre as obras que versam sobre as diversas correntes do ocultismo. Com a publicação de *A Vida Interior*, a Editora Pensamento coloca ao alcance do leitor um rico manancial revelador dos ideais que inspiram toda a sua obra.

* * *

Do mesmo autor, a Editora Pensamento publicou *Os Chakras, O Plano Astral, O Plano Mental, Os Mestres e a Senda, Formas de Pensamento, O Lado Oculto das Coisas* e muitos outros.

EDITORA PENSAMENTO